Sven Kramer
»Über diesem
Abgrund«
Studien zur Literatur
der Shoah

Sven Kramer

»Über diesem Abgrund«

Studien zur Literatur der Shoah

Königshausen & Neumann

Bibliografische Information der Deutschen Nationalbibliothek

Die Deutsche Nationalbibliothek verzeichnet diese Publikation in der Deutschen Nationalbibliografie; detaillierte bibliografische Daten sind im Internet über http://dnb.d-nb.de abrufbar.

© Verlag Königshausen & Neumann GmbH, Würzburg 2020
Gedruckt auf säurefreiem, alterungsbeständigem Papier
Layout: Jürgen Garbers, Hamburg (jg@loesbar.eu)

Alle Rechte vorbehalten.
Dieses Werk, einschließlich aller seiner Teile, ist urheberrechtlich geschützt.
Jede Verwertung außerhalb der engen Grenzen des Urheberrechtsgesetzes ist ohne Zustimmung des Verlages unzulässig und strafbar. Das gilt insbesondere für Vervielfältigungen, Übersetzungen, Mikroverfilmungen und die Einspeicherung und Verarbeitung in elektronischen Systemen.

Printed in Germany
ISBN 978-3-8260-6945-1
www.libri.de
www.buchhandel.de
www.buchkatalog.de

Inhalt

7 »Über diesem Abgrund wölben wir unsere Liebe«
Die Gegenwart der Toten und der Glücksanspruch der Überlebenden in H. G. Adlers Briefwechsel mit Bettina Gross 1945 – 1946

35 Die Politik der Erinnerung in H. G. Adlers Roman »Die unsichtbare Wand«

45 »Die Sprache gehört uns nicht mehr«
H. G. Adlers Deportations- und Lagerroman »Eine Reise«

55 Thomas Harlans frühe Dramen über das Warschauer Ghetto: »Bluma« und »Ich selbst und kein Engel«

77 Nationalsozialismus und Shoah in Thomas Harlans literarischem Spätwerk

101 Ko-Erinnerung in Peter Weiss' Roman »Die Ästhetik des Widerstands«

119 Transnationale Erinnerung an die Shoah

137 Zur transnationalen Dimension fremdsprachiger Literatur der Shoah im bundesrepublikanischen Diskurs

157 Tabuschwellen in literarischen Diskursen über den Nationalsozialismus und die Shoah

175 Diktatur und Sprache
Konstellationen in den vierziger Jahren und darüber hinaus

193 Literatur- und Quellenangaben

211 Nachweise

»Über diesem Abgrund wölben wir unsere Liebe«
Die Gegenwart der Toten und der Glücksanspruch der Überlebenden in H. G. Adlers Briefwechsel mit Bettina Gross 1945 – 1946

Erste Briefe

Am 29. Oktober 1945 wandte sich H. G. Adler von Prag aus brieflich an Bettina Gross, die in einem kleinen Ort im Landesinneren von Südwales ausharrte. Er konnte nicht wissen, dass sie ihm mit einem eigenen Schreiben vom 21. Oktober bereits einige Tage zuvorgekommen war. Über gemeinsame Bekannte, darunter Franz Baermann Steiner, mit dem Adler schon wieder in Kontakt stand, hatten sie ihre Adressen erfahren. Damit nahmen beide eine Korrespondenz wieder auf, die schon vor dem Beginn des Krieges abgebrochen war. Der sich nun entwickelnde Briefwechsel, von der Kontaktaufnahme bis zu Adlers Übersiedlung nach England im Februar 1947, umfasst mehrere hundert Sendungen. Er gehört zu den bemerkenswertesten und bewegendsten Dokumenten der unmittelbaren Nachkriegszeit.[1] Dafür sind einerseits die persönlichen Schicksale und Lebensumstände beider jüdischer Briefpartner verantwortlich, die auf unterschiedliche Weisen der Shoah entgangen waren, andererseits aber vor allem auch die rein briefliche Entwicklung einer engen persönlichen Beziehung, die schon bald in ein Liebesverhältnis münden sollte. Im Folgenden wird diese Überkreuzung und – wie zu zeigen sein wird – die Engführung beider Themen, also der Shoah und der Liebe, im Mittelpunkt des Interesses stehen. Gerade hierin, in der Aufspannung dieses thematischen Rahmens, liegt eine besondere – und meines Wissens singuläre – Konstellation. Beachtet werden dabei auch die besonderen medialen Bedingungen des Briefwechsels, als jener Kommunikationsform, auf die die Partner jahrelang verwiesen waren.

---

1 Die Archivalien liegen im Deutschen Literaturarchiv in Marbach, wo der Bestand im Nachlass H. G. Adlers unter der Signatur A I 3-4 geführt wird und für die Forschung einsehbar ist. Der Briefwechsel ist trotz langjähriger Bemühungen bis heute unpubliziert geblieben; einzelne Passagen werden hier durch die Nennung der Briefpartner und das in den Briefen angegebene Datum der Niederschrift nachgewiesen. Im Folgenden soll ausführlicher zitiert werden, um das Material vorzustellen und den besonderen Ton der Briefe zu Gehör zu bringen. Orthografie und Zeichensetzung bleiben unverändert. Für die Genehmigung des Abdrucks danke ich Jeremy Adler.

Die persönlichen Situationen, in denen sich H. G. Adler und Bettina Gross im Herbst 1945 befanden, waren zwar grundverschieden, es gab aber auch Gemeinsamkeiten.[2] Adler war am 22. Juni 1945 als Überlebender der Shoah nach jahrelanger Zwangsarbeit und Internierung in Konzentrations- und Vernichtungslagern nach Prag zurückgekehrt.[3] Nachdem Hitler der tschechoslowakischen Regierung einen Protektoratsvertrag diktiert hatte, waren deutsche Truppen am 15. März 1939 in Prag einmarschiert. Adler wurde im August 1941 zur Zwangsarbeit eingezogen,[4] am 8. Februar 1942 nach Theresienstadt deportiert, wo er bis zum 12. Oktober 1944 blieb, um dann über Auschwitz in die Lager Niederorschel und Langenstein verbracht zu werden.[5] Am 12. April 1945 befreiten amerikanische Truppen das Lager, unter ihnen den völlig entkräfteten Adler, der in Langenstein zuletzt noch sieben ›höllische‹ Wochen verbracht hatte.[6] Im Anschluss an die Befreiung wurde er zunächst krank und streifte danach planlos umher. An Gross schreibt er: »In Halberstadt erkrankte ich in Folge der Unterernährung an einer sehr schmerzhaften Nervenentzündung, die mir lange zu schaffen gemacht hat, so dass ich wochenlang lag und schon aus diesem Grund nicht an Rückkehr dachte. Was hätte mich auch locken können?«[7]

Adler hatte achtzehn Familienmitglieder in der Shoah verloren, unter ihnen, so musste er fürchten, auch seine Frau Gertrud Adler-Klepetar. Er entschloss sich schließlich zur Rückkehr nach Prag, um die schwache Hoffnung zu prüfen, sie könnte überlebt haben – die Hoffnung erfüllte sich nicht. In diesen Tagen schrieb er den ersten Nachkriegsbrief an seinen Schulfreund Franz Baermann Steiner. Ihm oblag die traurige Pflicht, dem Freund die Todesumstände seiner Eltern zu schildern: »Deine standhaften Eltern waren im Jahre 42 von Juli bis Mitte Oktober gleichzeitig mit mir in Theresienstadt [...]. Ich

---

2 Vgl. zu allen Aspekten der Biografie Adlers jetzt ausführlich Peter Filkins: H. G. Adler. A Life in Many Worlds, New York City 2018. Vgl. auch Franz Hocheneder: H. G. Adler (1910-1988). Privatgelehrter und freier Schriftsteller, Wien, Köln, Weimar 2009.
3 Vgl. Adler an Gross, 23.11.1945.
4 Adler half seinem Vater seit Kriegsbeginn bis zum Herbst 1940 in dessen Geschäft. Er schreibt, er sei deshalb nicht schon 1940 zur Arbeit verschleppt worden (vgl. Adler an Gross, 26.1.1946). Im August 1941 sei er in ein »Umschulungslager« gekommen (Adler an Gross, 23.12.1945). Es handelt sich um Sázava-Velká Losenice, wo er seit dem 17.8.1941 Zwangsarbeit leistete (vgl. Filkins, H. G. Adler, S. 91).
5 Filkins hat die Daten und die Umstände der Transporte recherchiert: Abtransport Auschwitz – Niederorschel am 28.10.1944 (vgl. Filkins, H. G. Adler, S. 159 f.), Abtransport Niederorschel – Langenstein-Zwieberge bei Halberstadt am 18.2.1945 (vgl. ebd., S. 165).
6 Vgl. Adler an Gross, 20.11.1945.
7 Adler an Gross, 23.11.1945.

war bemüht in der kurzen Zeit unseres Zusammenseins Deinen Lieben ein wahrer Sohn zu sein, sorgte mit meiner Frau ihnen nach möglichen Kräften zu helfen und die Bitternisse zu erleichtern und ich war täglich bei ihnen (das heisst in einem derartigen Lager sehr viel).«[8] Diesen Bericht vom 24. Juni 1945 setzte er am 30. Juli 1945 fort: »Es tut mir so leid, daß es so furchtbar endete, doch es stand nicht in meiner Macht, das Unglück, das in Auschwitz wahrscheinlich schon auf sie wartete, abzuwenden. Von jenen Sondertransporten kam niemand zurück, und höchstwahrscheinlich wurden sie sofort alle in den Gaskammern ermordet. Wovor sie nicht entrinnen konnten, das wurde auch zum Schicksal meiner eigenen Familie – niemand hat überlebt, nicht einmal meine Frau – nur drei Jahre lang war ich mit einer charmanten, ungewöhnlich lieben, kultivierten und hochgebildeten Frau verheiratet – letzten Oktober vergast.«[9]

Wie es in Adler in diesen Monaten aussah, spricht er in seinen Briefen an. Steiner teilte er mit: »Du kannst Dir unmöglich vorstellen, wie einsam ich bin, ganz allein in dieser Welt«[10]. »Ich bin gesund, aber meine Nerven, Nerven – – – – Ich empfinde Leere und unglaubliche Traurigkeit.«[11] An Gross schreibt er: »Als ich im Juni zurück kam und ich erst so recht in die entsetzliche Leere, die ich im Lager und auch noch in den ersten 2 Monaten der ›Freiheit‹ in Deutschland gar nicht so ganz erfühlen und erleiden konnte, hineinfiel, als ich in jene innerlich sehr begründete Stimmung verfallen musste, in der ich nicht anders als es bedauern konnte, überlebt zu haben, als mir der unwiederbringliche Verlust jenes herrlichen, unendlich schillernden und so gütigen Wesens, die sich mir zueigen gegeben hatte, erst wahrhaft innewurde, da war ich gelähmt, o Bettina, so viel Eis gibt es gar nicht, das mich da bedeckte – immer und immer wieder musste ich den letzten Blick, der mich von diesem Menschen auf der Todesrampe in Auschwitz traf, mit ansehen, wie sie mir mutig und tief wissend und doch ahnungslos an der Seite ihrer Mutter gehend zulächelte; ganz werde und will ich das niemals überwinden.«[12]

Adlers Situation in den ersten Prager Nachkriegsmonaten war niederschmetternd. Zwar hatte er überlebt, doch physisch und psychisch stand er noch vollkommen im Bann der Shoah. Dafür steht das Bild des Eises, das auf ihm liege, und die für ihn ganz und gar außergewöhnliche, nur situativ zu

---

8   H. G. Adler an Franz Baermann Steiner, 24.6.1945, in: Carol Tully (Hg.): Zeugen der Vergangenheit. H. G. Adler – Franz Baermann Steiner. Briefwechsel 1936-1952, München 2011, S. 68.
9   Adler an Steiner, 30.7.1945, ebd., S. 71.
10 Adler an Steiner, 30.8.1945, ebd., S. 78. – An Gross schreibt er fast gleichlautend: »Ich bin so unendlich einsam« (Adler an Gross, 4.11.1945).
11 Adler an Steiner, 30.7.1945, in: Tully, Zeugen der Vergangenheit, S. 71.
12 Adler an Gross, 20.11.1945.

erklärende Empfindung, dass vielleicht sogar der Tod dem Leben vorzuziehen gewesen wäre. Diese Aussage muss auch vor dem Hintergrund gesehen werden, dass er die Frage nach dem Suizid bereits im Lager im Angesicht des bevorstehenden Transports nach Auschwitz mit seiner Frau, der Ärztin Gertrud Adler-Klepetar, die er Geraldine nannte, eindeutig für sich beantwortet hatte: »Geraldine wollte mich überreden, vor der Verschleppung aus Th.[eresienstadt] mit ihr Veronal zu nehmen. Ich habe es abgelehnt, weil ich Selbstmord um allen Preis ablehne: ›Mich müssen sie umbringen‹, sagte ich.«[13] Er war nicht umgebracht worden – und es kamen Momente, in denen er es bedauerte, überlebt zu haben.

Auch die Rückkehr nach Prag brachte keine Linderung. In den Briefen nennt er die Stadt eine »schöne alte steinerne Leiche«[14]. An Gross schrieb er im März 1946: »Ich weiss schon um den Reiz der Stadt, aber ich ertrage sie nicht mehr.«[15] Erläuternd fügte er später hinzu, es sei ein Prag, »das fast nur noch Vergangenheit und kaum noch Gegenwart mich spüren lässt«[16]. In allem, was Adler in Prag zunächst begann, stand die Shoah im Mittelpunkt. Kaum zurückgekehrt, verließ er die Stadt schon wieder; er »ergriff [...] mit Freuden die Gelegenheit, in ein Erholungsheim für Kinder aus K.Z.Lagern als Erzieher und Lehrer zu gehen, um dort den Jugendlichen, die keiner wohl besser in ihren Nöten und Fehlern als ich alter Häftling selbst verstehen musste, so gut es nur möglich war zu helfen und mich dabei selbst tüchtig zu erholen. August und September habe ich in dieser erfreulichen Stellung verbracht«[17]. In dem Heim waren auch deutsche Waisen untergebracht, aber mit den ostjüdischen Kindern, »die alle Romane erzählen könnten«, verband ihn die gemeinsame Geschichte; man müsse »rauh und kernig sprechen, wenn man ihre Herzen gewinnen will [...]. Immer wieder muss man ein wenig karrikierend den K.Z.-Ton parodieren.«[18]

Das Waisenhaus war von Přemysl Pitter (1895-1976), einem protestantischen tschechischen Pädagogen und Humanisten, der später in Yad Vashem als Gerechter unter den Völkern geehrt wurde, in einem ehemaligen Schloss in Štiřín bei Prag gegründet worden.[19] Adlers Freund Dr. Emil Vogl – einer

---

13 Ebd.
14 Adler an Gross, 23.11.1945.
15 Adler an Gross, 13.3.1946.
16 Adler an Gross, 23.3.1946.
17 Adler an Gross, 23.11.1945.
18 Ebd.
19 Pavel Kohn hat die Erinnerungen vieler Kinder, die nach Štiřín und in andere von Pitter gegründete Einrichtungen kamen, gesammelt und publiziert, vgl. Pavel Kohn: Schlösser der Hoffnung. Die geretteten Kinder des Přemysl Pitter erinnern sich, München 2001.

von wenigen Bekannten Adlers, die überlebt hatten – arbeitete dort als Arzt. Meist im 14-tägigen Rhythmus fuhr Adler auch nach dem September 1945 immer wieder nach Štiřín, um die Kinder zu unterrichten. Zu dem jungen Jehuda Bacon knüpfte er eine besonders enge Beziehung. Bacon, Jahrgang 1929, der später ein international bekannter israelischer Maler werden würde,[20] hatte Theresienstadt und Auschwitz sowie mehrere Todesmärsche überlebt. Adler erkannte seine künstlerischen Fähigkeiten und tat alles, um sie zu fördern. So empfing er Bacon auch in Prag und führte ihn durch die Stadt.[21] Sie gingen in eine Ausstellung[22] und ins Kino.[23] In seinen Erinnerungen an Štiřín nennt Bacon Adler einen seiner wichtigsten Lehrer.[24] Als Bacon 1946 nach Palästina auswanderte, versah ihn Adler mit einem Empfehlungsschreiben für Max Brod. Mit Bacons Abreise, schreibt Adler an Gross im März 1946, sei seine »pädagogische Aufgabe, die noch direkt mit dem KZ in Zusammenhang steht, vermutlich beendet«[25]. Später bekennt er: »[E]r ist wie ein Sohn für mich«[26].

Im Oktober 1945 trat H. G. Adler in Prag eine Stellung an, die ebenfalls im direkten Zusammenhang mit der Shoah stand: Er ließ sich, wie er schreibt, »von der Judengemeinde für das Museum als wissenschaftlicher Arbeiter engagieren«[27]. Dort begann er mit der Inventarisierung der Bestände: »Es ist ein seltsamer Betrieb. Unendliche Berge von Magazinen bergen hunderttausende von Büchern, Ritualien, Bildern und allen möglichen und unmöglichen Dingen.«[28] Es handelt sich überwiegend um Hinterlassenschaften aus den zerstörten jüdischen Gemeinden, die von den Nationalsozialisten nach Prag geschafft und dort eingelagert worden waren.[29] Adler setzt deshalb hinzu: »An den Gegenständen selbst ist für Empfindsame Judenleid und Hitlerwut zu rie-

---

20 Abbildungen von Bacons Arbeiten finden sich zum Beispiel in dem Katalog: Kunstreferat der Diözese Würzburg (Hg.): ...der mit dem Leben weiterwandert. Ausstellung Jehuda Bacon, Würzburg 2008.
21 Vgl. Adler an Gross, 30.3.1946.
22 Vgl. Adler an Gross, 31.1.1946.
23 Vgl. Adler an Gross, 8.3.1946.
24 Vgl. Yehuda Bacon: Ein israelischer Maler aus Mährisch Ostrau, in: Pavel Kohn: Schlösser der Hoffnung. Die geretteten Kinder des Přemysl Pitter erinnern sich, München 2001, S. 117-133.
25 Adler an Gross, 30.3.1946.
26 H. G. Adler: Es gäbe viel Merkwürdiges zu berichten. Interview mit Hans Christoph Knebusch, in: ders.: Der Wahrheit verpflichtet. Interviews, Gedichte, Essay, hg. v. Jeremy Adler, Gerlingen 1998, S. 32-60, S. 58.
27 Adler an Gross, 23.11.1945.
28 Adler an Gross, 11.1.1946.
29 Vgl. ausführlicher H. G. Adler: Die Geschichte des Prager Jüdischen Museums, in: Monatshefte, Jg. 103 (2011), H. 2, S. 161-172.

chen. Es ist ja ein trauriges Erbe, das wir verwalten.«[30] Und auch seine Wohnsituation stand ganz im Zeichen der Lager: »Als ich nach meiner Rückkehr den ersten Tag in Prag auf der Strasse ging, war er [Wolf Salus, S. K.] der erste Bekannte, dem ich begegnete, das letztemal hatte ich ihn [in] Auschwitz gesehen, und er lud mich sofort zu sich ein. So zog ich etwa eine Woche später zu ihm, und aus diesem Provisorium ist nun mehr als ein halbes Jahr geworden. Ein genug abenteuerliches Zusammenleben noch mit einem dritten K.Z.-Genossen in der Wohnung eines kleinen Gestapomannes. Manchmal kochen wir gemeinsam Abendbrot.«[31] Erinnerung und Gegenwart, Wohnen und Arbeiten, Physis und Psyche: alle Lebensäußerungen H. G. Adlers kreisten 1945 um die soeben überlebte Katastrophe.

Bettina Gross dagegen lebte in Wales ein einfaches, geregeltes Leben. Sie arbeitete als Grafikerin in einer Knopffabrik und wusste ihre Geschwister Josef und Maria in ihrer unmittelbaren Umgebung. 1938 war ihnen die Ausreise nach England gelungen, wo sie den Krieg fernab von den Verfolgungen und den Kriegshandlungen überlebt hatten. Adler, der Gross aus der Prager Zeit kannte, hatte ihr damals zu diesem Schritt geraten. Doch die Rettung hatte einen Widerhaken, denn ihre Mutter – der ihr noch verbliebene Elternteil nach dem Tod ihres Vaters 1936 – begleitete sie nicht mit nach England. Die Beschaulichkeit des walisischen Alltags war also trügerisch: die Kinder erlebten aus der Ferne, wie die Verfolgung durch die Nationalsozialisten auch ihre Mutter Stück für Stück ergriff. Erst am Ende des Krieges wurde das ganze Ausmaß der Katastrophe deutlich.

Wie schon im Falle Steiners, war es auch hier Adlers erste Pflicht, der Freundin den Tod der Mutter zu bestätigen und die Todesumstände zu schildern. Darüber hinaus enthält sein erster Brief vom 29. Oktober 1945 eine warmherzige Würdigung ihrer Person und ihrer vorbildlichen Haltung unter den Bedingungen der Verfolgung. Adler hatte mit Bertha Gross mehrere Jahre in Theresienstadt verbracht, auf die er ausführlich eingeht.[32] Auch den Moment der Trennung vor der Verladung in die Waggons schildert er: »Am Tage des Antritts der Todesfahrt – von 1500 Transportteilnehmern wurden in Birkenau gleich an die 1300 ermordet – sah ich Ihre Mutter zum letztenmal, wir sagten einander die letzten Worte, mutige aufrichtende Worte. Sie hoffte sich mit ihrer Schwester und wir uns noch mit der Mutter retten zu können. Aber

---

30 Adler an Gross, 11.1.1946.
31 Ebd.
32 »Am 17. Dezember [1941, S. K.] ist Ihre Mutter mit dem Transport N nach Terezín und dort blieb sie bis zum 12. Oktober 1944. Ich kam mit Frau und Schwiegereltern mit dem Transport W ihr am 8.2.42 nach« (Adler an Gross, 29.10.1945).

vergebens«[33]. Am 14. Oktober 1944 wurden die Schwestern in Auschwitz vergast. Im selben Transport war auch Adler mit seiner Frau nach Birkenau deportiert worden.

Überlebensschuld, Lossprechung, Liebe
In ihrer Antwort an H. G. Adler dankt Bettina Gross ihm für die detaillierte Beschreibung. Sie hatte die Nachricht von der Deportation bereits erhalten, doch die endgültige Bestätigung der Todesmeldung empfing sie erst mit Adlers Brief.[34] Neben den Todesumständen beschäftigt Gross das Schicksal ihrer Mutter in den Briefen an Adler jedoch auch auf andere Weise, in der die spezifische Lage der Emigrierten gegenüber den Überlebenden zum Ausdruck kommt. Schon in dem ersten, noch in Englisch geschriebenen Brief an ihn stellt sie ihm eine entscheidende Frage, die sie direkt nach der Mitteilung platziert, dass sie keine Hoffnung mehr für ihre Mutter habe: »Dear Günther, you have told me once, that I should go, to help my brother and sister. I have done it – but was not the price too high? I know the answer perhaps, but it would be good to hear it from you.«[35] Mit der Frage bezieht sie sich auf Adlers Rat aus der Vorkriegszeit, das Land zu verlassen und sich so zu retten. In ihrem zweiten, nun auf Deutsch verfassten Brief kommt sie in anderen, dringlicheren Worten auf denselben Punkt zurück: »Gibt es eine Erlösung von der Schuld die auf mir liegt? Antworten Sie nicht, wenn Sie es nicht können. Aber wenn Sie schreiben Sie müssen Ihren Weg zurück zum Leben finden – so weiß ich, daß ich in den letzten Wochen wußte: ich lebe nicht, nicht voll und ganz, die Schuld hat mich gelähmt, mich fast erdrückt. Können Sie mir vergeben? Gibt es etwas, was gut machen kann was ich verschuldet?«[36] In einem weiteren Brief spricht sie von ihrem »völligen Versagen bei Mutter«[37]. Es ist also ein mächtiger Schuldvorwurf sich selbst gegenüber, der Bettina Gross in den Jahren ihrer Emigration begleitete. In den Briefen an Adler kehrt dieses Motiv vielfach wieder, stärker noch als der Schuldvorwurf an die Deutschen.[38]

---

33 Ebd.
34 Bereits in ihrem ersten Nachkriegsbrief an Adler schrieb sie: »Then, her sister was designed to go to Oswiecím, and begged of mother not to leave her. So mother went with her. We have not heard since, but there is no hope left« (Gross an Adler, 21.10.1945).
35 Ebd.
36 Gross an Adler, 7.11.1945.
37 Gross an Adler, 1.12.1945.
38 Das psychologische Phänomen der Überlebensschuld ist seit den sechziger Jahren beschrieben worden und hat seither Eingang in die Psychotraumatologie gefunden, vgl. Gottfried Fischer, Peter Riedesser: Lehrbuch der Psychotraumatologie, 4., aktual. u. erw. Aufl., München, Basel 2009, S. 272 f.

Die Frage, die sie sich selbst nicht beantworten konnte und durfte, zielt auf die Möglichkeit der Lossprechung oder, wie sie schreibt, der »Erlösung von der Schuld«. Adler war diejenige – und zwar die einzige – Person, der sie die Frage vorlegte: »durch all die Jahre hatte ich diese Frage stets an Sie gerichtet – nein, es ist dies keine Einbildung, und ich hatte einzig von Ihnen die klare, erlösende Antwort erhofft.«[39] Nicht nur fragte sie Adler, weil er vor der Ausreise ein wichtiger Ansprechpartner in dieser Sache war, sondern nun kam hinzu, dass er das Schicksal der Mutter bis zu einem gewissen Punkt geteilt hatte. Es ist auch der ehemalige Häftling, den die Emigrierte anspricht.

Adler reagiert einfühlsam und entschlossen: »Sie fragen nun nach Jahren die grosse Herzensfrage, ob Sie recht getan haben, von hier zu gehen. Ja, meine Freundin, ja und nochmals ja! Ich verantworte dieses Ja vor meinem Gewissen und vor dem Andenken an Ihre teure Mutter. Es war gewiss ihr tiefstes Glück in all den Jahren, ihre Kinder draussen zu wissen. Das schwöre ich Ihnen!«[40] In einem weiteren Brief, in dem Adler bereits zum vertraulichen »Du« übergegangen ist, heißt es: »Du hast keine Schuld [...]. Ich verstehe und ehre diese Schuldgefühle, aber ich habe auf Grund des eigenen Leidensweges ein *Recht* darauf, Dich freizusprechen. [...] Ich weiss, was Ihr gelitten habt, Ihr, das heisst, wenn man so fein und zart in seiner geistigen Hingabe ist wie Du. Ich fühle Deine Qual durch 6 bange Jahre der Not und Unsicherheit bis in [die] unscheinbarsten und darum empfindlichsten Fasern, jeden Tag, jede Stunde, jede Sekunde.«[41] Adler nimmt die Sprecherposition des ehemaligen Häftlings an und kann Gross eben deshalb von jeder Schuld freisprechen. Das Leid, das er durchlebte, legitimiert das moralische Urteil, mit dem er den Selbstvorwurf der Schuld von Gross nimmt. Diese wiederholt seine für sie äußerst wichtige Einschätzung noch einmal: »Sie sprechen mich von aller Schuld frei«[42]. Dieser ›Freispruch‹ wird für Gross zu einem im Medium des brieflichen Dialogs wirksamen performativen Akt, der ihre persönliche Situation verändert. Einerseits lindert er die Schuldgefühle, andererseits etabliert er mit Adler ein konkretes Gegenüber, mit dem diese Veränderung unmittelbar verbunden ist. Dies mögen zwei der Gründe für die große Nähe sein, die sich in dem Briefwechsel in der Folge zwischen beiden entwickelte und die zu dem überraschendsten – und vielleicht auch geheimnisvollsten – Aspekt des Briefwechsels führte: der Liebe zwischen beiden, die in ihm entsteht und wächst.

---

39 Gross an Adler, 8.11.1945.
40 Adler an Gross, 4.11.1945.
41 Adler an Gross, 20.11.1945.
42 Gross an Adler, 8.11.1945.

Denn nachdem sie sich siebeneinhalb Jahre lang nicht gesehen hatten, und noch nicht einmal zwei Monate nach ihrer erneuten Kontaktaufnahme, erklären sie sich gegenseitig ihre Liebe. Zunächst – schon in seinem dritten Brief – wechselt Adler vom Sie zum Du: »Es ist unverschämt, wenn ich Dich jetzt mit Du anspreche, da ich einfach das Sie nicht mehr ertragen kann.«[43] Aber Gross weist ihn nicht zurück; sie unterstützt ihn. Die emotionale Intensität nimmt weiter zu, bis wiederum Adler den Ton setzt – »Ich bin Dir sehr nahe und liebe Dich«[44]; »Denn es ist Liebe. Liebe zwischen uns. Ich weiss es«[45] – und Gross einstimmt: »Ich liebe Dich.«[46] Ein halbes Jahr später, vom 14. Juni bis zum 2. Juli 1946, gelingt es Gross nach Prag zu reisen und Adler persönlich zu treffen. Diese entscheidende Begegnung festigt ihre Beziehung. Nach vielen weiteren Briefen und einer zweiten Reise von Gross nach Prag verlässt Adler seine Vaterstadt am 11. Februar 1947 schließlich für immer. Nur fünf Tage später heiraten sie, und nach neun Monaten wird ihr Sohn geboren. Das Paar bleibt bis zu Adlers Tod 1988 zusammen.

Asymmetrie der Verfolgungserfahrungen
Der Erfahrungsunterschied zwischen dem ehemaligen Häftling und der Exilierten wird von beiden vorausgesetzt. So schreibt Adler schon im ersten Brief: »es war [...] grässlich, so grässlich, dass Ihr da draussen es nie fassen und verstehen werdet«[47]. Und im Dezember fügt er an: »Wir lebten wirklich in einer anderen Welt als ihr da draussen, mögt Ihr an Schrecken und Grauen auch so manches mitgemacht haben«[48]. Dennoch gibt es von Seiten Adlers immer wieder den Hinweis auf die besondere Nähe einiger Aspekte der Erfahrung der Exilierten zu derjenigen der Häftlinge: »Ich weiss, dass Du eine böse Zeit hinter Dir hast und würdige es ganz. Ich kenne, ohne davon gelesen oder gehört haben zu müssen, die Empfindungen von anständigen Menschen, denen die Flucht von hier geglückt ist. [...] Ich weiss, dass die Distanz und die dabei quälend erwachenden Vorstellungen eine Belastung ergeben, die ausser mir vielleicht wirklich nur einer zu kennen in der Lage ist, der draussen und eben nicht hier im KZ war.«[49] Distanz der Erfahrung und Zusammengehörigkeit im übergreifenden Schicksal der Verfolgung kennzeichnen die beson-

---

43 Adler an Gross, 20.11.1945.
44 Adler an Gross, 5.12.1945.
45 Adler an Gross, 7.12.1945.
46 Gross an Adler, 30.12.1945.
47 Adler an Gross, 29.10.1945.
48 Adler an Gross, 9.12.1945.
49 Adler an Gross, 5.2.1946.

dere Situation, in der die überlebenden Häftlinge und die Exilierten aufeinander bezogen waren.

Aus der Erfahrungsasymmetrie ergibt sich Adlers Bedürfnis, Gross die Welt der Lager zu schildern, was viele der Briefe zu besonderen Quellen über die Funktionsweise der Lager macht. Hierauf wird gleich zurückzukommen sein. Zunächst soll aber ein Motiv hervorgehoben werden, das auf ein besonderes emotionales Bedürfnis auf Seiten Adlers schließen lässt. Er formuliert in seinem ersten Brief an Gross, er komme sich »in Hinblick auf Euch da draussen sehr als abgeschieden vor« und möchte »seelisch wieder auf die andere Seite des Lebens oder, sagen wir es gleich so, in das Leben selbst zurückgeführt werden«[50]. In einem der folgenden Briefe antwortet er auf ihre Frage, ob er etwas brauche, mit den Worten: »Ja, eines brauche ich: Ansprache!« In einem fast schon fordernden Ton fügt er an: »Und Sie werden sie mir bitte nicht versagen. Ich muss wieder in Beziehung zur Welt kommen und Sie werden so lieb sein, mir dabei zu helfen«[51]. Tatsächlich übernahm Gross diese Aufgabe in der Folge.

Adler bedeutet die ›Ansprache‹, die er sowohl von Gross wie zuvor schon von Steiner erhalten hatte, sehr viel. Steiner schreibt er, nachdem er dessen erste Briefe erhalten hatte: »Deine Briefe [...] rühren und bewegen mich zutiefst. Mit Freude werde ich mich nun um eine längere Antwort bemühen, da ich jetzt sehe, welch tiefes Interesse Du mir entgegenbringst«[52]. Noch intensiver reagiert er auf die Antwort von Gross: »Meine liebe Bettina, welche Freude, 3 Briefe, noch ein Mensch! Jemand, der mein gedenken will, mit mir fühlen will, in die unendliche Einsamkeit meiner Seele ein wenig Einblick nehmen will.«[53] Zentral für Adler war in beiden Fällen die persönliche Anteilnahme derjenigen, die ermessen konnten, was die Verfolgung bedeutete. Mit ihnen trat er in ein intensives dialogisches Verhältnis.[54] Es manifestierte sich überwiegend in Form von Briefen, da Adler das Land, aus dem er unbedingt fort wollte, erst im Februar 1947 verlassen konnte.

---

50 Adler an Gross, 29.10.1945.
51 Adler an Gross, 4.11.1945.
52 Adler an Steiner, 30.8.1945, in: Tully, Zeugen der Vergangenheit, S. 78.
53 Adler an Gross, 20.11.1945.
54 Das damit gesetzte Thema, nämlich dass Briefeschreiber auf Antworten hoffen, mitunter aber auf sie verzichten müssen, geht auf mehrfache Weise auch in den Roman *Die unsichtbare Wand* ein, wie Julia Menzel zeigen konnte (vgl. dies.: »To be human is to have a border, and to want to cross it through letters«: Letters and Letter Writers in H. G. Adler's Novel *The Wall*, in: Lynn L. Wolff (Hg.): A Modernist in Exile. The International Reception of H. G. Adler (1910-1988), Cambridge, MA 2019, S. 118-132).

Verordnetes Sprechen

Der Briefwechsel mit Gross ist unter anderem deshalb eine bedeutende Quelle, weil er Punkt für Punkt die Erfahrungen des ehemaligen Häftlings ausbuchstabiert. Weil Adlers Bericht über die Lager im nichtöffentlichen Medium des Privatbriefs, innerhalb eines persönlichen Vertrauensverhältnisses entstand und deshalb auf eine ganz bestimmte Art dialogisch strukturiert ist, unterscheidet er sich von anderen Formen der Zeugenschaft in der Nachkriegszeit, etwa vom Sprechen vor Gericht oder vor einer historischen Kommission. Denn dominiert wurde der frühe öffentliche Diskurs über die Lager von Angehörigen des Militärs, von alliierten Politikern und von der Presse. Nach 1944, als die ersten Fotografien aus Majdanek in US-amerikanischen Zeitschriften abgedruckt wurden, und intensiver noch nach der Befreiung der Lager in Deutschland im Frühjahr 1945, entstanden hier Narrative, an denen auch die Kommunikationsbedingungen mitwirkten, die die mediale Situation und die durch sie bedingte Positionierung der Zeitzeugen mit sich brachte. Zwar verfassten viele ehemalige Häftlinge aus eigenem Antrieb Berichte über die Lager, häufig waren die Texte aber auch institutionell veranlasst. So interviewten die Alliierten Überlebende[55] oder diese machten Aussagen in den Gerichtsprozessen, die nun einsetzten. Zum Teil meldeten sie sich bei den Nachkriegsverwaltungen, um gestohlenen Besitz anzuzeigen oder – wie Adler in der Tschechoslowakei – um die Staatsbürgerschaft neu zu beantragen.[56] In den meisten dieser Fälle mussten die Überlebenden die für sie vorgezeichneten Rollen einnehmen; sie waren auf bestimmte Äußerungsformen und Sprachregister verwiesen und dadurch in ihrem Sprechen generell eingeschränkt.

Adler registrierte sehr genau die Zwänge, denen die Überlebenden in der Kommunikation nach dem Krieg unterworfen waren; er reagierte darauf sensibel, wenn nicht gar idiosynkratisch. 1950 schrieb er die Erzählung *Aufzeichnung einer Displaced Person*, in der er auf die intrikate Sprechsituation eines Überlebenden im Kontakt mit den Behörden eingeht.[57] Vergleicht man das

---

55 Vgl. zum Beispiel David A. Hackett (Hg.): Der Buchenwald-Report, München 1996. – In seiner Einführung (vgl. S. 19-49) beschreibt Hackett, wie »ein Team von Spezialisten des Nachrichtendienstes der Abteilung für psychologische Kriegsführung des Alliierten Oberkommandos in Paris« (ebd., S. 37) seit dem 14.4.1945, nur Tage nach der Befreiung am 11.4., ungefähr 150 Überlebende aus Buchenwald interviewte. Eugen Kogons frühe Analyse der Lager – Der SS-Staat. Das System der deutschen Konzentrationslager, München 1946 – stützt sich auf diese Quellen.

56 Adler beklagt sich in einigen Briefen an Gross über die Willkür der Behörden, die ihm die tschechoslowakische Staatsbürgerschaft nicht zugestehen wollten (vgl. zum Beispiel Adler an Gross, 11.3.1946).

57 H. G. Adler: Aufzeichnung einer Displaced Person, in: ders.: Ereignisse. Erzählungen, Olten 1969, S. 9-25. – Adler erwähnt in einem Brief an Hermann Broch vom 17.7.1950, dass er sie im gleichen

Sprechen des Protagonisten mit demjenigen Adlers in den Briefen an Gross, wird der grundlegende Unterschied sofort deutlich. In der Erzählung wird der Überlebende genötigt, eine ›Aufzeichnung‹ für ein imaginäres Flüchtlingsfürsorgeamt anzufertigen, weil er die daran geknüpfte Unterstützung dringend benötigt. Das Kompositum ›Flüchtlingsfürsorgeamt‹ charakterisiert bereits den bürokratischen Apparat,[58] dem das Schriftstück einverleibt werden soll. Die Zeugenschaft verdankt sich also keineswegs dem Mitteilungsbedürfnis der Displaced Person, die eigentlich »keine Zeile schreiben«[59] möchte, sondern einem behördlich verordneten Sprechen: dort hätten sie sich »in den Kopf gesetzt, daß ich von mir schreiben soll«[60].

Die Handlung spielt im Jahre 1950, reicht aber auch in die Jahre vor 1945 zurück, als der Protagonist als »ein Stück Unrat«[61] angesehen wird. Damals hat man ihn »mit Hunderten herumgefahren […] in abgesperrten fensterlosen Eisenbahnwagen.«[62] Schließlich gelangt er an einen Ort, den »eine unübersteigbar drahtumzogene Grenze«[63] umgibt. Dort verlieren er und die anderen ihre leibliche und geistige Freiheit.[64] Wie in vielen seiner literarischen Arbeiten nennt Adler auch hier keine Ortsnamen; die Hinweise, die der Text gibt, bezeichnen aber deutlich die Lager und die Überlebenden der Shoah. Weniger um die Lager selbst geht es in der Folge in der Erzählung, als um die Bedingungen der Rede über sie. Der Überlebende ist aus finanziellen Gründen gezwungen die ›Aufzeichnung‹ anzufertigen, und er spürt einen Druck von Seiten des Abteilungschefs für Resozialisierung, den Bericht in den von diesem bevorzugten Worten und Wendungen zu verfassen. Deshalb verwirft er einen ersten, soeben fertiggestellten Entwurf, in dem er dem eigenen Schreibimpuls gefolgt war, und beginnt mit der Neuformulierung. Dieses Mal ist er entschlossen, den »Unsinn«, den die Offiziellen ihm nahelegen, zu bedienen: Er

---

Jahr geschrieben hatte (vgl. H. G. Adler und Hermann Broch. Zwei Schriftsteller im Exil. Briefwechsel, hg. v. Ronald Speirs und John J. White, Göttingen 2004, S. 59). Die Erzählung wurde zuerst 1952 publiziert. – Vgl. dazu auch vom Verf.: Shaping Survival through Writing. H. G. Adler's Correspondence with Bettina Gross, 1945-1947, in: Julia Creet, Sara R. Horowitz, Amira Bojadzija-Dan (Hg.): H. G. Adler. Life, Literature, Legacy, Evanston, IL 2016, S. 69-85.
58 Zum Stellenwert von Bürokratie und Verwaltung bei Adler vgl. auch vom Verf.: Der verwaltete Mensch, in: Dan Diner (Hg): Enzyklopädie jüdischer Geschichte und Kultur, Bd. 6, Stuttgart, Weimar 2015, S. 277-282.
59 Adler, Aufzeichnung einer Displaced Person, S. 9.
60 Ebd.
61 Ebd., S. 19.
62 Ebd.
63 Ebd., S. 20.
64 Vgl. ebd.

schreibt nun »höflich und bescheiden, nur ein paar Tropfen Trauer dürfen einfließen, wie man in Zeitungen auch mal was Trauriges serviert, aber im übrigen werde ich alles schön optimistisch färben, damit man mit mir und der Resozialisierung der Displaced Persons zufrieden ist«[65]. Teile aus diesem Text sollen später in einem »englischen Sammelbericht über das Leben und die Lage der Displaced Persons im Jahre 1950«[66] verwendet werden, den der Abteilungschef herausgeben möchte.

Mit der Erzählung thematisiert Adler die Beschränkungen des Sprechens, die Repräsentanten offizieller Stellen den Augenzeugen auferlegen, wodurch jene die Artikulation der Lagererfahrung in selbstgewählten Worten und Wendungen verhindern. Wie würde der Erzähler sich äußern, wenn er den verordneten Zwängen nicht gehorchen müsste? Wenn sein Bericht kein Bestandteil einer strategischen Kommunikation wäre? Das Sprachspiel, das in der Erzählung beschrieben wird, gewährt keinen Ort für Sprechakte, die außerhalb des instrumentellen Sprechens liegen. Auf diese Sprachgrenzen reflektiert der Protagonist, wenn er sagt: »es geht in mir vieles vor [...] und ich bin nicht verpflichtet, über diesen letzten mir verbliebenen Bereich einer eigenen Welt etwas zu verraten.«[67] An offizielle Stellen gerichtete Aussagen schließen die privaten – und erst recht die intimen – Aspekte des Überlebens aus. Das gilt – über Adlers Erzählung hinaus – auch für die öffentlichen Stellungnahmen Überlebender. Gerade diese Aspekte betrafen aber ihr tägliches Leben ganz unmittelbar. Adlers Erzählung fokussiert diesen blinden Fleck, verweist auf die bestimmten Sprechweisen inhärenten Unzulänglichkeiten im Sprechen über die Lager und das Überleben. Im größtmöglichen Kontrast dazu gewährt die Korrespondenz zwischen Adler und Gross Einblick in einen Dialog, in dem beide Briefpartner dem jeweils anderen rückhaltlos alles über ihr Leben, ihre Gedanken, ihren Glauben mitteilen. Die Breite der hier geschilderten persönlichen Umstände, zusammen mit der intendierten Wahrhaftigkeit des Sprechens, versetzen den Briefwechsel in den Rang einer besonderen – wenn nicht einzigartigen – historischen Quelle.

Zur besonderen Stellung des Briefwechsels als einer historischen Quelle
Über das bereits Gesagte hinaus, beruht die besondere Bedeutung dieser Korrespondenz auf den folgenden Faktoren: *Erstens* stellt sie ein Schlüsseldokument für die literaturwissenschaftliche Adlerforschung dar. Neben werk-

---

65 Ebd., S. 25.
66 Ebd.
67 Ebd., S. 16.

genetischen Aspekten gibt sie Aufschluss über die Verzahnung von Literatur und Leben. *Zweitens* ist in Adlers Briefen festgehalten, wie ein Überlebender der Todeslager, der sich als Schriftsteller versteht, nach der Katastrophe, aber noch unter ihrem unmittelbaren Eindruck, die Sprache wiederfindet. In der deutschsprachigen Literatur der Shoah gibt es für die Jahre 1945 und 1946 kaum vergleichbare Fälle. Die Briefe dokumentieren, wie sich die Herausbildung des für die Briefpartner existenziell wichtigen Nachkriegsnarrativs über die Lager im dialogischen Kontext des Privatbriefs vollzieht.

Drittens sind Gross' Briefe aufschlussreich, weil mit der Reaktion der Exilierten auf die Berichte des Überlebenden der Erfahrungsunterschied zwischen beiden Gruppen sichtbar wird. Wie schon gezeigt, artikuliert Gross ihre Überlebensschuld und ihre Scham über die möglicherweise zu zögerlich betriebene Rettung der Deportierten. Festgehalten ist weiterhin die für die Zeit typische, geschlechtsspezifisch geprägte Übernahme von Rollen bei beiden Briefpartnern, die die Exilforschung bereits für andere Fälle herausgearbeitet hat.[68] Die verbreitete Konstellation: »Männer schaffen Werke, Frauen schaffen – materiell, emotional, sozial – die günstigen Bedingungen für das Entstehen von Werken«[69], trifft auch auf Adler und Gross zu.

Viertens unterscheidet sich der Briefwechsel, indem er sich zu einem Liebesbriefwechsel entwickelt, von anderen Korrespondenzen durch die besondere persönliche Dimension sowie die dadurch ausgelöste Dynamik. Vor dem Hintergrund der Ermordung seiner ersten Frau erläutert Adler seine Lagererfahrungen mit der Intention, der Briefpartnerin einen getreuen Einblick zu geben, auf dem ein künftiges Zusammenleben aufgebaut werden kann.

Fünftens muss die gattungstheoretische Bedeutung des Briefwechsel im Rahmen der Literatur der Shoah hervorgehoben werden. Die Erforschung des Privatbriefs hat schon früh dessen kommunikativ-dialogischen Aspekt herausgestrichen;[70] sie hat in den letzten Jahren weitere Elemente und Funktionsweisen dieser Textsorte untersucht, darunter: deren spezifische Überführung des privaten Gesprächs in Schriftkultur, die sich aus der besonderen Medialität und Materialität des Briefs ergibt;[71] die »nonverbalen Konstruktionsverfahren

---

68 Vgl. Irmela von der Lühe: »Und der Mann war oft eine schwere, undankbare Last«. Frauen im Exil – Frauen in der Exilforschung, in: Exilforschung, Bd. 14, hg. v. Claus-Dieter Krohn, Erwin Rotermund, Lutz Winckler, Wulf Koepke, München 1996, S. 44-61.

69 Sonja Hilzinger: Exilliteratur, Geschlechterforschung und die Entdeckung einer Autorin: Margarete Steffin, in: Corinna Schlicht (Hg.): Genderstudies in den Geisteswissenschaften, Duisburg 2010, S. 75-88, S. 76.

70 Vgl. Reinhard M. G. Nickisch: Brief, Stuttgart 1991, S. 229.

71 Vgl. Rainer Baasner: Stimme oder Schrift. Materialität und Medialität des Briefes, in: Detlev Schöttker (Hg.): Adressat: Nachwelt. Briefkultur und Ruhmbildung, München 2008, S. 53-69.

von Autorschaft«[72], die aus der »Einkörperung des Schreibenden in den Schrift- und Zeichenkörper des Briefes«[73] hervorgehen; das besondere Verhältnis von Kunst und Leben in der brieflichen Kommunikation.[74]

Hervorgehoben werden muss auch die Konstellation, in der das Medium Brief mit der historischen Situation in der in Rede stehenden Korrespondenz steht. Sind in der Tat »Briefe ins oder aus dem Exil [...] eine besondere Gattung«, weil sie aus einem »nicht vorgesehene[n] Ausnahmefall«[75] hervorgehen, so gilt dies auch für das Nachexil seit Kriegsende. Adlers Brief an Gross vom 29. Oktober 1945 repräsentiert einen jener »erste[n] Briefe«[76] nach der Verfolgung, in denen die vollständig veränderte Lebenssituation eine Neuorientierung erzwingt. Beide Korrespondierenden erschreiben sich in der Wechselfolge der Briefe eine Sprechposition ›nach Auschwitz‹. Dabei erproben sie auch zeitweise übernommene Identitäten. Für den Brief als Form hat die Forschung im Übergangsbereich von literarischem Brief, Autoren- und Privatbrief die »Rollenbilder des Autors, die aus dem Dialog hervorgehen«[77] herausgearbeitet, in denen auch Bestandteile eines imaginierten Selbst wirksam sind: Indem die Korrespondierenden in der Hinwendung zum Adressaten immer auch über sich selbst schreiben, entstehen in den Briefen Selbstentwürfe.[78] Diese sind der kommunikativen und sozialen Situation, in der sie entstanden sind, verpflichtet; die solcherart erschriebene Identität ist eine je situativ bestimmte.

72   Heike Gfrereis: Die Runzeln Corneilles. Nonverbale Konstruktionsverfahren von Autorschaft in Briefen, in: Detlev Schöttker (Hg.): Adressat: Nachwelt. Briefkultur und Ruhmbildung, München 2008, S. 71-86, S. 73.
73   Waltraud Wiethölter: Von Schreib- und Schriftkörpern: Zur Materialität der Briefschreibeszene, in: Anne Bohnenkamp, Waltraud Wiethölter (Hg.): Der Brief. Ereignis & Objekt, Frankfurt am Main, Basel 2010, S. 92-133, S. 107.
74   Vgl. Jörg Schuster: »Kunstleben«. Zur Kulturpoetik des Briefs um 1900. Korrespondenzen Hugo von Hofmannsthals und Rainer Maria Rilkes, Paderborn 2014, der dies an Beispielen aus der Zeit um 1900 zeigt; es gilt aber auch darüber hinaus.
75   Hiltrud Häntzschel: Der Brief – Lebenszeichen, Liebespfand, Medium und Kassiber, in: dies., Sylvia Asmus, Germaine Goetzinger, Inge Hansen-Schaberg (Hg.): Auf unsicherem Terrain. Briefeschreiben im Exil, München 2013, S. 19-32, S. 20.
76   Vgl. Primus-Heinz Kucher, Johannes F. Evelein, Helga Schreckenberger (Hg.): Erste Briefe/First letters aus dem Exil 1945-1950. (Un)mögliche Gespräche. Fallbeispiele des literarischen und künstlerischen Exils, München 2011.
77   Jochen Strobel: Vom Verkehr mit Dichtern und Gespenstern. Figuren der Autorschaft in der Briefkultur, in: ders. (Hg.): dass., Heidelberg 2006, S. 7-32, S. 13.
78   Karl Heinz Bohrer entwickelt die These, dass sich im Brief seit der Romantik Identitätsbildung im Medium eines imaginierten Selbst vollziehe. Die Briefe der Romantiker seien zu lesen »als autonome Texte [...], in denen das Ich sich gewissermaßen erst semantisch findet, erfindet« (ders.: Der romantische Brief. Die Entstehung ästhetischer Subjektivität, München, Wien 1987, S. 13).

Die Frage nach dem Charakter des Selbstentwurfs in Adlers Briefen an Gross ist auch für dessen übriges Werk von entscheidender Bedeutung, denn dieses Œuvre ist vielgestaltig; für jedes einzelne Werk hat er eine neue Form gesucht. Adlers Briefe sollten, neben der fiktionalen und der historisch-sozialwissenschaftlichen, als eine dritte genuine Artikulations- und Schreibweise dieses Autors begriffen werden. Dieser konzipiert in den Briefen an Gross ein Selbst, das sich von den autobiografischen Entwürfen in seinen im engeren Sinne literarischen Texten unterscheidet. Deutlich wird in den Briefen, dass Adler im Zeichen der Zusammengehörigkeit mit Gross ein neues Beginnen sucht, das auch religiöse Implikationen enthält, und dass Gross in ihren Briefen diese Intention ermutigend mitgestaltet. Dieses neue Beginnen wird in einer dialogischen, textbasierten Praxis ›erschrieben‹. Darin liegt eine eigene performative Kraft des Briefwechsels. Die bedeutsamen Inhalte, die in ihm thematisiert werden, sowie der dialogische Modus, in dem dies geschieht, stehen dergestalt in einem Austausch mit der Realität, dass sie diese zur Sprache bringen und dabei – im Sinne der Poiesis – zugleich formen. Im Medium der Briefe, in der dialogischen Kommunikationssituation von Brief und Gegenbrief, finden die Korrespondierenden allererst die Worte für ihre Situation. In gegenseitiger Zuwendung teilen sie die Wahrnehmungen und Einschätzungen von Gegenwart und Vergangenheit. In diesem Teilen liegt zugleich ein Aushandeln, in dessen Verlauf sie die Eckpunkte eines Narrativs über ihre Nachkriegsexistenz entwerfen. Dieses Zur-Sprache-Kommen hat, insbesondere für Adler, auch eine öffentliche Funktion. Zunächst und vor allem verändert es aber die private Beziehung zwischen den Briefpartnern, und damit deren Leben, grundlegend. Nicht zuletzt in dieser Konstellation liegt der zeitgeschichtliche *und* literaturwissenschaftliche Wert des Briefwechsels.

Sechstens wirft die Korrespondenz Licht auf die Nachkriegssituation in Prag – etwa auf die Situation überlebender Waisenkinder, auf die Debatten um die Neuausrichtung des Prager Jüdischen Museums, auf das untergegangene jüdische Prag, auf Fragen von Raubkunst und Restitution, auf die aktuellen politischen Entwicklungen: etwa auf die Umsiedlung und Vertreibung der deutsch-tschechoslowakischen Bevölkerung seit dem Mai 1945 und die schleichende Machtergreifung der Kommunisten. Insgesamt dokumentieren die Briefe Adlers die prekäre Existenz eines deutsch-jüdischen Intellektuellen im Prag der Nachkriegszeit.

Rolle der Intellektuellen
Phasenweise schweift Adler in der Korrespondenz mit Gross von dem privaten Austausch ab und rückt allgemeine Reflexionen im Stile eines Essayisten ein.

Noch diese scheinbar unpersönlichen Überlegungen verdanken sich aber der brieflichen Kommunikation, haben sich in ihrem Medium entwickelt und wurden in ihrem Rahmen zu Papier gebracht. Sie stehen für die Bandbreite des Sprechens, die beide Briefpartner praktizieren.

Schon in dem Brief an Steiner vom 9. Juli 1945 thematisiert Adler im Anschluss an eine erste Gegenwartsdiagnose die mögliche Rolle der Intellektuellen: »Eine zerstörte Welt, und magere Hoffnung, daß Menschen in naher Zukunft aus diesem moralischen Niedergang herausfinden. Leider wird mir immer mehr klar, daß der Nazismus keine geheilte Krankheit ist, und daß Nazismus an sich weder eine Krankheit der letzten Jahre noch der Gegenwart ist, sondern nur ein Krankheitssymptom, das vielleicht erfolgreich ausgerottet wurde, doch die Krankheit selbst nagt an den Fundamenten allen menschlichen Zusammenlebens. [...] überall, wo Hitler die Welt beherrscht hat, ist es traurig und niederschlagend. Die Frage ist, wie sollen wir unsere Rollen definieren.«[79] Obwohl er kein Forum hatte und keine Wirkung erzielen konnte, verstand sich Adler durchaus als öffentlicher Intellektueller. Dafür spricht zunächst sein Plan, den Menschen bekanntzumachen, was sich in den Lagern im Einzelnen zugetragen hatte. Dieses Bemühen mündete in sein Buch über Theresienstadt und in der Folge in viele weitere Publikationen. Schon früh bemühte er sich auch, eigene Texte über die Lager zu verbreiten. Gegen Ende eines Briefes an Gross wird ihm bewusst, dass das ihr Mitgeteilte »auch für andere wissenswert sein mag«[80] und bittet sie, den Brief anderen zu zeigen oder die dort geäußerten Gedanken in einem eigenen Artikel zu publizieren. Der Brief schließt mit einem Auftrag an die Überlebenden und einer Forderung an die Zeitgenossen: »Es kommt jetzt darauf an, dass wir der Welt zeigen, dass unser Aufenthalt in dem Inferno der Lager nicht vergeblich für den Fortgang der Menschheit gewesen ist, dass sich sogar aus diesem letzten Dunkel etwas gestalten lässt, das Licht sein darf. Darauf kommt es an, aber nicht auf sentimentale Schilderungen und ein uns gezolltes Mitleid [...]. Von der Mitwelt erwarten wir aber, dass sie auch willens ist, uns anzuhören und unseren Worten und Taten jene Achtung und Beachtung zu widmen, die wir [...] um unserer [...] aus dieser Not geborenen Erfahrungen und Werke willen gewiss verdient haben.«[81]

Bis zu seinem Lebensende hörte Adler nicht auf, der Mitwelt seine Erfahrungen und Werke bekannt zu machen. Die Hoffnung jedoch, die Krise, in

---

79 Adler an Steiner, 9.7.1945, in: Tully, Zeugen der Vergangenheit, S. 69 f.
80 Adler an Gross, 12.12.1945.
81 Ebd.

der sich – seiner Diagnose nach – die modernen Gesellschaften insgesamt befänden, überwinden zu können, sah er zunehmend als gering an. In einem Brief an Gross entwickelt er seine Kritik und zieht daraus eine Konsequenz, die auch seine Lebensführung betrifft. Wie Elias Canetti,[82] so beschäftigte auch Adler das Phänomen der Masse. In dem Brief an Gross erläutert er, was den öffentlichen Veranstaltungen, die er besucht hatte, fehle: »ein grosses Ritual, eine gemeinsame heilige oder ›profane‹ Handlung von wirklichem Gewicht und Entscheid vermögen unsere teils zerfaserten, teils verflachten Zeitgenossen nicht mehr zu einem wirksamen Erlebnis zu gestalten.«[83] Die reale Gestalt öffentlicher Zusammenkünfte wertet er als eine Verfallsform: »Die einzigen Stätten an denen sich heute noch ein Gemeinschaftgeist im Abendland spürbar erleben lässt, ist der Sportplatz, evt. noch der Zirkus und das Varieté. In kurzen Augenblicken kommt auch noch eine sportplatzähnliche aufgeputschte Extase hinzu: Die Demonstration, Manifestation u. dgl. politischer Natur, die manchmal spontan, häufiger von den Machthabern künstlich induziert diese ›Masse‹ mitreisst.«[84] An allen diesen Formen möchte er, als »geistige[r] Mensch schwacher Zeiten«[85] nicht teilhaben. Eine Reformierung der Gesellschaft erwartet er deshalb auch nicht von einer Erneuerung durch veränderte öffentliche Praktiken und Rituale. Das öffentliche Engagement des Intellektuellen trage höchstens dazu bei, die Wiederkehr des Schlimmsten zu verhindern.

Utopie und persönliche Gemeinschaften
Utopisch aufgeladen ist bei Adler jedoch eine andere gesellschaftliche Praxis: »Alle Geistigkeit in unserer einer Bindung an gemeinschaftliche Ideale unfähigen Verfallszeit muss sich in das Private und Privateste flüchten, wo es ein heimliches und darum aber umso tieferes und innigeres Dasein *unter* der Oberfläche führen muss.«[86] Damit erhebt er die private Lebensführung in den Rang eines gesellschaftlichen Projekts. Nur hier sei die Gemeinschaft mit anderen Menschen noch unzugerichtet zu leben. Ähnliches lässt er auch für kleine Zirkel Gleichgesinnter gelten: »Für eine Gemeinschaft kann man kulturell heute

---

82 Vgl. Elias Canetti: Masse und Macht, Düsseldorf 1960. – Adler kannte Canetti schon aus der Vorkriegszeit; nach dem Krieg pflegten sie eine – nicht immer spannungsfreie – Bekanntschaft, vgl. Marcel Atze (Hg.): »Ortlose Botschaft«. Der Freundeskreis H. G. Adler, Elias Canetti und Franz Baermann Steiner im englischen Exil, Marbach a. N. 1998 (Marbacher Magazin Nr. 84).
83 Adler an Gross, 15.1.1946.
84 Ebd.
85 Ebd.
86 Ebd.

nur in der Idee und in einem auszubauenden Vermächtnisse leben, alles andere ist und bleibt privat und intim, Gut für die Wenigsten, für die Ausgestaltung eines Zusammenlebens von Freunden, die einsame Inseln in der allgemeinen Untergangstimmung bilden. Wir müssen für uns leben, das ist heute wahrlich schon sehr viel.«[87] Die Frage, die er in dem zitierten Brief an Steiner stellt, nämlich wie die Intellektuellen ihre Rolle definieren sollten, beantwortet Adler also in zwei Richtungen. Erstens sollen sie sich durch das veröffentlichte Wort einmischen und die Gesellschaft über sich selbst aufklären. Über die dadurch vielleicht zu erreichende Veränderung des Bewusstseins Einzelner hinaus müssten sie jedoch auch mithelfen, die gesellschaftliche Lebenspraxis zu verwandeln. Hierbei sieht Adler die Intellektuellen aber – zweitens – nicht als Schrittmacher oder als Teilnehmer kollektiver Bewegungen. Seine Zeitdiagnose mündet vielmehr in die Auffassung, dass Gemeinschaft im emphatischen Sinne nur noch im zwischenmenschlichen Bereich gelebt werden könne. Zur Gemeinschaft könne sich die Gesellschaft keinesfalls mit Hilfe von Massenbewegungen erneuern, sondern einzig durch die vielen individuell gelebten Beziehungen hindurch.[88]

Um solche persönlichen Gemeinschaften bemühte sich Adler intensiv. Die erste reetablierte er mit Franz Baermann Steiner, nachdem er die große Anteilnahme in dessen ersten Nachkriegsbriefen gespürt hatte. Persönliche Beziehungen kennzeichnen auch sein Wirken im Waisenhaus, allen voran die in der Korrespondenz mit Gross mehrfach und ausführlich erwähnte enge Bindung zu Jehuda Bacon. Zu Bettina Gross baute Adler die intensivste unter diesen persönlichen Beziehungen auf. Das geschah zunächst, nämlich bis sie ihn im Juni 1946 in Prag besuchen konnte, ausschließlich brieflich.

In den Briefen an die Freundin wollte er sich ihr ganz bekannt machen, sich ihr »unbedingt und vorbehaltlos«[89] anvertrauen. Er schreibt von seinem tiefen Bedürfnis, sich »mit allen verfügbaren und erreichbaren Mitteln auszusprechen und Dir so nahe zu bringen, als es ein entfernter Geliebter nur überhaupt kann«[90]. Völlige Offenheit, so betont er schon bald, solle zwischen

---

87 Adler an Gross, 6.1.1946.
88 Jeremy Adler rekonstruiert H. G. Adlers Begriff der Masse und konstatiert ganz in diesem Sinne: »Adler wages a humanist polemic against modernity, and asserts a defence of the individual against the forces of the crowd« (Jeremy Adler: »Mensch oder Masse?« H. G. Adler, Elias Canetti and the Crowd, in: ders., Gesa Dane (Hg.): Literatur und Anthropologie. H. G. Adler, Elias Canetti und Franz Baermann Steiner in London, Göttingen 2014, S. 176-196, S. 183).
89 »Mein liebes Leben, welche Wärme durchflutet mich, wenn ich mich so in allen Fragen Dir unbedingt und vorbehaltlos anvertraue« (Adler an Gross, 6.1.1946).
90 Adler an Gross, 3.2.1946.

ihnen herrschen: »Ich spreche nicht mehr mit Rückhalt. Er geziemt sich nicht mehr, er wäre Lüge. Wir sind zueinander wahr«[91]. Damit überliefern Adlers Briefe ein Selbstporträt, das er mit der Intention vollständiger Wahrhaftigkeit anfertigte und das uns deshalb heute als ein außergewöhnliches Zeitdokument gegenübertritt. Der Facettenreichtum der Briefe ist erstaunlich und kann nur angedeutet werden; er umfasst seine Erfahrungen in den Lagern und seine Existenz als Überlebender; es finden sich Zeitdiagnosen, etwa mit Blick auf die Situation in Prag und auf die im Ausland. Ferner spricht er über seinen Glauben, über Judentum, Antisemitismus und Konversion. Ausführlich stellt er auch seine Projekte dar und ordnet seine Arbeit ein. Vor allem aber geht er neben seinen Gedanken auch auf seine Gefühle, seine Ängste, Wünsche, Obsessionen – und auf seine Liebe ein. Bei Gelegenheit der jeweils aktuellen Schreibanlässe entsteht dergestalt aus den vielen Miniaturen der Einzelbriefe ein Selbstporträt der ganzen Person, eine Bestandsaufnahme seiner Nachkriegsexistenz.

Wenn Rüdiger Görner von Adlers Panoramatik spricht[92] und Jeremy Adler die enzyklopädische Ordnung des Theresienstadt-Buchs hervorhebt,[93] so gilt Ähnliches in der Intention und im Resultat auch für Adlers Nachkriegsbriefe an Gross: Die Teile, also die Einzelbriefe, sollen in einer Reihe von einzelnen Lieferungen mit der Zeit die *gesamte* Person bekannt machen. Die eigene Person, also der Gegenstand der Darstellung, wird von Adler dabei keineswegs als homogen präsentiert. Obgleich er auch einige Konstanten hervorhebt, beschreibt er seine eigene Persönlichkeit vor allem als eine vielfach zusammengesetzte. Programmatisch darf in diesem Zusammenhang seine auf *Faust* anspielende Aussage verstanden werden: »Nicht zwei, ach viele Seelen wohnen in meiner Brust […]. Ich habe viele Seelen und ich lebe mit diesen Seelen, eine bunte Gesellschaft, in vielen Welten«[94]. Er komme sich vor »wie ein Bündel von Menschen, das aber nur einen Leib, ein Herz, einen Mund, ein Haupt und zwei Hände hat«[95]. Wegen dieser vielen Seelen, die sich alle artikulieren wollen, scheint er sich beizeiten zu widersprechen: »Ich sage einmal

---

91 Adler an Gross, 6.1.1946.
92 Vgl. Rüdiger Görner: Zwischen Freiheit und Fremdbestimmung. Überlegungen zu H. G. Adlers ontologischer Panoramatik, in: Monatshefte, Jg. 103 (2011), H. 2, S. 173-184.
93 Vgl. Jeremy Adler: Nachwort, in: H. G. Adler: Theresienstadt 1941-1945. Das Antlitz einer Zwangsgemeinschaft, Göttingen 2012 [Reprint der zweiten Auflage von 1960], S. 895-926, S. 916, wo er davon spricht, dass die Daten des Theresienstadt-Buchs »einer enzyklopädischen Ordnung unterliegen«.
94 Adler an Gross, 6.1.1946.
95 Adler an Gross, 11.3.1946.

dieses und einmal jenes, in seiner Vereinigung /nicht in seiner arithmetischen Summe/ liegt meine Wahrheit«[96]. Und wie er in dem Roman *Panorama*[97] später die Facetten eines Lebens in einer Reihe von relativ unabhängigen Einzelbildern vorstellt, so scheint dieses Prinzip in der Poetik der Briefe schon vorgebildet zu sein, wenn er der Freundin mitteilt: »Du sollst in alle meine ›Provinzen‹ sehen, ohne doch jede von ihnen betreten zu müssen«[98].

Welche seiner Seelen, welchen Provinzen, zeigt Adler Gross? Und welche sind es, die sie nicht betreten soll? Ohne auf den Grund für die geschilderte Stimmung einzugehen, schreibt er einmal: »Ich komme mir jetzt vor wie in einer Gruft. Ich weiss nicht, ob Du das kennst. Gott lasse es fern sein von Dir! Er bewahre und beschütze Dich vor den Finsternissen, die ich geschmeckt habe und noch immer spüre. [...] wisse, dass ich Dich nicht in meine aufsteigenden Betrübnisse hineinreissen möchte! Ihnen bleib fern! Wenn Du mir gut bist, so verscheuchst Du sie, da bedarf es erst gar nicht dessen dass Du sie kennen lernst«[99]. Diese Stimmungen sind Teil seines Wesens, er bezeichnet sie als »meinen Abgrund, meine Grenzenlosigkeit«[100]. Dass die Finsternisse, auf die er sich bezieht, auch die Lager betreffen, wird in anderen Briefen deutlich. Dem Grauen ist explizit eine seiner Seelen geweiht.[101] Mit diesem Thema macht sich abermals die Differenz der Erfahrungen zwischen dem Häftling und der Emigrierten geltend. Denn eine der Provinzen, die gezeigt, aber nicht betreten werden sollen, ist die Welt der Lager.

Zögern, Ermutigung, Schonung: Zur kommunikativen Dynamik des Sprechens über die Shoah
Mit der Nachricht über den Tod ihrer Mutter, die Adler Gross überbringt, ist schon mit dem ersten Brief die Shoah als ein zentrales Thema in ihrer Korrespondenz gesetzt. In der Folge geht es um mehr als den reinen Informationsaustausch; es geht um die Bahnung eines Weges zum Sprechen über alles, was mit der Shoah einhergeht, und um die Frage nach dem Weiterleben nach der Katastrophe. Die Kommunikation zwischen beiden entwickelt sich in einer genuinen Dynamik. In ihr haben Verhaltensweisen wie das Zögern und die Ermutigung ebenso einen Ort wie das Voranpreschen und das Einhalten.

---

96 Ebd.
97 H. G. Adler: Panorama. Roman in zehn Bildern, Olten, Freiburg i. Br. 1968.
98 Adler an Gross, 15.1.1946.
99 Adler an Gross, 25.2.1946.
100 Ebd.
101 Vgl. Adler an Gross, 11.3.1946.

Weil er der Briefpartnerin sein Innerstes offenbaren möchte, kehrt Adler in seinen Briefen oft zu den verschiedenen Aspekten der Verfolgung und der Vernichtung zurück. Dem Drang über die Lager zu sprechen widerstreitet aber ein andauerndes Zögern, für das verschiedene Gründe genannt werden können. Erstens ist sich Adler unsicher, ob es angemessen ist, über seine Erfahrungen zu schreiben: »Darf ich all das erzählen? Bettina, es ist das erstemal, das[s] ich *wesentlich* zu jemandem spreche, seitdem ich ›frei‹ bin.«[102] Gross' Ermutigung mit dem Bericht fortzufahren bereitet eine vertrauensvolle Umgebung für das Sprechen über den intimen Schrecken. Der zweite Grund für sein Zögern hängt mit dem rechten Moment für das Sprechen zusammen. Adler realisiert, dass es nicht nur auf einer Willensleistung beruht und er es deshalb nicht vollständig unter Kontrolle hat. Vielmehr stellen sich die richtigen Wörter nur in bestimmten Momenten ein, auf die der Augenzeuge warten muss. In einem frühen Brief kündigt er an: »Ueber Ther.[esienstadt] werde ich auch noch ins Erzählen kommen, aber warten Sie auf die Stimmung.«[103] Etwas später schreibt er dann: »Gerne will ich Dir allmählich immer mehr von den endlosen letzten Jahren erzählen und versuchen, so viel Geschehen, als ich es nur zu erfassen vermochte, vor Dir auszubreiten, weil Du wirklich wissbegierig [...] bist. Aber hab bitte Geduld! Das muss Stück um Stück kommen. Aber ich verspreche Dir, unverblümt zu erzählen und alles aus der Tiefe der eigenen Anschauung darzustellen. Wenn ich davon so langsam anhebe und bis jetzt so sparsam verfahren bin, so nicht darum weil ich nicht berichten mochte, aber wohl weil dies alles gute Weile haben soll«[104]. Manchmal drängen sich die Worte aber auch ohne Absicht vor und überraschen den Briefeschreiber: »Nicht von Th.[eresienstadt] wollte ich reden – und so viel wurde es!«[105] Drittens fühlt Adler, wie so viele Überlebende, einen kaum zu überbrückenden Unterschied zwischen Repräsentation und gelebter Wirklichkeit. Die Wörter reichen an das Geschehene nicht immer heran. So spricht er zum Beispiel im Zusammenhang mit Theresienstadt von einer Spannung, »von der ich Dir keine Begriffe bilden kann.«[106]

Noch ein vierter Grund für das Zögern sollte erwogen werden. Am 13. Dezember 1945, als noch nicht einmal ein Jahr seit seiner Befreiung vergangen war, stellt er eine weitreichende Überlegung an: »nun gilt es, endlich einmal über die blossen Schilderungen hinauszugelangen und das innere Gesicht die-

---

102 Adler an Gross, 20.11.1945.
103 Adler an Gross, 23.11.1945.
104 Adler an Gross, 19.12.1945.
105 Adler an Gross, 23.11.1945.
106 Adler an Gross, 19.12.1945.

ser Geschehnisse aufzuzeigen [...]. Nicht dass und was uns und der Welt geschehen ist, darf jetzt noch vordergründiges Interesse beanspruchen, so wichtig auch seine dokumentarische Festhaltung sein mag, sondern die Auswirkung und das Mysterium, die jetzt langsam erkenntlich werden und die nach ihren Verkündern rufen. Das Ausserordentliche muss festgehalten und weitergeführt werden, damit es nicht in Rührseligkeiten und Schauergeschichten ertrinke.«[107] Schon in den Lagern selbst, und umso stärker in den Jahren nach der Befreiung, arbeitete Adler ohne Unterlass, um die Dokumente der Verfolgung und Ermordung zu sichern und zu publizieren. In der zitierten Passage unterstreicht er die Notwendigkeit solcher Publikationen. Zugleich distanziert er sich von Berichten, die im Dienste der Gefühls- oder Spannungserzeugung excessiv mit identifikatorischen narrativen Schablonen arbeiten. Hier ist nicht der Ort, um popularisierende Erzählweisen in der Literatur der Shoah zu analysieren. Eine solche Äußerung Adlers aber bereits 1945 anzutreffen, Jahrzehnte bevor zum Beispiel über die ›Amerikanisierung‹ des Holocaust diskutiert wurde,[108] ist geeignet, das gängige Verständnis von der unmittelbaren Nachkriegszeit umzuschreiben, denn es belegt, dass – zumindest punktuell – schon damals ein differenziertes Problembewusstsein über diese Fragen existierte.

Adler schildert in den Briefen immer wieder unterschiedliche Aspekte der Verfolgung, der Erniedrigung, der körperlichen und seelischen Quälereien bis hin zum Mord. Gross ermutigt ihn zunächst. Am 8. November 1945 schreibt sie: »Ich wüßte gerne vieles – all das, was unser Bewußtsein zu glauben sich sträubt, was unsere Nächte als wahr wissen, und was wir doch nie begreifen werden, weil körperliche u. seelische Not einfach unvorstellbar sind«[109]. Am 15. Dezember heißt es: »Es ist das Einzige was uns über unsere Flucht trösten kann – zu hören, was Ihr erlitten, wie es die wenigen Ärmsten überstanden haben«[110]. Am 30. Dezember wiederholt sie den Topos des Erfahrungsunterschieds, setzt aber mit dem Thema der Schonung einen anderen Akzent: »Ich lese die Worte über die Lager – und danke es Deiner so wunderbaren Sprache, die das Grauen in eine noch erträgliche Form kleidet. Was habt Ihr erlitten! Und wie stumm macht es uns, daß wir nichts sagen können«[111]. Dieses Thema

---

107 Adler an Gross, 13.12.1945.
108 Vgl. zum Beispiel Alvin H. Rosenfeld: The Americanization of the Holocaust, in: ders. (Hg.): Thinking about the Holocaust, Bloomington, IN 1977, S. 119-150, oder Hilene Flanzbaum (Hg.): The Americanization of the Holocaust, Baltimore, MD 1999.
109 Gross an Adler, 8.11.1945.
110 Gross an Adler, 15.12.1945.
111 Gross an Adler, 30.12.1945.

wiederholt sie am 2. Januar 1946: »Daß meine Wißbegierde sehr tief verankert ist hast Du gespürt. Ist mir doch, als könnte nur so ein annähernd vollkommenes Bild hergestellt werden zwischen unserer Flucht und Eurem Leid [...]. Daß Du mich verschonst und nur das Erträgliche schilderst, nehme ich dankbar an«[112]. Mit der Zeit tritt dem Willen zum Wissen über die Verhältnisse im Lager das Unerträgliche entgegen, das jeder der drastischen Berichte erneuert. Dieses Gefühl verstärkt sich insbesondere mit der Lektüre einzelner Gedichte aus dem *Theresienstädter Bilderbogen 1942*.[113] Am 23. Januar erreicht Gross einen Punkt, an dem sie nicht mehr weiter kann: »Darf ich Dich bitten mir für eine Zeit keine Th.[eresienstadt-]Gedichte zu senden? Ich schaffe es einfach nicht mit meinen Gedanken, das Maß ist übervoll«[114].

Diese vor allem der Situation geschuldete Bitte um Schonung steht in einem Kontext, in dem sich beide grundsätzlich einig waren, dass das Gedenken an die Toten ein wesentlicher Bestandteil ihres Nachkriegslebens sei und auch bleiben würde. So hatte Gross am 1. Januar 1946 geschrieben: »Nach den Unruhen der letzten Monate, ist mir erst heute wieder zu Bewußtsein gekommen, wie viele es sind die wir betrauern. [...] Nun weiß ich wieder, mit brennendem Schmerz, daß wir sie nie vergessen, nie ganz werden verwinden können [...]. So will ich es Dir versprechen, [...] daß ich das Andenken auch an Deine Toten ehren werde und daß es ein schönes und großes Vermächtnis sein soll. Ich bin so beschaffen, daß ich nie ganz erfassen kann, daß die Geliebten, die wir verloren haben, ganz von uns gegangen sind. Ich spreche zu ihnen, ich weiß sie nahe, ich frage sie um Rat und Hilfe, und wie könnte es bei Dir anders sein?«[115] In der Tat erging es Adler nicht anders. Auch für ihn war die Erinnerung an die Toten ein unaufhebbarer Bestandteil seiner Nachkriegsexistenz.

Wo die Toten in die Nachkriegsgegenwart mit hinübergenommen werden, wird dieses Nachkriegsleben unweigerlich mit den aufgerufenen Stimmen konfrontiert. Im vorliegenden Fall rechtfertigen die Briefpartner ihr Handeln vielfach gegenüber imaginierten Einwänden von Seiten der Toten. Adler schreibt: »Ich schäme mich [...], wenn ich mich dabei ertappe, ›gut gelaunt‹ zu sein.

---

112 Gross an Adler, 2.1.1946.
113 Vgl. H. G. Adler: Theresienstädter Bilderbogen 1942, in: ders.: Andere Wege. Gesammelte Gedichte, hg. v. Katrin Kohl und Franz Hocheneder, Klagenfurt u. a. 2010, S. 157-175, aber auch die weiteren Gedichte aus den Lagern, vgl. ebd. bis S. 288. – Die in den Briefen mitgeschickten Gedichte müssen noch mit den in den *Anderen Wegen* abgedruckten verglichen werden, um weitere Hinweise auf eventuelle Überarbeitungen zu erhalten.
114 Gross an Adler, 23.1.1946.
115 Gross an Adler, 1.1.1946.

Habe ich denn ein Recht dazu? Aber wir müssen leben, und Gott wird seinen Segen nicht versagen! [...] Gewiss, die Umgebung der Toten ist drückend, [...] aber erdrücken dürfen sie uns nicht, sie müssen uns heiligen, uns be-sinnen und be-seligen!«[116] Es ist das Leben, auf das Adler sich immer wieder beruft. Es steht bei ihm in einem durchaus religiös aufgefassten Zusammenhang. Beidem müsse man mit gleicher Intensität gerecht werden: der Erinnerung an die Toten und den Ansprüchen des Lebens. Dass aber beides im Alltag kaum synthetisiert werden kann, dass die einzelnen Tendenzen ihren Ort in eigenen Bereichen, Seelen, Provinzen finden müssen, liegt auf der Hand und bildet in den Briefen ein fortlaufendes Thema. Und dennoch findet Adler für das Miteinander dieser Tendenzen eine Form. Jeremy Adler hat darauf hingewiesen, dass »der Gegensatz zwischen Leid und Optimismus«[117] H. G. Adlers Persönlichkeit und seinen Texten eine besondere Spannung verleihe. Auch auf die Briefe trifft das zu, denn hier kommen die disparaten Elemente als Textbewegung zusammen. In formaler Hinsicht ist diese Verfahrensweise – wie bereits erwähnt – mit Adlers Panoramatik verwandt. Inhaltlich aufgespannt sei dessen ontologisch gedeutete Panoramatik, so Görner, »zwischen dem Postulat prinzipieller Freiheit des Menschen und seiner im Lager erlittenen organisierten, auf Vernichtung hin angelegten Fremdbestimmung«[118].

Im Rahmen der Literatur der Shoah, zu der der Briefwechsel gezählt werden muss, kommt ihm immer dort eine singuläre Stellung zu, wo Adler diese atemberaubende Engführung disparater Tendenzen in den Text hineinarbeitet. So konfrontiert er einmal in wenigen Zeilen die Vergegenwärtigung des Mordes mit einer Liebeserklärung und der Anrufung einer heiteren Gegenwart: »Die Fahrt nach Auschwitz, unvorstellbares Leid, dicht in dem Mordtransport gedrängt, ich sehe und fühle sie für einen Augenblick, 1500 Menschen in einem Zug, von denen etwa 1280 gleich in den schauerlichsten Gastod mörderisch gepfercht wurden! 220 liess man, davon leben heute etwa 60, höchstens 80 – ich darunter. Für einen Augenblick lass mich daran erinnern. Sieh, das ist zugedeckt, und Du stehst da, ich fühle dringend bittend Deine süsse Nähe. Und was ich spreche, das ist Liebe. Nun darf ich lebend bei Dir sein, der fast ein Toter war... Ich darf es. Holde Retterin, Gespielin meiner heitren Gegenwart!«[119] Solche Konfrontationen des Schrecklichsten mit einer liebenden Gegenwart, die in einem heiteren Licht erscheint, waren in der Literatur der Shoah bislang nicht zu hören. Wahrscheinlich sind Sätze wie diese überhaupt

---

116 Adler an Gross, 20.11.1945.
117 J. Adler, Nachwort, S. 905.
118 Görner, Zwischen Freiheit und Fremdbestimmung, S. 177.
119 Adler an Gross, 11.1.1946.

nur möglich, wenn ein Überlebender sie äußert. Denn durch dessen Sprecherposition ist gewährleistet, dass kein Missverständnis aufkommt. Es geht Adler – und dies muss immer wieder betont werden – nicht darum, die Erinnerung an die mörderische Vergangenheit zurückzudrängen und dafür den Schein einer heiteren Gegenwart zu etablieren. Sondern ihm und seiner Briefpartnerin geht es darum, alle Facetten des Humanen zur Geltung zu bringen. Und dazu gehört das eindringliche Gedenken an die Toten, das den Schrecken von Auschwitz umfasst, ebenso wie die Entfaltung des menschlichen Glücksanspruchs im Leben und in der Liebe.

Das Gedenken an die Toten tritt in die sich entwickelnde Gemeinschaft zwischen H. G. Adler und Bettina Gross jedoch nicht nur durch die ermordeten Eltern und Verwandten ein, sondern auch durch Adlers erste Frau, Gertrud Adler-Klepetar. In seinen Briefen an Gross beginnt Adler mit der Verarbeitung ihres Todes. Die Erinnerung an sie nimmt in den folgenden Jahren einen zentralen Ort in seinem Denken und Fühlen ein. In den Briefen entwickelt er die Idee, ihr ein »literarisches Denkmal«[120] zu setzen. Er löst dies mit dem Buch über Theresienstadt ein, indem er das Werk, das im Frühjahr 1948 in einer ersten Fassung vorlag, mit einer außergewöhnlichen, an ein Epitaph erinnernden Widmung versieht und es dadurch mit ihrem Andenken verbindet. Einige Jahre später entwirft er in seinem Roman *Die unsichtbare Wand* eine Figurenkonstellation, die an Klepetar, Gross und ihn erinnert. Während Artur, der Erzähler, und Johanna eine Liebesbeziehung eingehen, bleibt die tote Franziska im Hintergrund immer gegenwärtig.[121] Die titelgebende Metapher des Romans kommt in einem von Arturs Träumen zum Zuge, als Franziska in einer Wand verschwindet.[122] Es scheint als nehme Adlers erste Frau in seiner Korrespondenz mit Gross einen vergleichbaren Ort der anwesenden Abwesenheit ein; Adler bezieht sich immer wieder auf sie. Verständlicherweise möchte Gross wissen, welcher Platz der Verstorbenen in der Gegenwart in seinem Gefühlshaushalt zukommt. Auch hier fordert Adler das Wachhalten der Erinnerung als Bestandteil der neuen Liebe ein. Wiederum ist es ein Zugleich, ist es eine kaum lebbare, bis zum Äußersten gespannte Konstellation, die er in den Briefen herbeiführt. Diese Voraussetzung, dass in der neuen Liebe die alte nicht verdrängt werden solle, ist zu bedenken, wenn es in einem Brief vom 6. Januar 1946 mit Bezug auf Gertrud Adler-Klepetar heißt: »Die Aermste

---

120 Adler an Gross, 4.3.1946.
121 Vgl. dazu u. a. vom Verf.: Belated Exile in H. G. Adler's Novel *Die unsichtbare Wand*, in: Alexander Stephan (Hg.): Exile and Otherness. New Approaches to the Experience of the Nazi Refugees, Bern 2005, S. 227-248.
122 Vgl. H. G. Adler: Die unsichtbare Wand. Roman, Wien, Darmstadt 1989, S. 589.
123 Adler an Gross, 6.1.1946.

sagte immer wieder: ›Es wird nie mehr schön werden!‹ Aber ich bin [...]. Ich bin und sage: ES IST SCHOEN! Ich kann nicht anders reden. Ich habe immer zum Leben ja gesagt, noch in Auschwitz angesichts der letzten Misshandlungen menschlicher Kreaturen und der eisigen Verfluchung ihrer zerpflückten Würde. Und so tat ich es in Langenstein, wenige Wochen vor der Befreiung, wo ich dem Tode so nahe war wie nie zuvor, wo ich persönlich noch mehr Grauen sah als in Auschwitz [...]. Ich habe ja gesagt, hörst Du es, teures Leben? Hörst Du, wie ich Dir zurufe und siehst Du, wie ich meine Arme Dir entgegenstrecke? Wir tauen beide auf, und ein tiefes Wissen quillt in mir, dass uns Erfüllung werden wird«[123].

Vor dem imaginierten Einspruch der Toten wird hier das Weiterleben gerechtfertigt. Im Rückblick aus dem 21. Jahrhundert ist es herzzerreißend zu sehen, wie es die beiden jüdischen Überlebenden auf sich nehmen, eine Nachkriegsexistenz aufzubauen, in der die Ermordeten einen Ort haben, anstatt verschwiegen und verdrängt zu werden. Eben dies hätte in der deutschen Mehrheitsgesellschaft nach dem Krieg stattfinden sollen, wo stattdessen spätestens nach dem Rückzug der Alliierten 1949 das Jahrzehnt des Schweigens einsetzte. Wiederum waren es die Opfer, die die Last der Katastrophe – hier in Gestalt der Folgewirkungen – tragen mussten und damit alleingelassen wurden. Wie das Recht auf ein Weiterleben mit dem Erbe der Vernichtung täglich kollidierte, dafür stehen viele der Briefe zwischen H. G. Adler und Bettina Gross. In einer Passage aus einem Brief Adlers an Gross vom 13. März 1946 fasst er das spannungsvolle Verhältnis in das Bild einer Bautätigkeit. Welche Entschlusskraft und welche Ausdauer verlangt das dort geschilderte unablässige Wölben – und wie gefährdet ist es jederzeit durch den angesprochenen Abgrund... Aus Prag schreibt er: »Heute ist Trauertag für die Juden der Republik. In der Geistsynagoge wurde für alle Geschlachteten Qaddisch gesagt. Vor 2 Jahren hat man 3860 von unseren Brüdern und Schwestern an einem Tage in Auschwitz vergast – und sie wussten es! Bettina, über diesem Abgrund wölben wir unsere Liebe. Gott sei uns gnädig!«[124]

---

124 Adler an Gross, 13.3.1946.

Die Politik der Erinnerung in H. G. Adlers Roman »Die unsichtbare Wand«

H. G. Adlers Œuvre umfasst wissenschaftliche und literarische Teile. Ihr gemeinsamer thematischer Fluchtpunkt ist die Shoah; Adler, der mehrere nationalsozialistische Konzentrations- und Vernichtungslager überlebte, hatte schon früh eine für sein Schreiben zentrale Entscheidung getroffen und sie in einer mittlerweile vielzitierten Passage in aller nur wünschbaren Deutlichkeit formuliert: »Als es zu den Deportationen kam, habe ich mir gesagt: [...] wenn ich es überlebe, dann will ich es darstellen, und zwar auf zweierlei Weise: Ich will es wissenschaftlich erforschen und in dieser Gestaltung vollkommen von mir als Individuum loslösen, und ich will es dichterisch [...] darstellen.«[1] Während die soziologisch-historischen Schriften, dieser Intention folgend, von der individuellen Erfahrung des Betroffenen weitgehend abstrahieren, sind die literarischen überwiegend autobiografisch geprägt. Adlers Literatur sollte also als eine postkatastrophale, als eine Literatur ›nach Auschwitz‹ gelesen werden. Unter den vielen Gesichtspunkten, die die Shoah aufruft, rückt der Autor dabei immer wieder das Überleben in den Mittelpunkt. Drei Romane Adlers sind mittlerweile publiziert. Neben *Eine Reise*[2], geschrieben 1950/51, erstmals publiziert 1962, handelt es sich um *Panorama*[3], verfasst 1948, zuerst gedruckt 1968, und *Die unsichtbare Wand*[4]. Das Überleben befragt der Autor in allen drei Romanen, am intensivsten aber im letztgenannten.

Die folgende Lektüre wird sich auf *Die unsichtbare Wand* beschränken und die Frage stellen, wie in diesem Roman die Erinnerung an die Shoah dargestellt wird. An drei ausgewählten Aspekten dieses facettenreichen Textes soll exemplarisch gezeigt werden, dass Adler in seiner Literatur keine historische Rekonstruktion von Fakten im Sinne der Geschichtswissenschaft unter-

---

1 H. G. Adler: Es gäbe viel Merkwürdiges zu berichten. Interview mit Hans Christoph Knebusch [vom Januar 1986], in: Jeremy Adler (Hg.): H. G. Adler. Der Wahrheit verpflichtet, Gerlingen 1998, S. 32-60, S. 45.
2 H. G. Adler: Eine Reise. Roman [1962], Nachwort von Jeremy Adler, Wien 1999.
3 H. G. Adler: Panorama. Roman in zehn Bildern [1968], Nachwort von Peter Demetz, München 1988. Inzwischen erschien eine Neuauflage mit einem Nachwort von Jeremy Adler, Wien 2010.
4 H. G. Adler: Die unsichtbare Wand. Roman, Nachwort von Jürgen Serke, Wien, Darmstadt 1989. Im Folgenden mit der Sigle W nachgewiesen.

nimmt, sondern die Vielfalt der Perspektiven individueller und kollektiver Erinnerungen an das Gewesene ins Werk setzt. Diese unterschiedlichen Versionen der Vergangenheit treten in Konkurrenz zueinander. Welche von ihnen schließlich kanonisiert und zur hegemonialen wird, verdankt sich keineswegs immer dem besseren Argument oder der gründlicheren Recherche. Häufig genug entscheiden Machtkonstellationen, wessen Version der Vergangenheit allgemein für die gültige gehalten wird. In Adlers Roman geht es somit nicht nur um die Erinnerung an die Shoah, sondern darüber hinaus um die Auseinandersetzungen, in denen um die Erinnerung gerungen wird. Auf unterschiedlichen Ebenen thematisiert Adler sowohl die Politik der Erinnerung als auch die Politik *mit* der Erinnerung.

Er verfasste *Die unsichtbare Wand* zwischen 1954 und 1956, überarbeitete den Text allerdings bis 1962 mehrfach, da er ihn nicht sogleich publizieren konnte. Der Protagonist, Dr. Artur Landau, ist ein Holocaustüberlebender und Privatgelehrter, den Adler im Hauptstrang des Romans seine Geschichte im Medium der Ich-Erzählung, intern fokalisiert, selbst vortragen lässt. Landau schreibt den Text 1954 nieder; die erzählte Zeit liegt zwischen 1945 und 1954. Obwohl der Roman keine Ortsnamen nennt, lassen doch die Beschreibungen keinen Zweifel daran, dass Landau 1945 in seine Heimatstadt Prag zurückkehrt und 1947 nach London übersiedelt. Im Lager hatte er seine erste Frau, Franziska, verloren; in England trifft er Johanna, die er bald darauf heiratet. Aus ihrer Ehe gehen zwei Kinder hervor. Viele dieser Daten unterstreichen den weitgehend autobiografischen Charakter des Romans.[5]

Literaturgeschichtlich ist *Die unsichtbare Wand* wegen der Kombination unterschiedlicher stilistischer Mittel, vor allem aber wegen der Fragmentierung der Erzählperspektive, dem modernen Roman des 20. Jahrhunderts verpflichtet. So treten neben den dialogischen, im dramatischen Modus gehaltenen, und den konventionell-erzählenden Abschnitten, die im narrativen Modus funktionieren, auch Mischungen zwischen beiden Modi auf, die weitere stilistische Ebenen einführen, etwa in surreal-grotesken Traumpassagen, in einer bis zur Lyrik verdichteten Prosa sowie in traktatähnlichen Unterkapiteln. Der Wechsel der Stile und Töne kann auf den dezentrierten Bewusstseinszustand Landaus bezogen werden. Dessen innere Biografie, die Adler Landau aus der Ich-Perspektive erzählen lässt, wird somit als das eigentliche Thema des Romans lesbar; der Gesichtspunkt des Überlebens wird auf das psychische

---

5 Thomas Krämer ist allerdings zuzustimmen, dass die Figuren vor allem in ihrer literarischen Eigenwertigkeit und ihrer »Zeichenhaftigkeit« (ders.: Die Poetik des Gedenkens. Zu den autobiographischen Romanen H. G. Adlers, Würzburg 2012, S. 212) betrachtet werden sollten.

Überleben fokussiert. In diesem Sinne zählt sich Landau mehrfach zu den Toten. Theodor W. Adorno fragte 1966, »ob nach Auschwitz noch sich leben lasse«, und fuhr fort: »ob vollends es dürfe, wer zufällig entrann und rechtens hätte umgebracht werden müssen«[6]. Diese Frage stellt auch der Roman. Adler hatte sie allerdings schon in den fünfziger Jahren durchgearbeitet – zehn Jahre bevor Adorno sie formulierte.[7]

Politik der Erinnerung I: Das »Jüdische Zentralmuseum«
Die unsichtbare Wand schildert Landaus Suche nach einem Platz in der tschechoslowakischen Nachkriegsgesellschaft zwischen 1945 und 1947, an dem er mit seiner Erfahrung der Shoah aufgehoben wäre. Sein Fortgang aus Prag markiert das Scheitern dieser Suche. Davor liegt seine Mitarbeit am Jüdischen Museum, an dessen Neukonzeption er sich aktiv beteiligt. Adler widmet den Debatten und der Entwicklung des Museums mehr als hundert Seiten. Sie gehören heute sicherlich zu den aufregendsten Passagen des Romans. Mit dem Jüdischen Museum ist der erste der drei erinnerungspolitischen Aspekte genannt.

Während Landau im Jüdischen Museum arbeitet, setzt er sich mit dessen jüngster Geschichte auseinander. Diese Geschichte ist erst in letzter Zeit gründlicher erforscht worden – vor allem von Dirk Rupnow,[8] Jan Björn Potthast[9] sowie Robin Ostow.[10] Bestand das Museum schon seit der Vorkriegszeit, so wurde es während der nationalsozialistischen Okkupation von der SS seit 1942 zum sogenannten Jüdischen Zentralmuseum ausgebaut. Nachdem im Oktober 1941 die sogenannte Endlösung der Judenfrage für Böhmen und Mähren beschlossen worden war, setzten die Nationalsozialisten Mitglieder der örtlichen Jüdischen Kultusgemeinde ein, um Kultgegenstände, Wert- und Gebrauchssachen aus den nun geschlossenen Synagogen und den aufgegebenen Haushalten zu sammeln und zu inventarisieren. Auch Adler wurde im

---

6 Theodor W. Adorno: Negative Dialektik [1966], in: ders.: Gesammelte Schriften, hg. von Rolf Tiedemann, Bd. 6, Frankfurt a. M. 1973, S. 7-412, S. 355.
7 Zum vielschichtigen Verhältnis Adler – Adorno vgl. Jeremy Adler: »Die Macht des Guten im Rachen des Bösen«. H. G. Adler, T. W. Adorno und die Darstellung der Shoah, in: Merkur. Deutsche Zeitschrift für europäisches Denken, Jg. 54 (2000), H. 614, S. 475-486; vgl. weiter Peter Filkins: H. G. Adler. A Life in Many Worlds, New York City, NY 2018, S. 245-252.
8 Dirk Rupnow: Täter – Gedächtnis – Opfer. Das »Jüdische Zentralmuseum« in Prag 1942-1945, Wien 2000.
9 Jan Björn Potthast: Das jüdische Zentralmuseum der SS in Prag. Gegnerforschung und Völkermord im Nationalsozialismus, Frankfurt am Main, New York 2002.
10 Robin Ostow: Religion as Treasure. Exhibits of Rituals and Ritual Objects in Prague's Jewish Museum, in: Études Luxembourgeoises d'Histoire & de Science des Religions, Jg. 2 (2003), S. 152-168.

Winter 1941, bis zum Februar 1942, für eine kurze Zeit zu Inventarisierungsarbeiten im Museum herangezogen. Er berichtet, dass bei dieser Gelegenheit die konfiszierte Bibliothek Franz Kafkas durch seine Hände gegangen sei.[11] Nicht nur aus Böhmen wurde das Raubgut nach Prag geschafft, sondern aus den gesamten Ostgebieten. Nach dem Krieg waren über vierzig Hallen mit solchen Gegenständen angefüllt. Der apokryphe Titel des Museums, *Museum einer untergegangenen Rasse*, bezeichnet eine Überschneidung der historischen Abläufe, auf die auch Adler Bezug nimmt: Während die Nationalsozialisten die Juden physisch auslöschten, bewahrten sie deren Kulturgüter auf und präsentierten sie in eigens konzipierten Ausstellungen. Wolfgang Ernst hat dieses prekäre Verhältnis in einer These zugespitzt: »Für die Nationalsozialisten war die Auslöschung mit einer musealen Gegenbewegung verbunden; das Projekt des Genozids bedurfte geradezu konstitutiv des musealen Supplements. Und so vollzogen sich in Prag unter ein und demselben Namen, dem des Museums, Bewahrung und Rettung einerseits, Vernichtung und Auslöschung andererseits.«[12] Genau an dieser systematischen Stelle setzt die Museumsdebatte in Adlers Roman an.

Während Landau nach dem Krieg zwei Besucher durch die Ausstellungsräume führt, erläutert er, »was die Vitrinen enthielten. Sitten und Gebräuche, Glauben und Vorstellungen eines ausgestorbenen Volkes in letzter Stunde für die Nachwelt gerettet von seinen letzten Vertretern, deren Todesurteil schon gefällt war« (W 411). Die Juden hatten die Ausstellungen nach den Vorgaben der Nationalsozialisten angefertigt. Viele hatten gehofft, im Museum überleben zu können. Am Ende jedoch wurden auch sie deportiert. In den Passagen über diese Phase des Museums entwirft Adler die Gleichzeitigkeit der Vernichtungspraxis mit einer bestimmten Politik der Erinnerung. Keinesfalls soll jegliche Erinnerung an die Verschwundenen getilgt werden. Vielmehr dient das Museum der Etablierung des nationalsozialistischen Geschichtsbildes und der Einordnung des Judentums in dieses Geschichtsbild. Hier liegt viel eher eine Kolonialisierung, eine Überschreibung der Erinnerung vor als ihre Tilgung. Hätten die Eroberer gesiegt, hätte es keine Instanz mehr gegeben, die dieser Version der Wirklichkeit noch hätte widersprechen können. Erst die Bewahrung, nicht die Zerstörung der Artefakte bietet somit die Voraussetzung für die totale Vereinnahmung der Erinnerung. Die Bewahrung, so legt der Roman

---

11 Vgl. Filkins, H. G. Adler, S. 96 f.
12 Wolfgang Ernst: Leere, unauslöschlich. Der Holocaust als Dekonstruktion des Museums, in: Elisabeth Weber, Georg Christoph Tholen (Hg.): Das Vergessen(e). Anamnesen des Undarstellbaren, Wien 1997, S. 258-271, S. 260.

deshalb nahe, kann kein Wert an sich sein. Wesentlich sind vielmehr der Modus und der Inhalt der Erinnerung.

Politik der Erinnerung II: Eine Historisierungsdebatte avant la lettre
Gegen die von den Tätern verordnete Erinnerung richten sich in der Nachkriegszeit – und zwar schon vor der endgültigen Machtübernahme durch die Kommunisten im Februar 1948 – die Museumsleute, jedoch sind sie sich bei Adler uneins darüber, welche Konsequenzen für das neue Museum daraus zu ziehen wären. Schon in den fünfziger Jahren führt Adler in den entsprechenden Passagen eine differenzierte Debatte über die Musealisierung der Shoah. Dr. Kulka, die Leiterin, argumentiert im Sinne eines wissenschaftlich-distanzierten, musealisierenden Konzepts. Ein Mitarbeiter stellt in ihrem Sinne fest: »Wir besitzen einen einmaligen Schatz an Familienbildnissen von Einwohnern unserer Stadt aus den letzten hundertfünfzig Jahren« (W 175). – »So was könnte man sonst in vielen Jahrzehnten selbst mit hohem Kostenaufwand nicht in dieser einmaligen Art unter ein Dach bringen!« (W 174). Gemeint sind viele Tausend von Bildnissen, die den Deportierten geraubt wurden, nachdem sie aus ihren Wohnungen vertrieben worden waren. Das Museum habe die Aufgabe, die Bestände zu katalogisieren, auszuwerten und für die öffentliche Erinnerung aufzubereiten. Die Artefakte seien dem neuen Staat zugefallen; Restitutionsansprüche von Überlebenden weist Dr. Kulka zurück: »Gibt man so etwas heraus, ist niemandem gedient. [...] Wir können was draus machen. Damit dienen wir dem Aufbau der sozialistischen Gesellschaft, und das muß unser Ziel sein« (W 542). Die Erinnerung an die untergegangene jüdische Lebenswelt soll bewahrt, aber zugleich der neuen politischen Ausrichtung dienstbar gemacht werden. Landaus Aufgabe ist die Katalogisierung der Bilder. Er nähert sich ihnen aber grundsätzlich anders als Dr. Kulka; er nennt sie seine ›Patienten‹. Dr. Kulka verbietet ihm diese – wie sie sagt – morbide Redeweise. Es gebe lediglich ein Inventar, das aus Objekten bestehe: »So und nicht anders gehöre es sich für den Stil eines Museums, das um der Geschichte willen da sei« (W 400). Das zentrale Argument für ihre Auffassung der Museumsarbeit enthält die folgende Aussage: »Die Katastrophe ist geschehen, wir können es nicht ändern. Heute ist sie vorbei. Darum muß man sich auch innerlich von ihr befreien und das beste daraus machen, was uns zu retten übriggeblieben ist« (W 403).

Im Folgenden entwickelt sich eine Debatte zwischen Landau und Dr. Kulka, die als eine Historisierungsdebatte avant la lettre bezeichnet werden kann. Dr. Kulkas Position nimmt Martin Broszats Forderung nach einer Historisierung des Nationalsozialismus aus den achtziger Jahren vorweg. Ihm hat bekanntlich Saul Friedländer widersprochen, der die Entschärfung der Erinnerung an die Shoah im historisierten Diskurs ablehnte.[13] Adlers Roman belegt, dass entsprechende Debatten schon in die fünfziger – und, bedenkt man die erzählte Zeit, sogar schon in die vierziger – Jahre gehören. Denn wie der Holocaustüberlebende Friedländer, so besteht auch Landau darauf, dass die Erinnerung an die Shoah in einem Modus vollzogen werden müsse, in dem sie uns weiterhin betrifft. Wie die Historisierungsdebatte den Unterschied der damaligen deutschen gegenüber einer Geschichtsschreibung der Opfer sichtbar machte, so beharrte Adler schon in den fünfziger Jahren auf dieser Differenz. Landau kann nicht anders, als mit den Bildern, die er lediglich katalogisieren soll, in ein aufwühlendes, emotionales Verhältnis zu treten. Auf jedem Bild, in jedem Moment konnte ein bekanntes Gesicht erscheinen: »ich wartete darauf, daß sie erscheinen würden; es gab Bekannte in zu großer Zahl, sie konnten mich nicht verschonen« (W 183). Deshalb sitzt er in seinem Arbeitszimmer »im gefährlichsten Gedächtnis, ein unbedachter Blick, schon war es aufgerührt« (W 398).

Die traumatische Erinnerung kann nicht historisiert, sie kann und soll nicht eingehegt werden. Adler arbeitet diese Position Landaus in seinem Roman heraus, er zeigt, wie sich die Erfahrung der Verfolgung in einer bestimmten Erinnerung niederschlägt. So bleibt für Landau die Grenze zwischen dem, was war, und dem, was ist, zwischen dem Aufhören des Vergangenen und dem Beginn der Gegenwart, immer prekär: »Dazwischen bleibt etwas Unauflösbares und Unerklärliches.« Dort, »in der Mitte zwischen Geschichte und Geschehnis«, verortet Landau seine Arbeit im Museum. Für ihn selbst heißt dies, dass er sich als einen – wie Adler formuliert – »Überbliebenen« begreift, der für alle da sei, »die man mit Gewalt fortgeschafft und zertrümmert hat« (W 401). Für die Bilder und den übrigen Besitz der Deportierten bedeutet dies, dass sie als »Zeugen«, nicht aber als Objekte oder Gegenstände, angesehen werden müssen. Sein Argument gegen die musealisierende Praxis lautet: »Wir nehmen die Lebensreste von den Dingen noch weg. Lauter Präparate. [...] Wir bedenken nicht, daß wir die Bilder, Geräte und Schriften, die wir für die Ausstellung oder gelehrten Gebrauch konservieren, aus ihrem Zusammenhang mit uns selbst reißen« (W 402).

Entsprechend setzt sich Landau in der Auseinandersetzung um die Aushändigung von Familienbildern an Verwandte der Ermordeten uneingeschränkt für die Rückgabe ein. Diese in Adlers Roman bereits ausführlich

---

13 Vgl. Martin Broszat, Saul Friedländer: Um die »Historisierung des Nationalsozialismus«. Ein Briefwechsel, in: Vierteljahrshefte für Zeitgeschichte, Jg. 36 (1988), H. 2, S. 339-372.

diskutierte Forderung ist in der internationalen Museumswelt erst seit den neunziger Jahren, im Zusammenhang mit den Entschädigungs- und Restitutionsverhandlungen in anderen Bereichen, ernsthaft angegangen worden. Landau ist es wichtig, dass die Bilder durch die Rückgabe abermals in einen lebendigen Traditionszusammenhang versetzt werden. Eine ähnliche Position nahm übrigens Jahrzehnte später, 1992, Ruth Klüger in den Theresienstadt-Passagen ihres Erinnerungsbuches *weiter leben* ein, wo sie gegen die Musealisierung des Lagergeländes Stellung bezieht und sich darüber freut, dass auf dem Gelände wieder Familien einem normalen Alltag nachgehen.[14]

In Adlers Buch wünscht die offizielle Seite eher die bilanzierende als die partizipierende Erinnerung an die Shoah. Welcher politische Druck dabei aufgebaut wird, oder, anders formuliert, welches ausgrenzende Potenzial diese Position enthält, zeigt die Rede Dr. Kulkas, in der sie Landau dringend rät, seine emotionale Bindung an die Toten aufzugeben: »Sie quälen sich mit schrecklichen Problemen. Aber diese Probleme bestehn nicht, sind chimärisch. Das Krankhafte, das Sie in die Umwelt projizieren, müssen Sie in sich erkennen. Sie sind sehr geschädigt, ist ja kein Wunder. An Ihrer Stelle würde ich ärztliche Hilfe suchen, damit Sie diese Schauervisionen überwinden« (W 402). Damit beschreibt Adler das Bestreben der Nachkriegsgesellschaft, die Erinnerungen der Überlebenden zu pathologisieren, ihre eigene Verdrängung des jüngst Vergangenen aber zur Verhaltensnorm zu erklären. Die Stimmen der Überlebenden werden marginalisiert oder gar nicht gehört. Wiederum ist eine Erinnerungspolitik am Werk, die über die Opfer hinweggeht. Verwandtes registriert Adler übrigens in der Nachkriegsgesellschaft Großbritanniens. Hier begegnet Landau dem Mechanismus eines narzisstischen Mitleids, dem jeder Überlebende zur Störung des philanthropischen Selbstbilds wird.

Politik der Erinnerung III: Die Literatur
Es ist die Literatur, die in Adlers Roman die schwierige und widersprüchliche Zeugenschaft für die Opfer übernimmt. Hier erhält der Titel *Die unsichtbare Wand* seine Bedeutung. Denn auch Landau spricht nicht direkt von den Getöteten, die wie durch eine unsichtbare Wand von den Lebenden und auch von den *Über*lebenden getrennt sind – wie bei Primo Levi übrigens, der zwischen den Untergegangenen und den Geretteten unterschied. Landau – und Adlers Roman insgesamt – lassen die Vereinnahmung der Toten durch die strategischen Zwecke der Lebenden nicht zu. Ganz anders als in den usurpatorischen Museumsdiskursen während des Krieges und danach dominiert nun die

---
14 Vgl. Ruth Klüger: weiter leben. Eine Jugend, Göttingen 1992, S. 104.

Sprachscheu. Dieser Umgang mit der Erinnerung reagiert auf die Schwierigkeit, dass die Sprache und der Diskurs, als die Medien der Erinnerung, diese Erinnerung selbst modellieren. Dadurch aber wird die Vergangenheit den Interessen und Anschauungen der Gegenwart schon immer unterworfen, während das Andenken an die Toten eine entgegengesetzte Bewegung verlangt. Landau nähert sich der Shoah, indem er seine Nachkriegserfahrungen aufschreibt. Das Verfolgungsgeschehen bleibt allgegenwärtig, ohne dass es direkt erwähnt werden würde. Beim Schreiben, in London, stellt sich heraus, dass er der Jahre zurückliegenden Verfolgung nicht mehr wird entfliehen können. Flashbackartige Erinnerungen, Albträume sowie groteske Tagträume suchen den Traumatisierten heim. Diese Fremdkörper nimmt er nun in die Konstruktion seines Selbstbilds hinein; er beschreibt seine Identität mit den Worten: »Ich selbst, darunter versteh ich bei mir etwas Aufgespaltenes, aber nichts Krankhaftes [...]. Die aufgespaltenen Teile wissen voneinander, sie haben sich nur nicht« (W 470).

Das Schreiben wird ihm sowohl zum Medium der Erkundung seines aufgespaltenen Selbsts als auch zu dem der Selbstversicherung. Der Gebrauch der Sprache, das In-Worte-Fassen, muss in seiner basalen Funktion für den Protagonisten zunächst als eine Notwehrreaktion begriffen werden. Landau grenzt diese Funktion näher ein: »Nur durch die Sprache wird gefährlichstes Dasein verscheucht. Aber [...] das ist nicht richtig gesagt, denn verscheucht kann das Übermächtige nicht werden, nur gesichert, festgestellt«. Er fügt an: »Wir müssen gleichsam sprechen, um nicht fortwährend [...] bedroht zu werden« (W 304 f.).

Über diese Funktion des Schreibens als eines Selbstschutzes hinaus übernimmt es in Adlers Roman auch eine weiter reichende, transformierende Funktion. So tritt der anhaltende Schock des Verfolgt-worden-Seins auch in der Groteske auf. Der Roman endet mit einer solchen surrealen Episode; an exponierter Stelle ruft er dabei auch noch einmal das Thema ›Museum‹ auf. Landau wird unter dem Beifall der Menge – trotz seines Einspruchs – zu seiner eigenen Kremation abgeholt. Adler spielt hier auf die Tötung durch Verwaltung an.[15] Vor der Einäscherung muss Landau ein Panoptikum besuchen, in dem er auf die ehemaligen Mitarbeiter aus Prag sowie auf viele Ausstellungs-

---

15 Krämer verweist in diesem Zusammenhang auf Adlers Unterscheidung zwischen dem Missbrauch der Verwaltung und einer den Menschen dienenden Verwaltung in seiner Monografie *Der verwaltete Mensch* (1974). Für den Roman *Die unsichtbare Wand* stellt er die These auf, hier würden der »›missbrauchten Verwaltung‹ [...] Beispiele ›guter Verwaltung‹ [...] entgegengesetzt« (Krämer, Die Poetik des Gedenkens, S. 245).

stücke aus dem Jüdischen Museum trifft. Das Kernstück der neuen panoptischen Ausstellung ist ein Sarg, den er als seinen eigenen identifiziert. Die Prager bestätigen ihm: »Wir haben Sie gewissermaßen zu Grabe getragen. [...] Sie gehören als Sarg unserem panoptischen Museum an« (W 634).

Was sich im Leben als Tragödie ereignete, wiederholt sich hier als Groteske. Das Ungeheuerliche des Täterhandelns wird in solchen Passagen noch einmal aufgerufen, jedoch in veränderter Gestalt. So wird es zugleich transformiert. Indem die Groteske auf die abgründige Verkehrtheit der geschilderten Welt verweist, reicht sie über diese hinaus und implementiert ihr zuletzt doch noch ein ethisches Moment. Hier eröffnet das Schreiben durch das Mittel der Reiteration in der Geste der mehrfachen Negation einen Ort für die Nachkriegsexistenz des Überlebenden. Landaus vielfach gespaltene Existenz nimmt im Schreiben Gestalt an. Das Schreiben dient neben der Selbstversicherung vor allem der Transformation der postkatastrophalen Identität. Es eröffnet die Möglichkeit des Wiederholens und des Durcharbeitens der zugänglichen Vorstellungen und Erinnerungen, während es zugleich das Überwältigende, das Unzugängliche – hinter der Wand – durch die kennzeichnende Aussparung lokalisiert.[16] Diese Selbstvermessung der beschädigten und fragmentierten Subjektivität findet im Medium des modernen Romans ihre kongeniale Entsprechung. Die ästhetische Form realisiert jene Kakofonie, jenes konstitutiv plurale Sprechen, das die individuelle Dimension der Fragmentierung erfahrbar macht. Während Adler als Soziologe von der individuellen Erfahrung weitgehend abstrahiert, weil er sich der wissenschaftlichen Rationalität verpflichtet fühlt, begibt er sich als Schriftsteller mitten in diese ausgesparte Dimension hinein. Hier, in der Kunst, kann die Pluralität der Erinnerungen an das Gewesene aufgerufen werden.

---

16 Kirstin Gwyer hat diesen Aspekt des Romans eindringlich anhand des von Adler im *Theresienstadt*-Buch verwendeten Begriffs des *apeiron* dargestellt (vgl. dies.: Encrypting the Past. The German-Jewish Holocaust-Novel of the First Generation, Oxford 2014, S. 69-79).

»Die Sprache gehört uns nicht mehr«
H. G. Adlers Deportations- und
Lagerroman »Eine Reise«

Familie Lustig aus Stupart geht auf Reisen. Dr. Leopold Lustig, praktischer Arzt, bald 75 Jahre alt, steht schon im Wintermantel mit Hut und Schirm bereit, seine Frau Karoline, ihre Kinder Zerline und Paul sind mit dabei, und auch Karolines verwitwete, rheumakranke Schwester Ida schließt sich an – so harmlos beginnt H. G. Adlers Roman. Doch von Anfang an mischt der Autor einen unheimlichen Ton ins Alltägliche. Schon bald ahnen wir: Die Familie tritt die Reise nicht freiwillig an. Ihr ist die Wohnung gekündigt oder – treffender gesagt – entzogen worden. Ihr Habe sollten die Reisenden zuvor schon bei offiziellen Sammelstellen abgeben, und einige Nachbarn scheinen nur auf die Abreise zu warten, um sich den Rest anzueignen. Nein, diese Reise ist keine Reise, es ist eine Deportation. Sie führt ins Lager, und für die meisten ›Reisenden‹ hält sie den Tod bereit.

Als ehemaliger Häftling nationalsozialistischer Arbeits-, Konzentrations- und Vernichtungslager knüpft Adler mit der Handlung an eigene Erfahrungen an. 1910 in Prag geboren, gelang ihm die Ausreise aus der Tschechoslowakei vor dem Beginn der Verfolgungen nicht mehr. Er überlebte Theresienstadt, Auschwitz, Niederorschel und Langenstein-Zwieberge, wo ihn die Amerikaner im April 1945 befreiten. Im Sommer kehrte er nach Prag zurück. Äußerlich hatte die Stadt wenig gelitten, aber seine Heimat erkannte Adler in ihr nicht mehr wieder. 1947 gelang ihm die Ausreise nach London, wo er bis zu seinem Tod 1988 blieb.[1]

H. G. Adler ist einer von wenigen deutschsprachigen Überlebenden, die noch während der Internierung mit dem Schreiben über die Lager begannen und die sofort nach der Befreiung damit fortfuhren. Schon in der Nachkriegszeit lagen seine wichtigsten Texte fertig vor. Das Werk umfasst zwei große Teile: Als Privatgelehrter erforschte Adler als einer der ersten die nationalsozialistischen Lager. Seine 1955 erschienene Monografie *Theresienstadt*

---

[1] Zu den biografischen Angaben vgl. Peter Filkins: H. G. Adler. A Life in Many Worlds, New York City 2018, sowie Franz Hocheneder: H. G. Adler (1910-1988). Privatgelehrter und freier Schriftsteller, Wien, Köln, Weimar 2009.

1941–1945 setzte Maßstäbe und gilt bis heute als Standardwerk. Als Schriftsteller verfasste er schon seit den vierziger Jahren Lyrik und mehrere Romane, darunter *Eine Reise*. Zur Tragik seines Werks und seiner Existenz als Autor gehört es, dass er sie, als es darauf ankam, nicht publizieren konnte, weil kein Verlag sie drucken wollte. Hier hat sich ein Überlebender schon früh und umfassend geäußert – aber seine Stimme wurde nicht gehört.

Eine Reise entstand in den Jahren 1950 und 1951, gedruckt wurde das Buch nach elfjähriger Verzögerung 1962.[2] In der Handlung überlebt aus der Familie Lustig nur Paul die Lager. Doch schon diese einfache Formulierung gibt den Roman nur ungenau wieder: von Lagern ist dort überhaupt nicht die Rede. Anders als zum Beispiel Theodor W. Adorno, der schon früh den Ortsnamen Auschwitz für den Judeozid einsetzte, lässt Adler die einschlägigen Namen aus. Er nennt weder Auschwitz noch Treblinka, Sobibór, Majdanek, Bełżec, Chełmno.[3] In seinem fiktionalen Text heißt der mörderische Ort Ruhenthal. Dorthin gelangt die Familie auf ihrer Reise, die keine Reise ist. Den Euphemismus der Reise ruft der Autor durch den gesamten Roman hindurch immer wieder auf, obwohl er schon längst nicht mehr passt. Einerseits wirkt er wie Hohn und Spott – ebenso wie der Familienname Lustig. Andererseits liegt im weiteren Gebrauch dieser Wörter auch eine bittere Melancholie, gemischt mit einer Spur Sarkasmus. Mit den Benennungen scheint in dem Buch insgesamt etwas nicht zu stimmen; die Sprache wirkt unvertraut, sie passt

---

2 Von den großen Romanen erschienen außerdem 1968 *Panorama* und 1989 *Die unsichtbare Wand*. Bis heute unpubliziert sind *Raoul Feuerstein* und *Die Ansiedlung*. Adlers lyrisches Werk, das auch Gedichte enthält, die in den Lagern entstanden sind, ist mittlerweile erschienen, vgl. H. G. Adler: Andere Wege. Gesammelte Gedichte, hg. von Katrin Kohl und Franz Hocheneder, Klagenfurt, Celovec, Wien, Dunaj 2010.

3 Thomas Krämer entwickelt in Bezug auf den »grundsätzlich anti-dokumentarischen Gestus des Adlerschen Romanswerks« (ders.: Die Poetik des Gedenkens. Zu den autobiographischen Romanen H. G. Adlers, Würzburg 2012, S. 9) eine ebenso weitreichende wie einleuchtende These. Nicht die ›replizierende‹ Erinnerung an konkrete Daten stehe in dessen Zentrum, sondern das ›konstruierende‹ Gedenken (vgl. ebd., S. 19), das »das Gewesene formt, ›verwandelt‹ und zu einer Erfahrung metaphysischer Sinnhaftigkeit verdichtet« (ebd., S. 9). Es sei »Ausdruck einer autopoetisch reflektierten Verwandlungsstrategie« (ebd.), betreffe also das literarische Schreiben im Innersten: »Die Erinnerungstexte Adlers vereinigen *Denken* und *Erinnerung* und figurieren als Texte des *Gedenkens*. Mit diesem Grundgedanken einer geht die Abwendung vom dokumentarisch-realistischen Anspruch des ›Augenzeugenberichts‹« (ebd., S. 171). Für *Eine Reise* bedeutet dies: »Es wird deutlich, dass das ›Ziel‹ der Adlerschen ›Reise‹ nur darin bestehen kann, sich im Akt der Erinnerung zu einem ›Bestand‹ und zu einer ›Mitte‹ des eigenen Seins zurückzutasten, welche die Zerstörungen der Nazizeit überdauerte und nur so zum Ausgangsort eines existentiellen Neuentwurfs werden kann« (ebd.).

nicht mehr. Genau diese Verrückung interessiert den Schriftsteller Adler, an der einhergehenden Irritation setzt sein literarisches Verfahren an.[4]

Mit seismografischer Genauigkeit registriert der Autor in der Sprache alle Verschiebungen in den menschlichen Verhältnissen. Mikrologisch verzeichnet er in der *Reise* vor allem die beginnende Ausgrenzung einer Gruppe von Menschen durch eine andere. Nachdem die Familie Lustig nachts aus ihrer Wohnung vertrieben wurde, ruft der Erzähler ihr nach: »ihr fühltet euch sicher in Stupart, als wäre es eure Heimat«[5]. Im Lichte der nun folgenden Ereignisse erhält dieser einfache Satz eine ungeahnte Reichweite und eine untilgbare Bitterkeit, denn er trennt den Zustand vor der Vertreibung von dem danach unwiderruflich ab: Die Zugehörigkeit, die Sicherheit und das Vertrauen, die das Wort Heimat bezeichnet, das eine ganze Lebenswirklichkeit mit aufruft, gehören der Vergangenheit an; diese Heimat kann weder restituiert noch melancholisch beschworen werden, denn das Wissen um die Vertreibung durch die Behörden und die Nachbarn beschädigt neben zukünftigen Optionen auch die Erinnerung. Der Gedanke, es habe einmal ein unproblematisches Zusammenleben in einer gemeinsamen Heimat gegeben, ist von der Katastrophe außer Kraft gesetzt worden und wird nicht wieder gefasst werden können. Nach dem Ende der Verfolgung resümiert Paul in diesem Sinne: »Ich habe alles verloren. Vater, Mutter, Schwester, Namen, Wohnung, Eigentum und Heimat. Wenn ich nachhause kommen sollte, werde ich nicht zuhause sein« (ER 260). Wiederum verweigert Adler die vertrauten, historisch wirksamen Bezeichnungen für die angesprochenen Gruppen, er nennt also weder die Nationalsozialisten noch die Juden. Dafür beharrt er auf dem Begriff des Menschen und charakterisiert einen Teil der von ihm bezeichneten Bevölkerung mit Hilfe des für diesen vorgesehenen Status als »die verbotenen Menschen« (ER 32). Diese müssen nach Ruhenthal ›reisen‹, während die übrigen ihrem Alltag am heimatlichen Ort wie gewohnt nachgehen.

Adler begibt sich mitten in die Sprachwelten der geschilderten Akteure hinein. Dabei trennt er ihr Sprechen nicht in zwei Lager auf; er wiederholt nicht jene Polarisierung, die in Deutschland »in den Abgrund geführt hat«[6],

---

[4] Einer verwandten Spur ist Julia Menzel in Bezug auf das Gespensterhafte in der *Reise* nachgegangen, vgl. dies.: Gespenster, Masken und »spukhafte Wirbel« in H. G. Adlers Studie *Theresienstadt 1941-1945* und dem Roman *Eine Reise*, in: Florian Lehmann (Hg.): Ordnungen des Unheimlichen, Würzburg 2016, S. 183-200.

[5] H. G. Adler: Eine Reise. Roman, Wien 1999 (EA 1962), S. 18. Im Folgenden wird der Roman mit der Sigle ER zitiert.

[6] Jeremy Adler: Nur wer die Reise wagt, findet nach Hause, in: H. G. Adler: Eine Reise. Roman, Wien 1999, S. 307-315, S. 314. – In London heiratete H. G. Adler erneut; Jeremy Adler ist der Sohn

sondern geht umgekehrt vor: Er verwebt die unterschiedlichen Sprachwelten miteinander. Der Literaturwissenschaftler Jeremy Adler hat den Effekt dieses Erzählens treffend charakterisiert: »Der polymorphe Bewußtseinsstrom führt uns unaufhörlich von einer Perspektive in die nächste, oft wissen wir nicht mehr, wer spricht, schon meldet sich die nächste Stimme.«[7] Der Dichter, Adler-Übersetzer und -Biograf sowie Literaturwissenschaftler Peter Filkins spitzt diesen Gedanken weiter zu: »One never quite knows where one is or who is speaking in *The Journey* [...]. Such disorientation is meant to convey a society that has fallen into complete dissolution, one where all borders between perpetrator and victim are fluid and unbound, the menace that consumes them a force in itself.«[8] Diese Disorientierung weist die Anglistin Julia Creet auf der Wortebene nach. Adler versetze die für jedes Erzählen grundlegenden Pronomina – hier vor allem: ›wir‹, ›sie‹, ›er‹ – in instabile deiktische Zusammenhänge. Dadurch nehme er den benannten Gruppen und Personen ihre festgefügten Identitäten. Creet erkennt »a dialectic in Adler's pronominal project of identities, persons, and collectives constituted in unstable deictic relations to each other«[9]. So beginnt zum Beispiel die angstbesetzte Unsicherheit darüber, wer in der Situation der Deportation zu ›uns‹ und zu ›ihnen‹ gehört, bei Adler schon auf der Ebene der grammatischen Textur.

Diesen unsicheren Standort, an den der Autor die Leser absichtlich versetzt, entwirft Adler auch durch seine Arbeit an einzelnen Motiven, etwa durch den Gebrauch des zentralen Motivs des Abfalls.[10] Er verwendet zwei lexikalische Hauptbedeutungen des Wortes: Erstens im Sinne von ›Müll‹ und

---

aus dieser Ehe mit Bettina Gross. – Julia Menzel zeigt, dass in dem Roman auch unterschiedliche Zeiterfahrungen gegeneinander akzentuiert werden, und zwar bis zu dem Punkt, an dem »die Zeit zerfällt« (dies.: »Von jetzt an also ist keine Zeit.« Zeitordnungen und Zeitbrüche in H. G. Adlers wissenschaftlicher und literarischer Auseinandersetzung mit der Shoah, in: Jörg Osterloh, Katharina Rauschenberger (Hg.): Der Holocaust. Neue Studien zu Tathergängen, Reaktionen und Aufarbeitungen, Frankfurt am Main, New York 2017, S. 191-207, S. 200).

7 J. Adler, Nur wer die Reise wagt, findet nach Hause, S. 311.
8 Peter Filkins: Introduction, in: H. G. Adler: The Journey, New York 2008, S. IX-XXVI, S. XVII.
9 Julia Creet: A Dialectic of the Deictic: Pronouns and Persons in H. G. Adler's *The Journey*, in: dies., Sara R. Horowitz, Amira Bojadzija-Dan (Hg.): H. G. Adler. Life, Literature, Legacy, Evanston, IL 2016, S. 205-227, S. 206.
10 Sowohl Torben Fischer als auch Ruth Vogel-Klein haben auf Adlers Arbeit an diesem Motiv bereits hingewiesen, vgl. Torben Fischer: »Keine Sommerfrische«. Das Bild der ›Reise‹ in der europäischen Holocaust-Literatur, in: Oliver Ruf (Hg.): Ästhetik der Ausschließung. Ausnahmezustände in Geschichte, Theorie, Medien und literarischer Fiktion, Würzburg 2009, S. 241-256, S. 254 f.; vgl. Ruth Vogel-Klein: »Keine Anklage?« Der Deportationsroman *Eine Reise* (1951/1962) von H. G. Adler. Publikation und Rezeption, in: dies. (Hg.): Die ersten Stimmen. Deutschsprachige Texte zur Shoah 1945-1963, Würzburg 2010, S. 79-111, S. 84 f.

›Ausschuss‹, durchaus mit der Bedeutung von ›Unrat‹ oder ›Dreck‹, zweitens im Sinne des Abfalls von einer Idee oder einem Glauben. Besonders die erste Hauptbedeutung wird in vielen Passagen bis in die feinsten Verästelungen ausgearbeitet. Filkins spricht in diesem Zusammenhang treffend von der musikalischen Natur des Textes und fährt fort: »Like an orchestral suite or tone poem, each separate part is related to all other parts through structural linkages, repeated themes, or even stark contrasts that depend on comparative readings to render the difference that both divides and unites them within the textual score.«[11] Das Motiv des Abfalls stellt eine dieser strukturellen Verbindungen dar, die in dem Roman unablässig moduliert werden. Adlers erzählerisches Verfahren erschließt sich erst in der Aufmerksamkeit auf solche sprachlich-perspektivischen Verzweigungen, nicht im globalen Referat des Inhalts. Was also hat es im Näheren mit dem Motiv des Abfalls auf sich?

In einer ersten Textstelle heißt es zunächst scheinbar ganz eindeutig: »den Abfall muß man fortschaffen [...]. Der Schmutzeimer in der Wohnung ist zu klein; wie leicht könnte er überfüllt werden« (ER 11). Im Alltag landet der häusliche Abfall der Familie Lustig, die hier porträtiert wird, ganz selbstverständlich in den Müllbehältern auf dem Hof, die Adler ebenfalls erwähnt. Die alltägliche Szene steht aber im Zusammenhang mit der Aufforderung, die Wohnung zu verlassen. Es heißt, man solle auf eine Reise gehen. Erst später wird sich herausstellen, dass damit der Transport, die Deportation, gemeint ist. Die benachrichtigten Menschen können die existenzielle Reichweite der erhaltenen Aufforderung noch nicht einordnen. Da bei Adler aber immer die Stimme eines Erzählers mit in die Schilderung der Situation hineinspricht, fließt die Ahnung von der drohenden Katastrophe schon mit in die Passage ein. Die eingefügte Reflexion auf die Sprache betrifft deshalb auch das Motiv des Abfalls: »die Sprache gehört uns nicht mehr; fremd entringt sie sich dem, der anhebt zu reden. Aber dann rinnen die Worte fort, sie scheinen noch vertraut. Liebe Worte, fortgeschwommene Worte, meine Worte, deine Worte, sie reißen Wände ein und richten sie auf« (ER 11).

›Abfall‹ erhält in dem Roman nach und nach zusätzliche Bedeutungen, die die vertraute Sprache fremd erscheinen lassen. Bei der Deportation muss zum Beispiel ein Musikinstrument zurückgelassen werden, es heißt, »die Laute sei doch kein Abfall«, woraufhin die eingetretene Bedeutungsverschiebung ausdrücklich bestätigt wird: »Jetzt aber war sie es« (ER 13). In dem fiktiven Ort Ruhenthal, den Adler nach dem Lager Theresienstadt modelliert

---

11 Filkins, Introduction, S. XIII.

hat, bezieht er das Motiv des Abfalls dann auf Menschen. Zunächst wird geschildert, wie Häftlinge – »Abfallgreise« (ER 85) – die Abfallbeseitigung mit Hilfe von Leichenwagen bewerkstelligen. Die Häftlinge leben buchstäblich im Abfall. In einer weiteren Passage ist die Rede davon, dass sich außerhalb des Lagers eine Bevölkerungsgruppe nicht Eingesperrter während des Krieges der Wut der Zerstörung überlässt. Dabei fallen die drohenden Worte: »wehe dem Abfall! Und wehe dem, was noch nicht Abfall ist! Niedergetreten muß es werden« (ER 87). Schließlich treffen solche Zuschreibungen eindeutig die Deportierten: »Unnütz ist, was sich mit Abfall abgibt, elende Gesinnung, die nicht mehr die Kraft aufbringt, ein Werk zu vollbringen. Darum ist es gerechtfertigt, daß man euch mit Zwang verwaltet, solange euer verworfenes Dasein noch zugelassen wird. [...] so hat man euch abgesondert [...]. Abfall seid ihr« (ER 91). Die Konsequenz dieser Gedanken mündet in die Vernichtung: »Zuschütten sollte man euch [...]. Es wäre [...] Erbarmen« (ER 92). An anderer Stelle meint ein Anwohner, dem »luftige[n] Gesindel aus Ruhenthal« solle man »Schrot in den Unterleib pfeffern«, dann »würden die stummen Geister [...] schnell verrecken [...] man müßte die Überbleibsel [...] anzünden, ein großes hygienisches Feuer. Dann bleibt nur Asche übrig, die kann man verschütten« (ER 100). Wie man weiß, haben die Nationalsozialisten genau dies – die Kremation der Ermordeten und das Verschütten ihrer Asche – in den Todeslagern in die Tat umgesetzt.

In der Nachkriegszeit, die Adler ebenfalls schildert, wird das Motiv weiter ausgebaut und abgewandelt. Erst ganz am Ende des Romans jedoch ruft er die entscheidende zweite Hauptbedeutung auf, indem der Abfall nun als ein Abweichen vom Grundbestand der eigenen Person gedeutet wird. In einem Gespräch, das Paul nach der Befreiung mit einem Herrn Brantel führt, der nicht zu den Verfolgten gehört, aber auch nicht mit Hitlers Politik einverstanden war, entwickeln beide die zentralen Gedankengänge miteinander im Dialog. Das ist bemerkenswert, weil damit eine gemeinsame geistige Disposition zwischen einem Überlebenden und einem Mitglied der Tätergesellschaft, das allerdings selbst nicht zum Täter wurde, inszeniert wird. Adler setzt hier die universelle Zusammengehörigkeit dieser Menschen im Zeichen des Humanen tiefer an als die trennenden Folgen der geschichtlichen Ereignisse. Und in der Tat geht es seinen beiden Figuren in der Folge um die anthropologische, durchaus religiös angereicherte Bestimmung des Menschen.

Herr Brantel formuliert in diesem Sinne: »Man muß eine Mitte haben, einen unbewegten Ursprungsort der Ruhe, an dem man mutig festhält, auch wenn man auf die Reise zieht, die unvermeidliche Reise..., einen untrübbaren Sinn, von dem es keinen Abfall gibt, nicht links, nicht rechts, nur Mitte, ein

Bestand, der nicht verwandelt wird« (ER 301).[12] Und Paul unterstreicht: »Keinen Abfall. Ich stimme bei. Der Abfall ist Verzweiflung. [...] Die Mitte [...] kann man uns nicht nehmen. Sie reist mit uns und hebt uns aus dem Abfall auf« (ER 301). Diese Überlegungen treiben die beiden noch weiter voran, indem sie auch den Schöpfungsgedanken und den der Gnade mit einbeziehen. Der Abfall bezeichnet nun auch den Abfall von Gott. Abgefallen sind dann vor allem diejenigen, die noch vor Kurzem eine ganze Bevölkerungsgruppe zu Abfall erklärt haben. Adler bezieht aber die Verfolgten durchaus in diese Überlegungen ein. Obwohl er einerseits den Unterschied zwischen Verfolgten und Verfolgern nirgends einebnet, schreibt er andererseits den Verfolgten keine moralische Überlegenheit zu, die sich ausschließlich aus ihrem Verfolgt-worden-Sein herleiten würde. Damit durchbricht er jenes starre Gut-Böse-Schema, auf das das populäre, massenwirksame Erzählen über die Shoah meist zurückgreift. Ida Schwarz zum Beispiel wird von den eigenen Mitgefangenen für den Transport selektiert: »Eines Tages hieß es, zweitausend Menschen müssen fort [...]. Sucht sie euch selber aus, ihr seid ja vierzigtausend Leute!« (ER 156). »Da haben sie Ida ausgesucht« (ER 157). Unter dem grausamen Zwang der Verfolger geraten die Verfolgten in jenen Bezirk, den Primo Levi als die Grauzone bezeichnet hat. Identifikationen im Sinne einer Schwarz-Weiß-Zeichnung sind nicht mehr möglich. Hier zeigt sich die Brisanz dessen, was im Lager geschieht, erst in der Komplexion. Durch erzählerische Mittel wie dem Gleiten der Perspektiven und dem Verschieben der Wörter gibt Adler dieser spezifischen Erfahrung eine Form. Der Abfall wird nicht mehr ausschließlich im Anderen lokalisiert, sondern auch im Eigenen.

Die Reise, die dem Buch den Namen gibt und die in der Hauptsache die Deportation meint, gewinnt in Pauls Dialog mit Herrn Brantel eine weitere Bedeutung: sie wird zur Lebensreise, die auf die eine oder andere Art alle Menschen betrifft.[13] In diesem Sinne ist der letzte Satz des Romans aufgeladen. Nachdem Paul einen Zug bestiegen hat, sieht er die umstehenden Menschen winken: »Er glaubt, sie winken ihm zu einer guten Reise, weil der Abfall überwunden ist« (ER 304). Das freundliche Winken und die Überwindung des Abfalls bedeutet einerseits, dass der soeben noch Verfolgte, zum Abzuschaffenden Erklärte, nun wieder als Mensch angesehen wird, es bedeutet im Lichte der vorherigen Konversation aber auch, dass er sich trotz allem, was ihm ent-

---

12 Zum Bild der Reise und zu Adlers literarischem Verfahren in dem Roman vgl. auch Fischer, »Keine Sommerfrische«.
13 Vgl. Krämer, Die Poetik des Gedenkens, S. 169. – Krämer bezieht die zitierten Überlegungen überzeugend auf Adlers Aufsatz *Bestand und Verwandlung* (vgl. ebd., S. 169-171).

rissen wurde, auf seine Mitte noch beziehen kann und sie auf seiner Lebensreise auch künftig einen Orientierungspunkt bilden wird.

Die Bedeutungswandlung, die das Motiv des Abfalls im Laufe des Romans erfährt, reichert alle einzelnen Wortverwendungen mit den Konnotationen der Parallelstellen an. Anstatt also die Worte im Sinne einer Vereinheitlichung zu gebrauchen, vervielfältigt Adler ihren Gebrauch, so dass sie mehrere Bedeutungsschichten zugleich aufrufen. Die Literatur führt auf diese Weise die Verstrickung in die Sprache vor. Denn so sehr der Gedanke, dass Menschen zu Abfall erklärt werden, kritisiert werden muss, so ist er doch wirkmächtig gewesen und dadurch im Gedächtnis der Sprache aufbewahrt: Aus dem Deutschen spricht seit der Shoah auch die Sprache der Mörder. Noch an der sprachlich artikulierten Idee, nicht abzufallen von der eigenen Humanität, kleben somit die übrigen, inhumanen Verwendungsweisen des Wortes Abfall. Indem Adler alle Bedeutungen in seiner Motivarbeit ineinanderwebt, ruft er sie – in unterschiedlichen Graden und mit unterschiedlicher Akzentuierung – jeweils miteinander auf. Und erst in diesem komplexen Miteinander treten dann die brisanten Fragen hervor, die in den Lektüren einzelner Leser je unterschiedlich formuliert werden, zum Beispiel: Wie ist im Zeichen des Wortes ›Abfall‹ das Aufeinander-Verwiesensein von genozidalen Dispositionen und der Bewahrung des Humanen zu denken? Wie kann in einer Diktatur, die schon sprachlich die Ausgrenzung einer Bevölkerungsgruppe praktiziert, dieser Praxis widerstanden werden? Kann Pauls Versuch, einen zentralen Terminus aus der Sprache der Verfolger mit einer Bedeutungsverschiebung zu konterkarieren, einen Vorbildcharakter für den Umgang mit der Sprache der Unterdrücker nach ihrem Ende haben? – Adlers Literatur provoziert solche Fragen, sie ist allerdings der falsche Ort, um sie zu lösen. Das bleibt den Leserinnen und Lesern aufgegeben, die in ihren Lebenszusammenhängen praktische Entscheidungen treffen müssen.

Mit seinen Nachkriegsromanen schlug H. G. Adler einen anderen Weg ein als die approbierte deutsche Nachkriegsliteratur. Wo zonen- und staatsübergreifend, in der BRD wie in der DDR, alten und neuen Realismen das Wort geredet wurde, etwa in der Gruppe 47, verweigerte Adler die realistische Schreibweise. Das ist auch im Kontext der Literatur der Shoah eine ungewöhnliche Position, denn gerade in ihr ist der Impuls zum Zeugnisablegen, der üblicherweise mit einer realistischen Schreibweise verbunden ist, besonders wirksam. Im Realismus tritt die Sprache zurück, um das Beschriebene unabgelenkt hervortreten zu lassen. Diesem Unsichtbarmachen der Sprache widersetzt sich Adlers Literatur. In seinem Verständnis formt Sprache genau die Wirklichkeit mit, die der Realismus nur beschreiben will, denn nicht zuletzt im sprachlichen Handeln markieren und etablieren Sprecher sowie Sprachgemeinschaften jene feinen Unterschiede, die das Potenzial zu den großen Verfolgungskategorien in sich tragen. Umgekehrt kann die Aufmerksamkeit auf die Sprache vieles von dem freilegen, was in ihr steckt und unbemerkt das Denken und Handeln mitbestimmt. Die Sensibilisierung für die Sprache wirkt potenziell aufklärerisch. Adler muss deshalb auf der ausdifferenzierten, vielschichtigen Schreibweise beharren. Weil dies auf Kosten leichter Konsumierbarkeit geht, wird er nie ein Massenpublikum erreichen. Auch die ständigen Wechsel sowie die Verschränkung der Perspektiven weisen marktgängige identifikatorische Lektüren ab. Wer sich aber auf den Konnex von Sprache und Wirklichkeit einlässt, wird Adlers Spracharbeit vielgestaltig und aufregend finden. Der Autor sinnt den Worten nach, holt ihre verborgenen, eingekapselten Bestände hervor und verweist immer wieder auf ihre Unauslotbarkeit. Mit seinem Beharren auf der Sprache gibt er seinen Leserinnen und Lesern zu denken auf; er drängt sie aus der Sprachvergessenheit und stößt sie auf die existenzielle – und bisweilen tödliche – Relevanz der Sprache als eines lebendigen sozialen Geflechts.

Für Adlers Überschreitung des Realismus ist neben dem Sprachaspekt auch seine Skepsis gegenüber jedem Begriff von einer einfachen, lediglich ›feststellbaren‹ Wirklichkeit verantwortlich. Jeder Ansicht von Wirklichkeit eignet vielmehr etwas unhintergehbar Tendenziöses, das in Zeiten des Genozids ins Extrem getrieben wird. Dann erscheint es den Verfolgern, die die Meinungsbildung in der Öffentlichkeit dominieren, als normal, dass Menschen, die bislang auskömmlich an der Seite ihrer Nachbarn lebten, als Unzugehörige, Auszugrenzende und Abzuschaffende behandelt werden. Aus der Sicht der Betroffenen trägt die neue Normalität allerdings absurde und groteske Züge, denn im Lichte des europäischen Rechts- und Freiheitsdenkens, also auf der Basis der kulturellen Identität Europas im 20. Jahrhundert, kann das, was nun gesellschaftlich gilt, nur als unvorhersehbarer und unableitbarer Willkürakt erscheinen, als plötzlicher Einbruch der Irrationalität. Ruth Klüger fasste eine verwandte Beobachtung einmal in die folgenden Worte: »Ich glaube, daß Zwangsneurotiker, die von Paranoia gefährdet waren, in Auschwitz am ehesten zurechtkamen, denn sie waren dort gelandet, wo die gesellschaftliche Ordnung [...] ihre Wahnvorstellungen eingeholt hatte.«[14]

Adler reagiert auf die Absurdität der Wirklichkeit literarisch mit dem antirealistischen Mittel einer ins Groteske gewendeten, abgründigen Ironie, und er hat sie mit Motiven wie dem des Abfalls ins Werk gesetzt. In der *Reise* sei

---

14 Ruth Klüger: weiter leben. Eine Jugend, Göttingen 1992, S. 128.

das Charakteristische seines Tons, so der Germanist Klaus L. Berghahn, »dass er noch das Ungeheuerlichste als etwas Alltägliches darstellt, es euphemistisch, ironisch oder sarkastisch verfremdend«[15]. In der postfaschistischen deutschen Nachkriegsgesellschaft gab es allerdings keine Resonanz für Texte, die die unausdenklichen Lager und das in ihnen verübte Mordwerk mit sprachlicher und gedanklicher Radikalität entwarfen. Dass Adlers Literatur in den vierziger und fünfziger Jahren nicht zur Kenntnis genommen wurde, verrät einiges über diese Gesellschaft. Wenige, wie Elias Canetti, hielten *Eine Reise* von Anfang an für ein Meisterwerk.[16] Er prophezeite: »Es wird das klassische Buch dieser Art von ›Reise‹ sein«. Bücher haben bekanntlich ihre Zeit. Zu hoffen bleibt, dass Adlers außergewöhnlichem Roman seine Zeit der Aufmerksamkeit noch bevorsteht.

---

15 Klaus L. Berghahn: »Ordentliche Regulierung des Außerordentlichen«. Beobachtungen zu H. G. Adlers *Eine Reise*, in: Monatshefte, Jg. 103 (2011), H. 2, S. 213-227, S. 223.
16 Elias Canetti: Jenseits von Groll und Bitterkeit, in: Willehad P. Eckert, Wilhelm Unger (Hg.): H. G. Adler. Buch der Freunde, Köln 1975, S. 72-73, S. 72. – Joachim Campe spricht emphatisch von dem »wohl [...] bedeutendsten epischen Werk, das überhaupt in deutscher Sprache über Deportation und Lager geschrieben worden ist« (ders.: Der Standpunkt der Verfolgten. Über den Historiker und Erzähler H. G. Adler, in: Zu Hause im Exil. Zu Werk und Person H. G. Adlers, hg. v. Heinrich Hubmann und Alfred O. Lanz, Stuttgart 1987, S. 80-88, S. 87).

Thomas Harlans frühe Dramen über das Warschauer Ghetto: »Bluma« und »Ich selbst und kein Engel«

Thomas Harlan debütierte als Dramatiker 1958 mit *Ich selbst und kein Engel*[1], einem Stück über das Warschauer Ghetto. Einer überwiegend positiv aufgenommenen Lesung Harlans im Januar[2] in Westberlin und einer privaten Lesung im Mai in Warschau[3] folgte die Bühnenpremiere am 16. November im Theatersaal der unlängst neu eröffneten Kongresshalle Berlin. Unter Konrad Swinarskis Regie spielte das Junge Ensemble, zu dem west- und ostdeutsche, nichtjüdische und jüdische sowie polnischstämmige Mitglieder zählten: neben der »am Jiddischen Theater in Buenos Aires tätige[n], polnisch-argentinische[n] Schauspielerin«[4] Cipe Lincovski auch Claudia Brodzinska, Barbara Morawiecz, Ethel Reschke, Helmut Ahner, Max Buchsbaum, Kunibert Gensichen sowie der junge Armin Mueller-Stahl von der Ostberliner Volksbühne. Das Premierenpublikum reagierte mit starkem Applaus,[5] und das um-

---

1 Thomas Christoph Harlan: Ich selbst und kein Engel. Dramatische Chronik aus dem Warschauer Ghetto, Berlin (Ost) 1961. Im Text mit der Sigle E ausgewiesen.
2 Die Lesung fand am 6.1.1958 auf der kleinen Vaganten Bühne in Charlottenburg statt: *Der Abend* berichtete am 7.1.1958 von der – überfüllten – Veranstaltung am Vortag.
3 *Die Welt* berichtet unter dem Kürzel »mm« und dem Titel *Thomas Harlan las in Warschau* am 6. Mai: »Vor wenigen Tagen trafen sich in einer Warschauer Wohnung Journalisten, Theaterkritiker, Schriftsteller; fast alles Juden, die ihr Leben zwischen 1940 und 1943 im Warschauer Ghetto verbracht haben. Am linken Unterarm der Gastgeberin ist die eintätowierte KZ-Nummer aus Auschwitz sichtbar. / Mitten unter ihnen sitzt [...] Thomas Harlan [...]. Der junge Harlan liest in diesem Kreis ein eigenes Stück vor: ›Ich selbst und kein Engel – Dramatische Chronik aus dem Ghetto‹. / Die Aufnahme des Schauspiels bei den Zuhörern ist freundlich, obwohl sie in dem Gelesenen nicht genau erkennen, jene Situation wiedererkennen, die sie durchlebt haben.« Einige polnische Reaktionen auf das Stück sind überliefert. Am 7.6.1958 erscheint in *Nasz Glos* unter dem Kürzel »A. D.« ein Artikel, in dem darauf hingewiesen wird, dass Harlan einige Passagen veränderte, nachdem ihn Überlebende auf Unrichtigkeiten hingewiesen hätten. Später äußert sich die Auschwitzüberlebende Krystyna Zywulkska in *Swiat* vom 11.1.1959 kritisch über das Drama als auch über Swinarskis Regie. – Für Hilfe bei der Sichtung dieser polnischen Artikel danke ich Krzysztof Kozłowski.
4 O. Verf.: Gegen die Sünden der Väter. Veit (»Jud Süss«) Harlans Sohn schreibt ein projüdisches Stück, in: Aufbau (New York), Jg. 24 (1958), H. 48 vom 28.11., S. 22.
5 Vgl. A. T.: »Ich selbst und kein Engel«. Uraufführung in der Kongreßhalle, in: Die Welt vom 17.11.1958.

fangreiche Presseecho fiel freundlich aus.⁶ Das galt auch für Ostberlin, wo das Stück am 1. März 1959 am Berliner Ensemble gastierte und später im Fernsehen gezeigt wurde.⁷ Im Henschelverlag, DDR, erschien 1961 der Dramentext.⁸

Zur 50. Vorstellung trat Thomas Harlan im Kongresszentrum »vor die Bühne und erklärte, sichtlich erregt: Vier große Einsatzkommandos hätten die Liquidation der Juden in Polen ausgeführt; zwei Anführer dieser Kommandos, Pohl und Ohlendorf, seien in Nürnberg gehenkt worden; zwei andere, *Heinz Jost und Professor Six*, jedoch lebten ›unter uns‹, und zwar in Düsseldorf, der eine als Immobilien-Makler; das ›Junge Ensemble‹ rufe dazu auf, daß endlich, endlich die deutsche Justiz gegen diese Henker Hitlers vorgehe«⁹. Hier wurde ein politisches Anliegen laut, dem sich Harlan in den folgenden Jahren verschrieb und das ihn auch danach nicht wieder losließ. Nachdem sein Aufruf einige Resonanz in der Öffentlichkeit erfahren hatte, übersiedelte er 1959 nach Polen und recherchierte in den dortigen Archiven nach Zeugnissen der nationalsozialistischen Vernichtungspolitik. Ihn interessierten insbesondere die Lebensläufe der beteiligten Mörder und ihr Verbleib nach dem Ende des Krieges.

Ich selbst und kein Engel erlebte mindestens noch zwei weitere Inszenierungen.¹⁰ 1967 produzierte es das Theater Dortmund im Dialog mit dem Autor; die Arbeit verursachte einen kleinen Skandal, weil Harlan bestimmte Änderungen nicht akzeptierte. Das Drama wurde nach wenigen Vorstellungen vom Spielplan genommen.¹¹ 1996 gab es im Rahmen der Ruhrfestspiele in Recklinghausen eine weitere – diesmal erfolgreiche – Aufführung; die Musik trug Giora Feidman bei. *Ich selbst und kein Engel* sollte allerdings Harlans einziges publiziertes Drama bleiben,¹² und auch auf der Bühne sah man kein wei-

---

6 Im Nachlass Thomas Harlans, der in der Stiftung Deutsche Kinemathek in Berlin aufbewahrt wird, aber bislang noch kaum erschlossen ist, findet sich ein Pressespiegel, der mit vielen Dutzend publizierten Besprechungen die Breite der Kritik dokumentiert. Neben west- und ostdeutschen Stimmen gibt es dort auch internationale, etwa aus Polen, Israel, den USA, Argentinien, Schweden, England, der Schweiz und Österreich. – Für seine großzügige Hilfe bei der Sichtung des Nachlasses danke ich Peter Mänz.
7 Die Aufzeichnung für das Fernsehen ist im Nachlass überliefert.
8 Die Rechte für das Regiebuch hatte der Verlag Kurt Desch inne. Mehrere dieser (zum Teil mit Annotationen Harlans versehenen) Regiebücher befinden sich im Nachlass.
9 O. Verf.: Sind die Henker noch immer unter uns?, in: Die Zeit vom 23.1.1959, URL: http://www.zeit.de/1959/04/sind-die-henker-noch-immer-unter-uns/komplettansicht, Hervorhebungen im Original (Abruf: 21.7.2019).
10 Im Nachlass finden sich dazu Unterlagen, die noch systematisch ausgewertet werden müssen.
11 Die Auseinandersetzung ist im Nachlass dokumentiert. Dort ist von fünf gespielten Vorstellungen die Rede. Harlan wollte inhaltliche Eingriffe in das Stück nicht hinnehmen.
12 Der Belleville Verlag in München bereitet eine Ausgabe mit den wichtigsten Dramen Harlans

teres Theaterstück von ihm. Nach einem verheißungsvollen Anfang, so schien es, war ein hoffnungsvoller Autor wieder verstummt. Die begrenzte Aufmerksamkeit, die Thomas Harlan als Künstler eigenen Rechts – also nicht als der Sohn Veit Harlans – zu Lebzeiten erlangte, geht vor allem auf seine Filme und auf seine späten literarischen Arbeiten zurück.

Dass er aber schon seit dem Kriegsende und bis in die sechziger Jahre hinein durchgehend literarisch produktiv war, hatte kaum jemand gewusst, bevor er selbst in dem Gesprächsband mit Jean-Pierre Stephan darauf hinwies. So erwähnt er dort neben dem frühen, druckfertig ausgearbeiteten, französischen Langgedicht *No Man's Land Fugues*[13] auch mehrere Projekte über die nationalsozialistische Herrschaft: die Dramen *Bluma* und *Lux* sowie das Vorhaben *Das Vierte Reich*. Darüber hinaus zeigen weitere, im Nachlass überlieferte Typoskripte, dass Harlan in den fünfziger und sechziger Jahren auch Dramen über andere Themen verfasst hat. Auf die fünfziger Jahre kann *Untergang der Stadt »U«* datiert werden, das von einem Streik der Arbeiter in einem Uranbergwerk im damaligen Rhodesien handelt. Ein weiteres Bergarbeiterdrama mit dem Titel *Tod im Herz Jesu oder Die Mauer* spielt laut Regieanweisung im »Herz-Jesu-Spital, irgendwo im Kohlenpott«[14]. Zusammengenommen lässt die Breite des unpublizierten Werks den Schluss zu, dass Thomas Harlan in diesen Jahren überwiegend als Schriftsteller arbeitete.

Warum er sich nicht als Autor etablieren konnte, mag unterschiedliche Gründe gehabt haben. Sicherlich trugen dazu sein politisches Selbstverständnis als Kommunist seit 1954[15] ebenso wie seine persönliche Eigenwilligkeit bei. Interessant am Frühwerk dieses Intellektuellen und Künstlers ist, von heute aus gesehen, die Überschneidung seiner ungewöhnlichen Biografie mit der Überlieferungsgeschichte der Shoah in den fünfziger Jahren sowie der deutschen Literaturgeschichte. Deshalb sollen Harlans Dramen über das Warschauer Ghetto im Folgenden in ihren Eigentümlichkeiten kurz charakterisiert und diskursgeschichtlich kontextualisiert werden.

Ich selbst und kein Engel entstand 1957/58. Schon 1953 hatte Harlan das Drama *Bluma* verfasst, das ebenfalls im Warschauer Ghetto spielt und als ein Vorläufer des späteren Stücks angesehen werden darf. Beiden Dramen liegen historische Ereignisse zugrunde: Nach dem Einmarsch deutscher Truppen in

---

vor.. – Ich danke Michael Farin für seine Unterstützung bei der Sichtung der Dramentexte.
13 Vgl. Thomas Harlan: Hitler war meine Mitgift. Ein Gespräch mit Jean-Pierre Stephan, Reinbek 2011, S. 52. (Die Publikation ist text-, jedoch nicht seitenidentisch mit Jean-Pierre Stephan: Thomas Harlan. Das Gesicht deines Feindes. Ein deutsches Leben, Berlin 2007).
14 Typoskript im Nachlass.
15 Vgl. Harlan, Hitler war meine Mitgift, S. 68.

Warschau im September 1939 begann die Entrechtung und Ausgrenzung der jüdischen Bevölkerung. Im Oktober 1940 richteten die Deutschen ein Ghetto ein, aus dem sie zwischen Juli und September 1942 in einer ersten großen Welle 250 000 bis 300 000 Menschen in Arbeitslager oder in das Todeslager Treblinka deportierten.[16] Im verkleinerten Ghetto verblieben ca. 60 000 Personen, bis am 18. Januar 1943 neue Deportationen einsetzten. Erstmals traten nun einzelne jüdische Widerstandgruppen der SS im bewaffneten Kampf entgegen, so dass die Deutschen die Deportationen schon am 21. Januar unterbrachen. Die beginnende Periode relativer Ruhe nutzte die Widerstandsbewegung für die Vorbereitung eines bewaffneten Aufstands, der am 18. April begann. Die endgültige Räumung des Ghettos dauerte bis zum 16. Mai 1943, als die Deutschen die große Synagoge Warschaus sprengten. Markus Roth und Andrea Löw resümieren: »Insgesamt lebten etwa 500 000 Menschen im Warschauer Ghetto [...]. Überlebt haben nur wenige tausend Juden.«[17]

Bluma. Szenen vom Aufstand des Warschauer Ghettos in fünf Akten ist bis heute ungespielt und ungedruckt geblieben.[18] Das Stück beginnt mit Deportationen durch die SS, die vom jüdischen Ordnungsdienst, den Harlan meist als jüdische Polizei bezeichnet, und Vertretern des Judenrats unterstützt wird. Gegen diese Praxis der Kollaboration wendet sich die 17-jährige Protagonistin, die sich Bluma nennt. Sie ist die Frau Jakobs, des Chefs der jüdischen Polizei und des Vaters ihres Säuglings namens Isroel. Im Verlaufe des Dramas wendet sich Bluma von Jakob ab und verliebt sich in den Bahnarbeiter Szachner, der sich später den Aufständischen anschließt.

In einer zentralen Szene tritt Bluma einem Vertreter des Ordnungsdienstes entgegen, der die Ghettobewohner zur Umsiedlung aufruft. Sie erschlägt ihn und versichert den Umstehenden, dass die Umsiedlungstransporte in den Tod führten. Dadurch entfacht sie den Aufstand und tritt an die Spitze der vereinigten Widerstandskämpfer. Deren erstes Ziel ist die Entmachtung des Judenrats und der Ghettopolizei. Am Sederabend entwickelt sich ein bewaffneter Konflikt zwischen beiden jüdischen Gruppen; er führt zum Suizid des Vorsitzenden des Judenrats sowie zur Hinrichtung Jakobs durch die Widerstands-

---

16 »Insgesamt deportierten Höfles SS-Leute innerhalb eines Monats deutschen Quellen zufolge fast 254 000 Männer, Frauen und Kinder; nach jüdischen Quellen waren es mehr als 300 000 Menschen« (Markus Roth, Andrea Löw: Das Warschauer Getto. Alltag und Widerstand im Angesicht der Vernichtung, München 2013, S. 177). – Die folgende Darstellung der Ereignisse im Ghetto orientiert sich an Roth und Löw.
17 Ebd., S. 217f.
18 Die im Nachlass mit 1953 datierte Version wird im Folgenden mit der Sigle B sowie der Aktnummer (römisch) und der durchgehenden Szenenzählung (arabisch) zitiert.

kämpfer. Im weiteren Verlauf wird Bluma von den Deutschen gefasst und ebenfalls zur Hinrichtung geführt.

Ich selbst und kein Engel. Dramatische Chronik aus dem Warschauer Ghetto bearbeitet denselben Stoff, setzt aber wichtige Akzente anders. Vor allem verlegt Harlan die Handlung jetzt in das »sozialistische Kibbuz ›Ghettokämpfer‹« (E 9) im zeitgenössischen Israel. Die Arbeiter führen ein Theaterstück über »Kampf und Untergang des Warschauer Ghettos« (E 9) auf. Vor dem Hintergrund der sogenannten Umsiedlungen herrscht dort 1943 eine Aufteilung der Menschen in wichtige und unwichtige; der wichtigste ist Jakob, der Vorsitzende des Judenrats. Bluma, seine Frau, leitet ein Waisenhaus. Mehrere Akteure, darunter auch Kinder, warnen vor der Ermordung der Juden. Die Sozialistische Front und die Jüdische Befreiungsarmee erklären, dass sie die Macht im Ghetto übernehmen wollen und die Kollaborateure des Judenrats sowie des jüdischen Ordnungsdienstes bekämpfen werden. Jakob verteidigt sich; er hält jeden Widerstand für sinnlos und wendet sich gegen die aufstandsbereiten Arbeiterführer, die ihn daraufhin erschießen. Bluma, die sich von Jakob abgewandt hat, organisiert den Aufstand. Der Transportarbeiter Shachna ruft zum Kampf auf: »Mit einem Bein stehen wir im Sarg – auf dem anderen erklären wir den ersten jüdischen Krieg« (E 85). Die Aufständischen stimmen das Partisanenlied an und sterben dann auf den Barrikaden. Die Deutschen geben das Ende des Ghettos und die Überführung der Gefangenen »in das KL – Lager Treblinka« (E 87) bekannt. Nur 59 Eingeschlossene entkommen aus dem Ghetto.

Zur Stellung des Ghettoaufstands im öffentlichen Bewusstsein fragte Jean-Pierre Stephan Thomas Harlan 2006 während ihres Gesprächs: »Der Aufstand des Warschauer Ghettos: War der damals dem deutschen Publikum bekannt? Als historische Tatsache?« Harlan antwortete: »Nein, gar nicht, das wußte praktisch niemand«.[19] Von heute aus ist es nicht ganz einfach, den damaligen Grad des Wissens über das Warschauer Ghetto zu rekonstruieren.[20] Erschienen war auf Englisch bereits 1944 Jan Karskis Schilderung seiner Eindrücke aus dem Ghetto,[21] 1948 folgte auf Deutsch Ziviah Lubetkins kurzer Augenzeugenbericht *Die letzten Tage des Warschauer Gettos*[22] sowie in Hamburg 1950 der ausführliche Bericht von Bernard Goldstein *Die Sterne sind*

---

19 Harlan, Hitler war meine Mitgift, S. 85.
20 Für ihre Hilfe bei der Erstellung der folgenden Hinweise danke ich Andrea Löw.
21 Jan Karski: Story of a Secret State, Boston, Cambridge 1944, bes. S. 320-338.
22 Ziviah Lubetkin: Die letzten Tage des Warschauer Gettos, in: Neue Auslese, Jg. 1948, H. 1, S. 1-13; in erweiterter Fassung 1949 erneut vom Alliierten Informationsdienst im VVN-Verlag als Taschenbuch (Berlin, Potsdam) herausgegeben, illustriert, mit einem Nachwort von Friedrich Wolf.

Zeugen.[23] Eine geschichtswissenschaftliche Aufarbeitung lag erst in Ansätzen vor. 1957 übersetzte der Dietz Verlag Bernard Marks dem realsozialistischen Geschichtsbild verpflichtete Darstellung *Der Aufstand im Warschauer Ghetto* aus dem Polnischen.[24] Josef Wulf publizierte 1958 unter dem Titel *Vom Leben, Kampf und Tod im Ghetto Warschau* eine frühe Auswahl historischer Stimmen.[25] Als literarisches Sujet wurde das Ghetto Warschau in dem gleichnamigen Drama des 1938 nach Palästina emigrierten Max Zweig aus dem Jahre 1947 dargestellt, das auf Deutsch aber erst 1961 gedruckt wurde.[26] In zwei Ausgaben von 1948 und 1949 dagegen lag Jerzy Andrzejewskis Erzählung *Die Karwoche* in Übersetzung vor.[27] Zofia Nałkowskas *Medaillons* erschienen 1956 auf Deutsch.[28] Stephan Hermlin, der für die Ostberliner Ausgabe ein Vorwort verfasste, publizierte 1949 mit *Die Zeit der Gemeinsamkeit* ebenfalls eine Erzählung über das Warschauer Ghetto.[29] Für den weiteren Kontext kann auch an Arnold Schönbergs Musikstück *A Survivor from Warsaw for Narrator, Men's Chorus and Orchestra*, op. 46, Uraufführung 1948, erinnert werden.

In der Summe scheinen diese Werke und Augenzeugenberichte jedoch eine geringe Wirkung auf die Meinungsbildung in der westdeutschen Öffentlichkeit der fünfziger Jahre gehabt zu haben. Harlan gibt an, dass er 1957 in Warschau selbst »historische Forschungen betrieben«[30] habe. Heute zentrale

---

23 Bernard Goldstein: Die Sterne sind Zeugen, Hamburg 1950. Zuerst in Englisch: The Stars Bear Witness, New York 1949. Eine zweite, ungekürzte deutsche Ausgabe erschien 1965 bei dtv in München.
24 Bernard Mark: Der Aufstand im Warschauer Ghetto. Entstehung und Verlauf, Berlin 1957.
25 Josef Wulf: Vom Leben, Kampf und Tod im Ghetto Warschau, Bonn 1958.
26 Max Zweig: Ghetto Warschau. Schauspiel in drei Akten, in: ders.: Dramen, Bd. 1. Wien u. a. 1961, S. 281-362. – Zur ausgebliebenen Aufführungs- und Rezeptionsgeschichte in Deutschland vgl. Armin A. Wallas: »Sie starben im Nirgendwo«. Ein Drama des jüdischen Widerstands: ›Ghetto Warschau‹ von Max Zweig, in: Sprachkunst, Jg. 21 (1990), S. 251-283, S. 282, Anm. 48. – Wallas interpretiert, der Held des Dramas, ein überlebender Kämpfer aus dem Aufstand, verkörpere das zionistische Modell (vgl. S. 281). Hier gibt es offensichtlich eine Nähe zu Harlans Dramen.
27 Jerzy Andrzejewski: Die Karwoche. Erzählung, Wien 1948, sowie, mit einem Vorwort von Stephan Hermlin, Berlin 1950.
28 Zofia Nałkowska: Medaillons, Berlin (Ost) 1956.
29 Stephan Hermlin: Die Zeit der Gemeinsamkeit, in: ders.: Die Zeit der Gemeinsamkeit. Erzählungen, Berlin (Ost) 1956 (EA 1949), S. 74-160; vgl. auch ders.: Die Taube in Warschau, in: Die Sache des Friedens, Berlin (Ost) 1953 (EA 1950), S. 353-368, sowie seine Publizistik zu dem Thema. Vgl. dazu insgesamt zuletzt Janina Bach: Erinnerungsspuren an den Holocaust in der deutschen Nachkriegsliteratur, Wrocław, Dresden 2007, bes. S. 155-177. – Ich danke Helmut Peitsch für seine Hinweise auf Sekundärliteratur.
30 Harlan, Hitler war meine Mitgift, S. 76.

Texte wie die Aufzeichnungen von Adam Czerniaków,[31] Chaim Kaplan,[32] Janusz Korczak[33] sowie Marek Edelmans Augenzeugenbericht vom Ghettoaufstand[34] waren damals allesamt noch nicht auf Deutsch zugänglich. Die ersten Tagebücher aus dem Archiv Oneg Schabbat von Emanuel Ringelblum erschienen 1958 in der DDR.[35] Hinzu kam, dass der Ghettoaufstand häufig mit dem Warschauer Aufstand von 1944 verwechselt wurde.[36]

Ins Bewusstsein einer breiten deutschen – vor allem westdeutschen – Nachkriegsöffentlichkeit trat das Warschauer Ghetto erst mit Willy Brandts Kniefall am 7. Dezember 1970 vor dem dortigen Denkmal. Das Ghetto scheint also in den fünfziger Jahren in der Tat noch weitgehend ein blinder Fleck im öffentlichen Bewusstsein der Bundesrepublik gewesen zu sein. Das entspricht dem gesamtdeutschen Beschweigen der Shoah in diesen Jahren. Bis zur Gründung der beiden deutschen Staaten 1949 hatten die Alliierten dafür gesorgt, dass die Bevölkerung mit der Shoah konfrontiert wurde. So trugen die Nürnberger Prozesse zwischen 1945 und 1949 ebenso zur Aufklärung bei wie die Publikationspolitik im besetzten Deutschland. In den fünfziger Jahren wurde die Shoah in der deutschsprachigen Literatur dann nur ausnahmsweise zum Thema.[37] Das trifft auch auf das Warschauer Ghetto zu. Das Ghetto als Sujet unterscheidet sich aber insofern von vielen anderen Daten der Shoah, als durch den Aufstand das Thema des jüdischen Widerstands berührt ist.

Schon aufgrund des Zeitpunkts der Niederschrift kommt somit Harlans frühen Dramen über die Verfolgung, Ermordung und den Aufstand der Juden im Warschauer Ghetto ein besonderer Status in der deutschen Literaturgeschichte der Nachkriegszeit zu. Anzumerken ist auch, dass Harlan kein Jude war und seine Intervention als Dramatiker damit eine sonst kaum vertretene Subjektposition repräsentierte, denn es waren vor allem jüdische Überlebende und Vertriebene, die die meisten zeitgenössischen Texte über das Warschauer Ghetto verfassten. Das betrifft Bernard Goldstein, Stephan Hermlin, Ziviah

---

31 Im Warschauer Getto. Das Tagebuch des Adam Czerniaków 1939-1942, München 1986 (hebräische EA 1968).
32 Chaim A. Kaplan: Buch der Agonie. Das Warschauer Tagebuch des Chaim A. Kaplan, hg. v. Abraham I. Katsh, Frankfurt am Main 1967 (engl. EA 1965).
33 Janusz Korczak: Tagebuch aus dem Warschauer Ghetto 1942, Göttingen 1992.
34 Marek Edelman: Das Ghetto kämpft, Berlin 1993 (polnische EA 1945).
35 Leon Weliczker u. a.: Im Feuer vergangen. Tagebücher aus dem Ghetto. Mit einem Vorwort von Arnold Zweig, Berlin (Ost) 1958. Zuvor diverse Publikationen auf Jiddisch, darunter schon 1952: Notitsn fun Varsheyer geto (Warse 1952). Vgl. auch Samuel D. Kassow: Ringelblums Vermächtnis. Das geheime Archiv des Warschauer Ghettos, Reinbek 2010.
36 Andrzej Wajdas Spielfilm Der Kanal von 1957 thematisiert den Warschauer Aufstand.
37 Für den deutsch-polnischen Kontext vgl. Barbara Breysach: Schauplatz und Gedächtnisraum Polen. Die Vernichtung der Juden in der deutschen und polnischen Literatur, Göttingen 2005.

Lubetkin, Josef Wulf und Max Zweig. Lediglich der gebürtige Warschauer Jerzy Andrzejewski wurde als Katholik getauft, bevor er sich dem Sozialismus zuwandte.

Thomas Harlans Sensibilität für die Shoah hat von Anfang an mit seiner Familienbiografie zu tun. Das Interesse für das Warschauer Ghetto im Speziellen dürfte mit seiner dreimonatigen Reise nach Israel 1953 zusammenhängen, die für ihn, sagt er, ein »Wendepunkt«[38] gewesen sei. Er präzisiert: »Das Thema ›jüdischer Widerstand‹ ist nun nicht mehr aus meinem Kopf zu streichen und steht am Anfang einer neuen poetischen Sichtweise. Es wird, unmittelbar nach meiner Rückkehr nach Europa, Theaterstück: *Bluma*, kurz darauf zu einem zweiten [...]: *Ich selbst und kein Engel*.«[39] Harlan hatte mehrere Kibbuzim besucht und dabei Überlebende des Warschauer Ghettos[40] sowie Angehörige des jüdischen Bataillons der britischen Armee gesprochen.

Harlans Dramen über das Warschauer Ghetto schildern den brutalen Ghettoalltag und die Deportationen, zugleich markieren sie den Aufstand als Handlungsumschwung (Peripetie). Dazu bieten sie ein ähnliches Figurenensemble auf. Allerdings bindet Harlan in *Bluma*, anders als in dem späteren Stück, in hohem Maße Personen der Zeitgeschichte in die fiktive Handlung ein, darunter den Vorsitzenden des Judenrats, Adam Czerniaków, und seinen Nachfolger, Marek Lichtenbaum. Er erwähnt die Namen von Jürgen Stroop, dem Befehlshaber der SS-, Wehrmacht- und Polizeieinheiten bei der Niederschlagung des Warschauer Ghettoaufstandes, sowie von Friedrich-Wilhelm Krüger, dem SS- und Polizeiführer für das Generalgouvernement. Die beiden Chefs des Ordnungsdienstes, Józef Andrzej Szeryński und Jakob Lejkin,[41] treten im Drama mit leicht geänderten Namen als Jakob Szerinski und Lajkin bzw. Laykin (ohne Vorname) auf.[42] Aus dem jüdischen Widerstand werden genannt[43]: Szachner Zagan, Mitglied der Poale Zion-Links, der im August 1942 im Ghetto umkam; Mordechaj (bei Harlan Mordehai) Anielewicz, der Kommandant des Jüdischen Kampfbundes, der sich am 8. Mai 1943 das Leben

---

38 Harlan, Hitler war meine Mitgift, S. 64. – Vgl. zu der Reise Tobias Ebbrecht-Hartmann: »Aufenthalt in etwas Unmöglichem«. Splitter und Spuren einer Reise nach Israel (1953), in: Jesko Jockenhövel, Michael Wedel (Hg.): »So etwas Ähnliches wie die Wahrheit«. Zugänge zu Thomas Harlan, München 2017, S. 39-55.
39 Harlan, Hitler war meine Mitgift, S. 65.
40 Er erwähnt Yitzak Cukierman (Zuckerman) und Miriam Novitch.
41 Vgl. zu diesen Personen Roth und Löw, Das Warschauer Getto, S. 48.
42 Erwähnt werden auch Papst Pius XII. (B I/6) und Stefan Paweł Rowecki, General in der Armia Krajowa, unter dessen Pseudonym Grot (B II/12).
43 Vgl. die Angaben zu den Personen in: Barbara Engelking, Jacek Leociak: The Warsaw Ghetto. A Guide to the Perished City, New Haven, London 2009 (poln. EA 2001) S. 815-834.

nahm, als die Deutschen den Bunker entdeckten, in dem er sich aufhielt; Michal Klepfisz, der aus einem Transport nach Treblinka entkam und in das Warschauer Ghetto zurückkehrte, um dort am 20. April 1943 im Kampf zu sterben; Ichak Cukierman bzw. Jizhak Zuckerman, genannt Antek (bei Harlan Antek Zukierman), Mitglied von Dror und Mitbegründer des Jüdischen Kampfbundes. Als einer der wenigen Überlebenden des Aufstands gründete er 1947 mit seiner Frau Ziviah Lubetkin in Palästina das Kibbuz der Ghettokämpfer, das Harlan 1953 besuchte.[44] In *Ich selbst und kein Engel* wählt Harlan überwiegend fiktive Namen und behält nur diejenigen weniger Deutscher bei, etwa den des Inhabers der Többenswerke im Warschauer Ghetto, Walther Caspar Többens.[45] Dadurch rückt er von den historischen Ereignissen im Ghetto weiter ab als in *Bluma*.

In *Bluma* bezieht sich Harlan außerdem auf mehrere datierbare Ereignisse. Er verweist auf ein Plakat Krügers, mit dem der Beginn der ersten großen Deportationswelle angekündigt wird (B I/2). Inhaltlich entspricht es weitgehend einer Bekanntmachung des Judenrats vom 22. Juli 1942[46] sowie den Aufzeichnungen, die Czerniaków in seinem Tagebuch überliefert.[47] Ferner nennt er den 18. April 1943 (B I/4), den Beginn der letzten Phase der Räumung des Ghettos und zugleich des Ghettoaufstands. Später ist im Drama von der Evakuierung des Kleinen Ghettos die Rede (B I/6), die tatsächlich schon im August 1942 stattfand.[48]

Der zweite Akt beginnt mit der Ausgabe von Marmelade (B II/7). Im Ghetto veröffentlichte der Jüdische Ordnungsdienst am 29. Juli 1942 ein Plakat, auf dem jedem Aussiedlungswilligen Brot und ein Kilogramm Marmelade versprochen wurde.[49] Harlan geht dann auf die Vereinigung zahlreicher jüdischer Organisationen zur Jüdischen Kampforganisation (ŻOB) Ende 1942 ein (B II/8).[50] Der Sederabend wird erwähnt (B II/14), der zugleich den Vorabend des Ghettoaufstands im April 1943 bezeichnet. Erst danach (B III/15) nimmt sich Adam Czerniakow, der Vorsitzende des Judenrats, in Harlans

---

44 Vgl. Harlan, Hitler war meine Mitgift, S. 53.
45 Bei Harlan als Walter C. Toebbens (E 7). Im Drama wird er von den Aufständischen aufgegriffen, in ein Loch geworfen und angezündet (vgl. E 67), in der Realität kam er 1954 bei einem Autounfall ums Leben.
46 Abgedruckt bei Engelking und Leociak, The Warsaw Ghetto, S. 706.
47 Vgl. Im Warschauer Getto, S. 284.
48 Vgl. Engelking und Leociak, The Warsaw Ghetto, S. 95.
49 Abgedruckt ebd., S. 712.
50 Ebd., S. 841 f., datieren die Entstehung auf den 28.7.1942 bzw. den 15.10.1942, Roth und Löw, Das Warschauer Getto, S. 185, auf Anfang Dezember 1942.

Stück das Leben. Tatsächlich fand dies bereits am 23. Juli 1942 statt. Harlan schildert außerdem die Exekution des Chefs des jüdischen Ordnungsdienstes, Szerinski (B IV/22), sowie die Gefangennahme von dessen Nachfolger Laykin (B V/25) durch jüdische Widerstandskämpfer. In der Realität tötete der jüdische Widerstand Jakub Lejkin am 29. Oktober 1942.[51] Schon im Juli hatte er ein Attentat gegen Szeryński durchgeführt, bei dem dieser aber nur verwundet wurde.[52]

Harlan verweist in *Bluma* durchgehend auf historische Namen und Ereignisse, er verändert jedoch beide Faktoren, wo es der dramatische Zweck fordert. Zudem stellt er neben die historisch verbürgten Figuren auch fiktive. Das gilt besonders für Bluma, die hier als die titelgebende Protagonistin im Zentrum steht, während Harlan sie in *Ich selbst und kein Engel* auf eine Stufe mit anderen Hauptfiguren stellt. Das frühere Stück erzählt annähernd zu gleichen Teilen die Geschichte Blumas und die politische Geschichte des Ghettos. Im späteren fächert Harlan die Handlung stärker in einzelne Episoden und Bilder auf.[53] In beiden Dramen aber versetzt er das Ghetto in einen diskursiven Kontext, der sich in kaum einem anderen zeitgenössischen Zeugnis findet und dessen Gestaltung als ein wesentliches Element von Harlans künstlerischer Intervention betrachtet werden kann. Diese Verfahrensweise steht deshalb im Mittelpunkt der folgenden Überlegungen. Überraschenderweise bleiben dabei die deutschen Besatzer und Mörder der jüdischen Ghettobewohner in beiden Dramen im Hintergrund. In *Bluma* porträtiert Harlan überwiegend die jüdischen Internierten, in den einleitenden Szenen macht er allerdings klar, dass die Deutschen die Rahmenbedingungen für die Verfolgung gesetzt haben.

Das Stück beginnt mit einer Selektion auf dem Umschlagplatz (B I/1), die von der SS angeleitet und überwacht wird, und zeigt in der zweiten Szene, wie ein deutscher General Mitglieder des Judenrats verspottet und demütigt, während die von Krüger unterzeichnete Ankündigung der großen Deportationswelle bekanntgegeben wird (B I/2). Später werden deutsche Truppen zur Räumung des Ghettos eingesetzt (B IV/19) und Szachner, Michal (B V/27) und zuletzt auch Bluma (B V/28) von Soldaten hingerichtet. Die Deutschen

---

51 Vgl. Engelking und Leociak, The Warsaw Ghetto, S. 756.
52 Vgl. Roth und Löw, Das Warschauer Getto, S. 163.
53 Zur weiteren poetologischen Charakterisierung des Dramas vgl. Jeanne Bindernagel: Handeln und Behandelt-werden. Zu Verfahren der Beglaubigung von nationalsozialistischer Täter- und Opferschaft im filmischen und dramatischen Werk Thomas Harlans, in: Jesko Jockenhövel, Michael Wedel (Hg.): »So etwas Ähnliches wie die Wahrheit«. Zugänge zu Thomas Harlan, München 2017, S. 155-168.

geben den Rahmen für die Lebensbedingungen und für die Shoah vor, sie werden aber nur in wenigen Situationen selbst aktiv.

In *Ich selbst und kein Engel* nimmt Harlan den Hinweis auf die Nationalsozialisten noch weiter zurück. Die Kibbuzniks sprechen nur noch vom »großen Feind« (E 15), den Harlan selten bei seinem historischen Klarnamen nennt. Substantive wie die Deutschen, Deutschland oder die Nationalsozialisten kommen schon in *Bluma* kaum einmal, in *Ich selbst und kein Engel* überhaupt nicht mehr vor.[54] Stattdessen wird in diesem Stück durchgehend von den Grauen gesprochen. Damit ist zwar die graue Uniform der Wehrmacht konnotiert, zumal das Feldgrau in einer Regieanweisung ausdrücklich erwähnt wird.[55] In der von den Schauspielern vorgetragenen Beschreibung der historischen Situation des Ghettos 1943 ist aber nur verallgemeinernd von einem »weltberühmte[n], aber unbarmherzige[n] Land« (E 16) die Rede. Dieser unbenannte Feind »hielt sich [...] im Verborgenen und lenkte von dort [...] sein Zerstörungswerk« (E 17). So kommt die deutsche Täterschaft in beiden Dramen überwiegend indirekt oder nur am Rande zur Geltung; in *Ich selbst und kein Engel* wird sie überhaupt nicht explizit angesprochen. Stattdessen fokussiert Harlan auf den Konflikt zwischen unterschiedlichen Gruppen im Ghetto.

In *Bluma* entwirft er ihn als den zwischen Christen und Juden. Arja, die Protagonistin, und ihr Mann Jakob, der Chef der Ghettopolizei, werden als Christen vorgestellt. Arja konvertiert zum Judentum. Sie verlässt Jakob, verliebt sich in Szachner und nimmt zudem den Namen Bluma an. Eine Ghettobewohnerin entgegnet ihr jedoch: »Du kannst keine Bluma sein. Jakob ist ein Christ. Jakob hat eine christliche Frau. Eine christliche Frau kann nicht Bluma heißen« (B I/3). Die Protagonistin beteuert: »... ich heiße Arja, aber ich bin Bluma ...« (B I/3). Skeptisch erklärt ihre Gesprächspartnerin: »Geh weg – – das haben schon so viele Christen gesagt, daß sie Bluma sein wollten ... und dann haben sie uns doch alle umgebracht ... in Spanien ... und in Frankfurt ...« (B I/3). Diese Antwort enthält zwei für das Drama zentrale Motive: die Täterschaft der Christen und die undeutliche Trennlinie zwischen Christen und Juden.

Nun sind es bei Harlan nicht in erster Linie die Deutschen, denen das Attribut des Christlichen zugewiesen wird. Zwar wird mit dem Soldaten Dankwart einer von ihnen als Christ porträtiert (B II/10), das Christentum

---

54 Eine Zuschreibung findet an zwei Stellen statt: Der deutsche Industrielle Toebbens wird als Grauer identifiziert (E 28) und Shachna erwähnt den »preußischen Adler« (E 46).
55 Vgl. E 14, wo Mosche die Rolle eines Feldgrauen übernimmt.

erscheint aber vor allem als eine Zuschreibung, die von Seiten der jüdischen Ghettobevölkerung an den Judenrat und die jüdische Polizei gerichtet wird. Im Ghetto gehen die Benennungen für diese Gruppen zunächst noch durcheinander. Ein Mann sagt: »mein größter Schmerz ist, dass die Juden auf Juden schießen können« (B I/3). Ein anderer zeichnet die jüdischen Funktionsträger als Handlanger der Christen: »sie sind nur die Klinge von einem Messer das die Christenmenschen über dem Haupt des Volkes Israel schwingen« (B I/3). Im Verlauf des Dramas verfestigt sich die Zuschreibung des Christlichen; sie gipfelt in der Kreuzigung Jakobs, die zunächst Bluma (B II/12), danach die versammelte Ghettobevölkerung verlangt. Die Menge setzt ihm die Dornenkrone auf, zwingt ihn das Kreuz zu schlagen – und kreuzigt ihn schließlich (B IV/21-22).

Harlan entwirft auch die Sicht des Judenrats und der jüdischen Polizei. Czerniakow und Lajkin setzen auf die Zusammenarbeit mit den Deutschen, um zumindest für einige Juden die Chance auf ein Überleben zu wahren. »Einer mußte es tun«, verteidigt sich Czerniakow und fügt an: »Einer mußte das Kreuz für die Andern tragen« (B III/15). Mit diesem Rückgriff auf das christliche Zentralsymbol schreibt ihm Harlan Attribute des Christlichen zu. Noch eindeutiger trifft das auf Jakob zu. Als er die jüdische Polizei gegen die aufständischen Ghettobewohner mobilisiert, beruft er sich sprachlich auf die katholische Inquisition: »In die Sättel, Inquisitoren, Eure Gäule wollen an die Krippe, und Judenkinder, statt Heu!« (B II/13). Auch er rechtfertigt sein Vorgehen: Er will »abtöten in uns, was getötet werden muß – sterben lassen, was sterbenswert ist, – christlicher sein als die Christen! Nur so kann Israel gerettet werden!« (B III/18). In dieser Passage entwirft Jakob ein Konzept der Annäherung, das Blumas Praxis der Unterscheidung zuwiderläuft.[56] Entlang dieser Trennlinie entwickelt sich in dem Drama die Rhetorik des Christlichen zwischen den beiden Gruppen im Ghetto. Die Deutschen stehen dabei außen vor, denn schon zu Beginn wird klar, dass für sie die Mitglieder des Judenrats und der jüdischen Polizei nichts als Juden sind. So bezeichnet ein deutscher Arzt Czerniakow als »Saujud« (B I/1) und ein deutscher General spricht von dessen »Judenaugen« (B I/2). Auch in der Regieanweisung werden die Mitglieder des Judenrats als Juden angesprochen (B I/2). Das Attribut des Christlichen fungiert in dem Drama also als rhetorisches Kennzeichen für die Selbst- und Fremdpositionierungen innerhalb der Ghettobevölkerung.

Harlans scharfe Akzentuierung des Unterschieds zwischen Christen und Juden im Ghetto mag befremdlich und deplatziert wirken, weil er sich ansons-

---

56 Czerniakow fragt sie: »Du bist eine Christin …?«. Bluma antwortet: »Ich war es« (B III/15).

ten auf verbürgte Namen und Ereignisse bezieht. Weder Czerniaków noch Lejkin waren Christen. Lediglich Szeryński konvertierte zum Christentum[57] und gehörte damit zu jenen etwa 2 000 Christen, die im historischen Ghetto wegen ihrer jüdischen Herkunft von den Nationalsozialisten wie die Juden behandelt wurden.[58] Für die Nationalsozialisten spielte das Glaubensbekenntnis bekanntlich keine Rolle, denn sie verfolgten die Juden als sogenannte rassisch Minderwertige und grenzten sie von Slawen und Ariern ab. Zudem waren die Nationalsozialisten nicht christlich, sondern eher antichristlich motiviert. Harlan installiert den Gegensatz Christen versus Juden quer zu den historischen Gegebenheiten und verknüpft ihn diskursiv und metaphorisch vor allem mit unterschiedlichen jüdischen Gruppen im Ghetto.

Die dergestalt als Diskurselement eingeführte Religion gehorcht eigenen Regeln. In dem Drama begleiten eine Konversion keine religiösen Riten, es genügt, wie in Blumas Fall, die persönliche Entscheidung. Des Weiteren kann die Zuschreibung des Christlichen auch gegen den Willen des so Bezeichneten von einem Moment zum nächsten geschehen, etwa wenn einer der Haluzim Moisze in der Versammlung, in der über den Aufstand diskutiert wird, einen Christen nennt (B I/8), weil dieser sich gegen den Aufstand und für die Strategie des Judenrats ausspricht. Der zentrale Konflikt des Dramas entsteht zwischen den von den Deutschen eingesetzten Institutionen des Judenrats und der jüdischen Polizei auf der einen Seite und den Aufständischen auf der anderen. Ohne die Worte auszusprechen, inszeniert Harlan eine Auseinandersetzung um Kollaboration und Assimilation. Während die eine Seite beansprucht, nur durch Zusammenarbeit mit den Machthabern und durch Anpassung gebe es die Hoffnung auf das Überleben einiger Juden, entgegnet die andere, Kollaboration und Assimilation bedeuteten Selbstaufgabe: Nur die kämpferische Selbstbehauptung könne das Judentum bewahren. So wird das Christliche von zahlreichen Ghettobewohnern mit der Assimilation, das Jüdische mit der kämpferischen Selbstbehauptung und dem Aufstand verknüpft. Die Aufständischen kämpfen für das Bewahren des Eigenen, des Judentums, Israels – und der Freiheit. Dass die Semantisierung dieses Gegen-

---

57 Vgl. Raul Hilberg: Die Vernichtung der europäischen Juden, Bd. 1, Frankfurt am Main 1990 (engl. EA 1961), S. 245.
58 Engelking und Leociak geben an, dass bei Schließung des Ghettos im November 1940 unter den 400 000 Eingesperrten ca. 2 000 Christen waren (vgl. Engelking und Leociak, The Warsaw Ghetto, S. 652). Zu ihrem Status merken sie an: »There were not many Christian Jews in the ghetto, but they formed a visible group that was considered privileged by the majority of the inhabitants. The Christian Jews were usually part of the intellectual elite; some had important posts in the administration of the ghetto and in the Jewish police« (ebd., S. 654).

satzes unter Rückgriff auf das Schema Juden versus Christen in eine historisch problematische Richtung zielt, mag auch Harlan später so gesehen haben. Jedenfalls setzt er sie in *Ich selbst und kein Engel* nur noch in geringerem Maße ein.

Zahlreiche Hinweise auf historische oder biblische Vorkommnisse überhöhen das Geschehen im Warschauer Ghetto in *Bluma* und fügen es in eine Geschichte der Assimilation, des Aufstands und der Judenverfolgung ein. So spielt die Erwähnung Spaniens (B I/3) auf die Vertreibung der spanischen Juden 1492 und die Frage der Konversion an. Die Erwähnung der Makkabäer (B II/8) führt auf einen jüdischen Aufstand im zweiten vorchristlichen Jahrhundert. Die Regieanweisung »Jakob Szerinski schlägt mit einem Bajonett das Herzl-Bild und den Davidstern von der Wand« (B I/4) verweist auf den Zionismus als einem Gegenbild zur Assimilation. Die Bezeichnung Haluzim für die Aufständischen dagegen konnotiert die zionistische Idee der Besiedlung Eretz Israels durch jüdische Pioniere. So überblendet Harlan die Situation im Warschauer Ghetto mit der langen Geschichte der europäischen Juden.

In Bezug auf diese Geschichte lässt das Ende des Stücks Raum für zwei Lesarten. Einerseits tötet Bluma ihr Kind, das den Namen Isroel trägt, damit es nicht in die Hände der Deutschen falle. Damit gelangt das Judentum symbolisch an ein Ende. Allerdings fällt der letzte Vorhang, noch bevor Bluma erschossen werden kann. Zuvor rufen einige Haluzim: »Die Kanalröhren sind freigekämpft ... Wir sind gerettet!!!« (B V/25) In der historischen Wirklichkeit gelang einer kleinen Gruppe von Aufständischen die Flucht durch die Kanäle.[59] Einige von ihnen siedelten später nach Israel über, was in *Bluma* allerdings nicht angesprochen wird. Zweifellos aber verweist Harlan 1953 mit dem offenen Schluss auf die Existenz Israels. Der Tod hat in dem Drama nicht vollständig das letzte Wort.

Gegenüber *Bluma* verändert Harlan in *Ich selbst und kein Engel* einige wichtige Elemente: Erstens verzichtet er fast vollständig auf die Liebesgeschichte zwischen Bluma und Shachna.[60] Zweitens benutzt er, außer im Falle des Fabrikbesitzers Többens, keine historischen Namen mehr. Dadurch rückt die Täterschaft der Deutschen weiter in den Hintergrund. Drittens organisiert er die in dem Stück genannten Daten nun weitgehend in der historisch korrekten Abfolge[61]: Die dargestellte Handlung im Ghetto beginnt nach dem ers-

---

59 Vgl. Lubetkin, Die letzten Tage des Warschauer Gettos, S. 24-34; vgl. Goldstein, Die Sterne sind Zeugen, S. 213-214.
60 Statt Szachner Zagan heißt die Figur nun Shachna Lejbowicz.
61 Kleinere Umstellungen bleiben davon unberührt, etwa wenn Harlan die Räumung des Kleinen Ghettos, die schon im August 1942 stattgefunden hatte, in den Januar 1943 (E 42) verlegt.

ten bewaffneten Widerstandsakt im Januar 1943 (E 16) und reicht bis zur Niederschlagung des Aufstands im Mai 1943: »In der Nacht vom 2. zum 3. Mai 1943 hat das Warschauer Ghetto aufgehört zu existieren« (E 86).[62] Viertens weist er dem Gegensatz Christen versus Juden nur noch eine untergeordnete Funktion zu. Er historisiert den Konflikt, indem er ihn auf eine Sprechweise im Ghetto bezieht: Über die »Ausdrucksweise der Ghettokämpfer« wird gesagt: »Wenn die einen Feldgrauen sahen, hieß es: ›Schaut alle her!, Ein Christ!‹« (E 12). In dem Stück werden die Gegner weniger oft als Christen, dafür aber durchgängig als die Grauen identifiziert.

Vor allem aber verlegt Harlan die gesamte Handlung, fünftens, nach Israel, in das sozialistische Kibbuz ›Ghettokämpfer‹ (E 9), und etabliert damit eine durchgehende Ebene des Spiels im Spiel. Das schlägt sich zunächst in der konsequenten Brechung des Geschehens durch die Perspektive der israelischen Arbeiter nieder. Die Entscheidung, die deutschen Täter nicht auf die Bühne zu bringen, entspringt nun stimmig aus dieser Perspektive: Im Kibbuz wohnen Überlebende der Shoah, für die es zu schmerzhaft wäre, das Schicksal ihrer Angehörigen vorgeführt zu bekommen. Außerdem gibt es unter den israelischen Laiendarstellern zu wenige, die bereit wären, die Täter zu verkörpern: »Wir hatten große Rollen für die Mörder, aber wir mußten alle Mörder streichen« (E 12), denn: »Keiner wollte Gemeinheiten spielen« (E 11). Deshalb entschließen sie sich, »die Hälfte der Geschichte« (E 15) auszulassen. Stattdessen erzählen sie, was von aktuellem Interesse ist, nämlich »die Geschichte vom großen Feind« (E 15) und wie man ihn erkennen kann.

Harlan realisiert mit dem Spiel im Spiel illusionsbrechende Verfahrensweisen. Ganz im Sinne des brechtischen Theaters erscheinen die Rollen jederzeit als von Schauspielern aufgeführte. Weitere dramaturgische Elemente, wie die Besetzung der Kinderrollen durch Erwachsene sowie die eingeschobenen Lieder, kommen hinzu. Insgesamt wird eher der Eindruck eines improvisierten Laienspiels als der eines fertig ausgearbeiteten historischen Dramas vermittelt. Dem entspricht die in den ersten Zeilen von einem anonym bleibenden Sprecher gegebene Funktionszuweisung[63]: »In Anspielung auf gegenwärtige Verhältnisse und drohende Kriege beschließen Arbeiter des sozialistischen Kibbuz

---

[62] Laut Stroop dauerten die Kämpfe noch bis zum 16. Mai an. In der täglichen Meldung mit diesem Datum meldet er: »Das ehemalige jüdische Wohnviertel Warschau besteht nicht mehr« (Jürgen Stroop: Es gibt keinen jüdischen Wohnbezirk in Warschau mehr! (Stroop Report 4/1943), Tagesmeldung vom 16.5.1943, in: National Archives, URL: https://research.archives.gov/id/6003996; Abruf: 21.7.2019).

[63] Sie ist nicht, wie die Regieanweisung, kursiv gesetzt, bildet aber auch keine Szenenüberschrift (wie auf E 7 erwähnt). Anscheinend soll sie dem Publikum mitgeteilt werden.

›Ghettokämpfer‹ die Aufführung eines Theaterstücks über Kampf und Untergang des Warschauer Ghettos, in der begründeten Hoffnung, ihre Landsleute – und die Regierung – eines Besseren zu belehren« (E 9). Indem die Arbeiter die Landsleute und die Regierung belehren wollen, wird dem Spiel eine konkrete politische Funktion zugewiesen. Die Lehre aus dem Warschauer Ghetto soll der aktuellen Politik Israels nützen.

Um welche Lehre es sich handelt, formuliert das Stück dann allerdings keineswegs eindimensional im Sinne einer politischen Losung.[64] Vielmehr spitzt es einen Konflikt zu, der zwei Handlungsmöglichkeiten bietet. Wie schon in *Bluma* handelt es sich um den Konflikt zwischen der Anpassung an die Vorgaben der Okkupatoren einerseits und dem bewaffneten Aufstand andererseits. Gegenüber dem früheren Drama verändert Harlan die Bewertung des Judenrats und des jüdischen Ordnungsdienstes. Beide Institutionen werden nicht mehr eindeutig auf der Seite des Feindes verortet. Zunächst stehen sie sogar auf der Seite des Widerstands: »Die [...] ›Judenräte‹ [...] wurden als Geiseln an den Stadtmauern erschossen – Mitglieder der jüdischen Polizei, welche die Aufständischen mit Waffen versorgt hatten, öffentlich gehenkt« (E 16). Schon im Prolog formuliert jedoch einer der Arbeiter-Schauspieler den zentralen, durch das gesamte Stück aufrechterhaltenen Vorwurf an den Judenrat. Als der Feind sein Vorgehen ändert und »beschloß, die Judenräte künftighin allein mit der Durchführung der Deportationen zu betrauen« (E 16), zwinge er »durch diese Maßnahme viele gerechte Männer [...] fremde Schuld auf sich zu laden« (E 16 f.). Diese »waren selbstgerecht genug, zu glauben, man könne das Unrecht lindern, indem man es begehen hilft« (E 17).

In der Folge verschärft das Gremium seine Politik der Kollaboration: »Jakob macht Razzia« (E 42), er setzt die Deportationen durch. Als sich der Widerstand formiert, verlangt er »die sofortige Verhaftung der Arbeiterführer« (E 76) und beansprucht für sich »außerordentliche Vollmachten« (E 76) gegen die Ghettobewohner. Auf der Gegenseite steht Shachna, dessen Position sich ebenfalls radikalisiert. Zunächst spricht er sich noch gegen den Aufstand aus: »Kann man von jedem verlangen, daß er seine Haut für die Enkel zum Markte trägt...?« (E 45). Später hält er auf den Barrikaden eine

---

64 Harlan führt später eine tiefgreifende Selbstkritik und hebt dabei die Nützlichkeits- und Propagandafunktion der Kunst hervor. Er spricht von seinem »jämmerliche[n] Versuch, die Ästhetik allein an der Forderung auszurichten, die gute Sache, den Kommunismus, zu feiern, im Warschauer Ghetto wie überhaupt« (Harlan, Hitler war meine Mitgift, S. 68), und geißelt seine einstige Kunstpraxis, »bei der nur diese Nützlichkeit von Bedeutung sein soll, einer Kunst, welcher der Idiot, der ich war, [...] nachläuft, jahrelang« (ebd., S. 67). Demgegenüber sollte meines Erachtens dem in *Ich selbst und kein Engel* entworfenen Konflikt stärkere Aufmerksamkeit zukommen.

Rede, die zusammen mit dem jiddischen Partisanenlied von Hirsch Glik, in das sie mündet, die kämpferische Klimax des Dramas markiert. Im Namen der Selbstverteidigung und der Freiheit legitimiert er die Gewaltanwendung: »Unsere Freiheit muß über Leichen gehen, wenn sie nicht selbst zur Leiche werden will! [...] Unsere Gewissensbisse sind beiseite geräumt. Mit einem Bein stehen wir im Sarg – auf dem anderen erklären wir den ersten jüdischen Krieg« (E 85).

Shachna und Jakob radikalisieren sich in unterschiedliche Richtungen. Die Kibbuzarbeiter lassen keinen Zweifel daran, dass sie auf der Seite der Aufständischen stehen. Wo die Trennlinie zwischen Freund und Feind verlaufe, spricht Shachna deutlich aus. Er gibt damit die Antwort auf die im Prolog gestellten Fragen, wo der Feind zu finden sei und woran man ihn erkennen könne (vgl. E 13): »der äußere Feind antwortet der Freiheit mit Friedhöfen – der innere hilft, sie zu begraben. Der Feind ist also doppelt!« (E 83).

Wie in *Bluma* die Christen, so zählen in *Ich selbst und kein Engel* die Kollaborateure zum großen Feind. Durch diese Zuschreibung rechtfertigen Shachna und die Aufständischen das Vorgehen gegen den Judenrat sowie die Exekution Jakobs. Entsprechend setzt in beiden Stücken noch vor dem Kampf gegen die äußeren Feinde derjenige gegen die zum Feind erklärten Mitverfolgten ein. Aus der Sicht der Aufständischen, die in beiden Dramen positiv, wenn nicht als vorbildlich dargestellt werden, ist die Tötung von Ghettobewohnern durch Ghettobewohner gerechtfertigt.

Diese Konstruktion wirft Fragen auf. In historischer Perspektive kam es, wie bereits erwähnt, zwar zu Exekutionen von Kollaborateuren durch die Aufstandsbewegung, bürgerkriegsartige Auseinandersetzungen zwischen den verschiedenen Gruppen im Ghetto, wie bei Harlan dargestellt, sind aber nicht überliefert. Vielmehr ordnete sich der Judenrat, dessen Einfluss spätestens nach dem Januar 1943 stetig abnahm, zunehmend der ŻOB und ihrer Widerstandsstrategie unter.[65]

In den Dramen aktiviert Harlan im Wesentlichen zwei Begründungsmuster für das bewaffnete Vorgehen von Ghettobewohnern gegen andere Ghettobewohner: einerseits zionistische, andererseits sozialistische. Das zionistische ist in *Ich selbst und kein Engel* schon durch die Kibbuzbewegung, in *Bluma* durch die Haluzim als handelnde Gruppe gegeben. Darüber hinaus verweist der Autor mit dem Titelzitat aus dem 2. Buch Mose[66] in *Ich selbst und kein*

---

65 Vgl. Roth und Löw, Das Warschauer Getto, S. 191.
66 »Ich gehe diese Nacht im Lande Ägypten umher und schlage dort alle Erstgeburt bei Mensch und Vieh, und [...] halte [...] Strafgericht, ich Gott, ich selbst und kein Engel« (E 16). Gott wird hier, indem er den Ägyptern die Plagen schickt und unter ihnen die Erstgeburten tötet, zur Kriegspartei.

Engel auf den Exodus und das göttliche Versprechen auf ein eigenes Siedlungsgebiet für die Juden. In diesem Rahmen gewinnt der erste jüdische Krieg (vgl. E 85), den die Aufständischen verkünden, historisches Gewicht. Die Verbindung des Ghettoaufstands mit der Etablierung und Verteidigung des Staates Israel wird in dem späteren Stück nicht nur genealogisch durch den Säugling Israel hergestellt, der im Kibbuz als Israel Sutskever (vgl. E 11) wiederkehrt, sondern vor allem durch den Akt der Selbstermächtigung zur kompromisslosen Selbstbestimmung in Freiheit.

Das sozialistische Begründungsmuster tritt erst nach *Bluma* und Harlans Hinwendung zum Sozialismus seit 1954 in *Ich selbst und kein Engel* deutlich hervor. Harlan spricht 2006 äußerst selbstkritisch von seinem »Versuch [...], den Widerstand der jüdischen Kampforganisation im Warschauer Ghetto in einen Widerstand der Roten umzudeuten«[67]. In der Tat weist das in *Ich selbst und kein Engel* entwickelte Geschichtsbild deutliche – und problematische – Übereinstimmungen mit Bernard Marks 1957 publizierter, prosowjetischer Darstellung des Warschauer Ghettoaufstands auf. Hier wird mit Kritik am Judenrat nicht gespart. Mark spricht von dessen »klassen- und volksfeindliche[m] Charakter«[68] und stellt ihn als den verlängerten Arm der jüdischen Bourgeoisie dar. Er räumt den Exekutionen von Kollaborateuren durch die ŻOB breiten Raum ein und legitimiert sie als »Reinigungsaktion[en]«[69]. Implizit orientiert sich Marks Geschichtsauffassung am Modell der sozialistischen Revolution, nach dem der Kampf gegen die reaktionäre Schicht im eigenen Land – wie in Russland 1917 – mit Waffengewalt geführt werden muss. In diesem Schema wird das gewaltsame Vorgehen gegen die als Kollaborateure identifizierten Mitverfolgten gerechtfertigt. In Harlans Dramen agieren die Aufständischen sowie in *Ich selbst und kein Engel* die Kibbuzbewohner durchaus nach diesem Modell. Sie verstehen sich als jüdische Sozialisten.

Beide Orientierungen, die zionistische und die sozialistische, kommen in Harlans Dramen darin überein, dass unter bestimmten Bedingungen ein Teil der Juden einen anderen Teil zum Feind erklärt und gegen ihn bewaffnet vorgeht. Mit Bezug auf den Warschauer Ghettoaufstand ist diese Konstruktion nicht nur ungewöhnlich, sie fordert auch Kritik heraus. Denn dass ein junger Deutscher 1958 in Berlin ein Stück auf die Bühne bringt, in dem der Tötung von Juden das Wort geredet wird, und dass zugleich die Auseinandersetzung mit den Deutschen – als dem ›äußeren Feind‹ – hinter derjenigen mit den

---

[67] Harlan, Hitler war meine Mitgift, S. 68.
[68] Mark, Der Aufstand im Warschauer Ghetto, S. 22.
[69] Ebd., S. 162.

Mitverfolgten – dem ›inneren Feind‹ – zurücktritt, bringt die Konstruktion politisch in eine bedenkliche Lage.[70] Zu deutlich verweist sie auf das ambivalente, zwischen verordnetem Philo- und latentem Antisemitismus changierende Verhältnis der Deutschen zu den Juden in den Nachkriegsjahren.[71]

Ungewöhnlich ist darüber hinaus auch, dass ein deutscher Dramatiker in den fünfziger Jahren eine israelische Binnenperspektive wählt und von diesem Standpunkt aus eine bestimmte politische Haltung des Landes favorisiert.[72] Harlan führt in den Dramen erst in zweiter Linie eine Unterdrückungsgeschichte vor, in erster Linie zeigt er die Geschichte einer Selbstfindung. Innerhalb dieser Perspektive gewinnt die auffällige Zurückhaltung in Bezug auf die Bühnenpräsenz der Nazis erst an Plausibilität. Der Autor verknüpft das Thema der jüdischen Wehrhaftigkeit mit dem der existenziellen Bedrohung, der Israel seit seiner Gründung 1948 ausgesetzt war. Beide Themen sind dem Stück durch die reflexive Brechung des Spiels im Spiel durchgängig eingeschrieben.

Diese und weitere Entscheidungen Harlans begründen die eigentümliche Signatur seiner künstlerischen Intervention. Allem voran steht dabei die Wahl des Sujets. Es bleibt Thomas Harlans Verdienst, als einer der ersten in der deutschen Literatur das Ghetto und den Aufstand thematisiert zu haben. In der DDR war das Thema zwar präsent, aber nur in der sozialistisch vereinnahmten Version. Harlan bringt den Stoff auf die westdeutsche Bühne. Dabei verarbeitet er die realsozialistische Deutung des Ghettoaufstands, schließt sich ihr aber nicht vollständig an. Darin liegt ein Hauptcharakteristikum seiner Dramen über den Warschauer Ghettoaufstand: Harlan inszeniert eine Überlagerung von Diskursen unterschiedlicher Herkunft. So ruft insbesondere *Ich selbst und kein Engel* in seiner sozialistischen Schicht implizit die Konfrontation der herrschenden Ideologien in Ost und West mit auf. Die DDR distanzierte sich im Rahmen der Blockkonfrontation des Kalten Krieges in den fünfziger Jahren

---

70 Harlan stellt seine einstige Position später – zurecht – selbstkritisch in eine Reihe mit Ernst Bloch, der 1937 Stalins Vorgehen gegen die Opposition in der Sowjetunion rechtfertigte (vgl. Harlan, Hitler war meine Mitgift, S. 68): Immerhin entsteht *Bluma* in Zeitgenossenschaft zum Prozess gegen Rudolf Slánský (1952) und den einhergehenden antisemitischen Säuberungen in verschiedenen Ländern des Ostblocks.
71 Vgl. Frank Stern: Im Anfang war Auschwitz. Antisemitismus und Philosemitismus im deutschen Nachkrieg, Gerlingen 1991.
72 Eine solche Haltung scheint singulär gewesen zu sein, denn die offizielle deutsche Politik hatte noch keine Sprache in Bezug auf Israel und die Juden gefunden. Inoffizielle Reisen deutscher Funktionsträger nach Israel fanden überhaupt erst seit 1953 statt. Ratschläge zur Entwicklung Israels standen dabei außerhalb des Denkbaren. Vgl. dazu Daniel Cil Brecher: Der David. Der Westen und sein Traum von Israel, Köln 2011, S. 143-200. – Die Binnenperspektive Israels rekonstruiert Tom Segev: The Seventh Million. The Israelis and the Holocaust, New York 1993.

immer stärker von Israel und näherte sich den arabischen Staaten sowie der palästinensischen Befreiungsbewegung an. Gerade in dieser Hinsicht richtet Harlan seine Dramen anders aus, indem er die Existenz und das Selbstbestimmungsrecht Israels positiv konnotiert. Diese Kombination der Emphase für Israel mit Anleihen bei der realsozialistischen Geschichtsdeutung des Warschauer Ghettoaufstands passt in kein politisches Diskursschema der Zeit. Hinzu kommt, dass Harlan mit der Geschichte Warschaus während des Kampfes gegen die deutschen Okkupatoren auch ein polnisches Thema aufgreift. Mit diesen Überlagerungen transzendiert er die nationalen Binnenperspektiven und stellt eine transnationale diskursive Umgebung her.[73] Andere Themen, wie der dramatische Gegensatz zwischen Juden und Christen, führen zu weiteren Überlagerungen.[74]

Die Dramen operieren somit am Schnittpunkt verschiedener Diskurse, die in den fünfziger Jahren sonst nicht zusammen aufgerufen wurden. Auf der einen Seite zeugt dies von der künstlerischen Unabhängigkeit und Eigenwilligkeit des jungen Thomas Harlan. Indem auf der anderen Seite die Synthetisierung einander widerstreitender Spezialdiskurse in den Dramen nicht ohne Brüche abgeht, verweisen die Dramen darüber hinaus auf den Zustand des gesamten Nachkriegsdiskurses über den Warschauer Aufstand und die Shoah, der zu dieser Zeit überhaupt erst entstand und sich noch nicht verfestigt hatte. Das gesamte Feld war disparat verfasst und sprachlich erst in Ansätzen reglementiert. Das betrifft die politischen Positionen der verschiedenen Akteure ebenso wie die sprachlichen Standardisierungen. Gerade an der Schwäche der Dramen, an ihrer inneren Brüchigkeit und an ihren prekären ideologischen Stellen, wird diese historische Signatur lesbar. Die Fliehkräfte der Geschichtsbilder zwischen Ost- und Westdeutschland, zwischen Polen und Israel, zwischen Kommunisten, Zionisten und Christen, waren zu groß, um sie bruchlos integrieren zu können. Im Zentrum dieser Aufsplitterung des Diskurses aber standen das ungeklärte Verhältnis zu den Juden und die gerade erst beginnende Neuausrichtung des Verhältnisses zu Israel.

---

73 Diese wurde durch Harlans besondere biografische Situation, die sich in seinem international ausgerichteten Lebensstil niederschlug, begünstigt. Hierzu gehören Reisen nach Israel 1953 und Polen 1957, auf denen er mit Überlebenden der Shoah sprach und Dokumente sammelte, sowie mehrere längere Reisen in die Sowjetunion in den fünfziger Jahren, die erste, »als Stalin noch lebte« (Harlan, Hitler war meine Mitgift, S. 76). Auch die Erfahrungen als Jugendlicher in Ostpommern, das nach dem Krieg polnisch wurde, sowie der Nachkriegswohnort Frankreich müssen in diesem Zusammenhang erwähnt werden.
74 Zum christlich-jüdischen Verhältnis in der Bundesrepublik der Nachkriegszeit gehört zum Beispiel das weiterhin propagierte Ziel der Missionierung der Juden sowie die Einrichtung der Gesellschaften für christlich-jüdische Zusammenarbeit, vgl. Stern, Im Anfang war Auschwitz, S. 267-298.

Daniel Cil Brecher zeigt, dass sich in der Bundesrepublik »der neue Diskurs über Juden und Israel« zwischen der »Verabschiedung des Israel-Vertrages 1953 und der Aufnahme diplomatischer Beziehungen 1965«[75] erst langsam herausschälte. In dieser Phase lotete Thomas Harlan die Untiefen des diskursiven Territoriums aus. An seinen Dramen über das Warschauer Ghetto lässt sich heute studieren, wie in den fünfziger Jahren die Sprachfindung über die Shoah einsetzte und sich zwischen den unterschiedlichen Gruppen und Ländern in widerstreitenden und einander überlagernden Positionierungen organisierte.

---

75 Brecher, Der David, S. 164.

Nationalsozialismus und Shoah in Thomas Harlans literarischem Spätwerk

Thomas Harlans Leben verlief im Bann der Geschichte und der Nachgeschichte des Dritten Reichs; sein literarisches Werk kreist um die Hinterlassenschaften des Nationalsozialismus und der Shoah. Und doch hat die Literaturwissenschaft in Deutschland seine Arbeit bislang kaum zur Kenntnis genommen.[1] Dies zu ändern verlangen nicht nur äußerliche Gründe wie die Chronistenpflicht oder der Anspruch auf eine vollständige Literaturgeschichtsschreibung des beginnenden 21. Jahrhunderts. Vielmehr sind es die Texte selbst, die auf etwas Unabgegoltenes verweisen. Insbesondere in seinem späten schriftstellerischen Werk findet Harlan einen eigenen Ton und Zugang zu seinen Gegenständen. Hier überkreuzen sich unablässig die persönlichen biografischen Fixierungen des Autors mit zeitgeschichtlichen und politischen Koordinaten. Einen Schwerpunkt bildet dabei der Zusammenhang zwischen dem Nationalsozialismus und der Bonner Republik. Das literarische Spätwerk, darüber hinaus aber auch Harlans vielgestaltiges Lebenswerk insgesamt – und zuletzt sogar seine Biografie –, können als Korrektive der offiziellen und offiziösen Selbstbilder und Selbstinszenierungen gelesen werden, die in der Bonner Republik kursierten und die zum Teil bis heute fortgeschrieben werden. Die folgende Lektüre der späten Schriften Harlans,[2] die hier nur begonnen werden kann, fokussiert deshalb auf Harlans Darstellung der frühen Bundesrepublik, die heute, in einer Perspektive, die ihren Blickpunkt in der Berliner

---

1 Vgl. aber den Artikel von Joanna K. Stimmel: Wounded Body, Wounded History, Wounded Text: »Transgenerational Trauma« in Thomas Harlan's *Rosa*, in: Paul Michael Lützeler, Stephan K. Schindler (Hg.): Gegenwartsliteratur. Ein germanistisches Jahrbuch, Jg. 3 (2004), S. 97-122, sowie erst kürzlich den Band von Jesko Jockenhövel und Michael Wedel (Hg.): »So etwas Ähnliches wie die Wahrheit«. Zugänge zu Thomas Harlan, München 2017.
2 Vor allem die folgenden Texte werden im weiteren Verlauf herangezogen und in diesem Kapitel mit den angegebenen Siglen zitiert: Thomas Harlan: Rosa. Roman, Frankfurt am Main 2000, Sigle: R; ders.: Heldenfriedhof. Roman, Frankfurt am Main 2006, Sigle: H; ders.: Hitler war meine Mitgift. Ein Gespräch mit Jean-Pierre Stephan, Reinbek 2011 (zuerst unter dem Titel *Das Gesicht deines Feindes. Ein deutsches Leben* in Frankfurt am Main 2007 erschienen), Sigle: HM; ders.: Veit, Reinbek 2011, Sigle: V.

Republik, also in der Nachgeschichte des Kalten Krieges findet, zunehmend historisiert wird und dabei fremd – und durchaus unheimlich – zu werden beginnt.

Für Harlan war die Bundesrepublik schon seit ihrer Gründung kein Ort zum Leben; er wohnte überwiegend im Ausland. Obwohl seine häufig wechselnden Wohn- und Reiseorte hier nicht rekonstruiert werden können, weil dies eine umfangreiche Recherche eigenen Rechts erfordern würde, sollen aus den publizierten Quellen einige Eckpunkte genannt werden. Schon 1948, noch nicht einmal zwanzigjährig, ging er zum Studium nach Paris, wo er mehrere Jahre lebte. Er hatte sein Deutsch bewusst »auf Eis gelegt« (HM 16). 1953 reiste er mit Klaus Kinski »mit gefälschten Pässen« (V 150) mehrere Monate nach Israel. Für nichtjüdische Deutsche war dies ein mindestens ungewöhnliches, eigentlich »undenkbar[es]« (HM 60) Unterfangen, das nur durch die Fürsprache von Nahum Goldmann, dem Präsidenten des Jüdischen Weltkongresses, zustande kam.[3] 1959 ging er nach Polen und blieb dort bis 1964, um Akten zu sichten, die über die Täter der Shoah Auskunft geben konnten. Danach wohnte er an diversen Orten, etwa in Mailand und in der Schweiz. Reisen führten ihn in viele Länder der Welt, darunter immer wieder in die Sowjetunion. Seit 2001 lebte er krankheitsbedingt in einer Klinik in Bayern. Schon die Zusammenstellung der Wohn- und Reiseorte Frankreich, Israel, Polen, Sowjetunion ist für einen jungen Westdeutschen in der Nachkriegszeit extrem ungewöhnlich, handelt es sich doch um jene Länder, deren Bevölkerungen während des Krieges unter den Deutschen am meisten gelitten hatten. Und in der Tat war die Hypothek, die Harlan aus dem Nationalsozialismus in die Nachkriegszeit mit hinübernahm, für die Wahl gerade dieser Länder verantwortlich.

Thomas Harlan war der älteste Sohn von Veit Harlan, dem Regisseur von *Jud Süß* (D 1940) und weiteren Filmen, in denen die Weltanschauung der Nationalsozialisten ins Werk gesetzt und verherrlicht wurde, wie *Der Herrscher* (D 1937), *Der große König* (D 1942) und *Kolberg* (D 1945). Die Kindheitsprägungen aus jener Zeit haben ihn bis zu seinem Tod im Jahre 2010 beschäftigt. Harlan wurde 1929 geboren, er war also alt genug, um den Nationalsozialismus bewusst mitzuerleben, aber zu jung, um zum Täter werden zu können. Der 1930 geborene Helmut Kohl sprach in einer zum geflügelten Wort gewordenen, umstrittenen Wendung von der »Gnade der späten Geburt«[4]. Schon ein um wenige Jahre abweichendes Geburtsdatum hätte die

---

3 Vgl. HM 60-62.
4 Vgl. Maren Röger: »Gnade der späten Geburt«, in: Torben Fischer, Matthias Lorenz (Hg.):

Situation für Harlan verändert. Günter Grass zum Beispiel meldete sich als Angehöriger des Jahrgangs 1927 mit siebzehn zur Waffen-SS. Christian Geissler, Jahrgang 1928 und nur zwei Monate älter als Harlan, wurde als Flakhelfer eingezogen und machte dabei traumatische Erfahrungen, die sein weiteres Leben mitbestimmten.⁵ Harlan blieb beides erspart, und ihm war bewusst, dass dies nur ein zufälliger Umstand war: »Ich wußte [...], wie ich [...] auch schnell hätte gefährlich werden können, für mich und für die anderen [...]. Was wäre aus mir geworden, wenn ich nur fünf Jahre älter gewesen wäre?« (HM 101). Stattdessen wuchs er als Sohn eines Starregisseurs privilegiert auf. Als in Berlin die Bombardierungen begannen, schickte man ihn nach Ostpommern aufs Land. Die seelischen Schwären setzten erst nach dem Krieg ein: mit der Einsicht, dass sein Vater – und der Disposition nach auch er selbst – ein verbrecherisches Regime unterstützt hatten.

Denn Thomas Harlan war in seiner Kindheit und Jugend ein Befürworter und Verehrer der Nazis gewesen. Diese Einstellung teilte er mit anderen Schriftstellern seines Jahrgangs, etwa der ebenfalls 1929 geborenen Christa Wolf, die diese Geschichte vor allem in dem Roman *Kindheitsmuster* (1976) bearbeitet hat. Harlan war zunächst Rottenführer und »über den niedrigsten Dienstgrad schon in Wonne versunken« (HM 29), später wurde er Führer in der Marine-Hitlerjugend und empfand dabei ein »Glücksgefühl« (HM 28). Goebbels war für ihn ein Freund der Familie, »der liebe Onkel« (HM 219), der ihm besonders zugetan war. Immer wieder kommt er auf einen Geburtstag zurück, an dem er nachts geweckt wurde und mit Goebbels in dessen Auto durch Berlin zum ›arisierten‹ Kaufhaus Wertheim fuhr, das, wie er sagt, »nur für mich geöffnet hatte, komplett besetzt mit strammstehendem Personal und voll erleuchtet. Und da durfte ich mir eine Modelleisenbahn aussuchen« (HM 220).⁶ Erst nach dem Krieg setzte bei ihm die Erkenntnis ein, dass das besiegte Regime für Terror und Mord stand; sie wirkte nachhaltig: »getrieben war ich [...] seit dem 16. Lebensjahr, seit ich erfahren hatte, wes Kind ich war, wes Geistes Kind, wes Geistes Kind mein Vater war« (HM 217). Das Bewusstsein, selbst im Banne des Nationalsozialismus gestanden und mitgemacht zu haben, wurde fortan zu einem Grundmotiv seines Lebens.

Lexikon der »Vergangenheitsbewältigung«. Debatten- und Diskursgeschichte des Nationalsozialismus nach 1945, 3., überarb. u. erw. Aufl., Bielefeld 2015, S. 247 f.
5 Zu weiteren Lebensläufen vgl. Malte Herwig: Die Flakhelfer. Wie aus Hitlers jüngsten Parteimitgliedern Deutschlands führende Demokraten wurden, München 2013.
6 Die Szene schildert er auch in *Rosa*, vgl. R 81-83, wo er auch weitere Verweise auf seine eigene Biografie gibt, allerdings ohne seinen Namen zu nennen. So spricht er von der Familie Bonin, die ihn während des Krieges aufnimmt (vgl. R 59) und der Berliner »Hilde-Körber-Villa« (R 80), in der er zuvor gelebt hatte.

Ein weiteres, damit eng verbundenes Grundmotiv war das komplizierte Verhältnis zu seinem Vater.[7] Thomas war der älteste Sohn aus Veits zweiter Ehe mit der bekannten Schauspielerin Hilde Körber. Die Ehe dauerte von 1929 bis 1938. 1939 heiratete Veit Harlan erneut; seine dritte Frau wurde die schwedische Schauspielerin Kristina Söderbaum, die er in vielen seiner Filme besetzte und damit zu einem Star des nationalsozialistischen Films machte. Während des Dritten Reichs hatte Thomas seinen Vater geliebt und verehrt; seit Kriegsende konnte er ihm jedoch nur noch mit einer kaum auszuhaltenden Ambivalenz gegenübertreten. Vor allem warf er ihm mangelnde Einsicht in die Schuld vor, die er bei der Verbreitung der nationalsozialistischen Ideologie im Allgemeinen und des eliminatorischen Antisemitismus im Besonderen auf sich geladen habe.

Dass die Beziehung zu seinem Vater für ihn politisch und persönlich prägend war, zeigen schon die Entstehungsumstände seines letzten Buches; er diktierte es 2010 auf dem Sterbebett und gab ihm dem Titel *Veit*. Damit schrieb er selbst die Auseinandersetzung – und durch die Lautgleichheit mit dem englischen Wort *fight* auch den Kampf – mit dem Vater als ein zentrales Thema seines Lebens fest. Der Text trägt keine Gattungsbezeichnung. Einerseits handelt es sich um eine betont subjektive biografische Vergegenwärtigung, andererseits um eine Anrufung des schon 1964 Gestorbenen.

Thematisch kreist das Buch um *Jud Süß* und die Hinterlassenschaften des Nationalsozialismus. Harlan beginnt mit einer Parallelisierung zweier Selektionsakte: Einerseits hatte sein Vater für die Dreharbeiten zu *Jud Süß* für einige Massenszenen aus dem Ghetto Lublin Juden ausgewählt, andererseits suchten die nationalsozialistischen Entwickler von Vergasungsanlagen Anfang 1942, als noch mit Kohlenmonoxid statt mit Zyklon B gemordet wurde, Juden aus, an denen sie den Tod im Gas »probte[n]« (V 10).[8] Harlan verbindet hier die künstlerisch-ideologische Arbeit seines Vaters mit dem Mordwerk der Shoah, er verzeichnet dabei auch das Schicksal jener Juden, auf die dieser noch zurückgegriffen hatte: »Die Juden von Lublin und Umgebung verschluckte die Grabkammer von Belzec« (V.73 f.). An einer weiteren Stelle moduliert er die Parallelisierung in die Familiengeschichte. Veit Harlans erste, kinderlose Ehe dauerte von 1922 bis 1924. Die Ehefrau, Dora Gerson, war Jüdin und wurde später in Auschwitz vergast. Thomas Harlan wirft dem Vater vor, dass er sich nach 1933 nicht um ihr Schicksal gekümmert habe: »Veit ließ Dora fahren«

---

7 Wie sich die Kinder und Enkel Veit Harlans zu diesem stellen, thematisiert der Dokumentarfilm *Harlan. Im Schatten von Jud Süß* (D 2008, Regie: Felix Moeller).
8 In dem ausführlichen Kommentar von *Veit* werden die historischen Fakten rekonstruiert, vgl. hier: V 97-103.

(V 42). In der literarischen Imagination verkettet der Sohn die Geschichte des Films mit der Shoah, indem er die vom Vater verschwiegene Szene aufruft: »unterwegs mit Dora nach Auschwitz, wo eine Weisung von Heinrich Himmler die Wachmannschaften aufforderte, sich *Jud Süß* anzusehen, im Auschwitz-Kino, nicht weit von der Rampe, nur ein paar Kilometer entfernt von den Gaskammern in Birkenau« (V 41 f.).[9] Schließlich stellt Thomas Harlan die Verbindung zwischen der Arbeit des Filmemachers und dem Genozid auch explizit her, indem er *Jud Süß* als einen Versuch beschreibt, »das Land auf seine Morde einzustimmen, [...] auf die Vernichtung« (V 66). An anderer Stelle wirft er dem Vater vor, sich mit dem Film an der Hatz auf die Juden beteiligt zu haben, daran, »der Judenjagd einen möglichst zivilen Charakter zu geben« (HM 44). Das kulminiert in dem Gedanken, *Jud Süß* sei ein »Mordinstrument« (V 73, HM 47) gewesen.

Damit wird der Vater, obwohl er niemanden eigenhändig umgebracht hatte, zum Täter erklärt. Immer wieder hält in *Veit* der Sohn dem Vater diese Täterschaft vor; immer wieder dementiert der Vater. Der Diskurs um die nicht angenommene, verleugnete Schuld wird zur Triebkraft des Textes: »So groß war Deine Schuld, dachte ich, daß Du sie nicht ertragen konntest, so riesengroß, daß Du ersticken mußtest an dem Ekel« (V 41). Aber das sind nur die Projektionen des Sohnes. Der Vater empfindet sich als »gutgläubig und schuldlos« (V 42). Schon in den fünfziger Jahren versuchte Thomas Harlan, seinem Vater ein Schuldeingeständnis zu entlocken, blieb damit aber erfolglos. Auch 1964, als dieser sterbenskrank war, gelang ihm das nicht. In *Veit* wie im gelebten Leben wurde es deshalb zur Aufgabe des Sohnes, die Schuld immer wieder herzuleiten und zu belegen. Biografisch und literarisch steht *Veit* damit in der Tradition der Väterliteratur, wobei die emotionale Verstrickung, die der Autor als Jugendlicher erfahren hatte, noch in die erste, die Tätergeneration hineinreicht.[10]

Der Schulddiskurs leitet Harlan in unterschiedliche Richtungen: eine führt in die Täterforschung, eine andere in die Selbstbefragung. Ende der fünfziger Jahre gehörte er zu den ersten, die sich in die Archive begaben und Lebensläufe sowie Organisations- und Vernetzungsstrukturen der Täter

---

9   Eine weitere Parallelisierung rückt die Produktion des Durchhaltefilms *Kolberg* und die Vergasungen in Kulmhof zueinander (vgl. V 48 f.).
10 Zu Texten der Väterliteratur aus den siebziger bis neunziger Jahren vgl. Claudia Mauelshagen: Der Schatten des Vaters. Deutschsprachige Väterliteratur der siebziger und achtziger Jahre, Frankfurt am Main 1995; bis in die zweitausender Jahre vgl. Mathias Brandstädter: Folgeschäden. Kontext, narrative Strukturen und Verlaufsformen der Väterliteratur 1960-2008. Bestimmung eines Genres, Würzburg 2010.

recherchierten. Den Auslöser hierzu bildete 1959 ein Aufruf Harlans nach der 50. Vorstellung seines Theaterstücks *Ich selbst und kein Engel*, einem Stück, in dem er – wie im vorangegangenen Kapitel gezeigt – nicht nur Aspekte aus der Gegenwart des Staates Israel thematisierte, sondern vor allem den damals so gut wie unbekannten Warschauer Ghettoaufstand mitsamt dem jüdischen Widerstand. Harlan war bereits 1957 nach Warschau gereist, wo er sich über das Ghetto informiert hatte. Nun verlangte er, »daß man Franz Six und Heinz Jost vor Gericht stellen solle wegen Verbrechen, für die sie in Nürnberg nicht angeklagt worden waren« (HM 85). Beide waren an verantwortlicher Stelle für die Durchführung der Shoah zuständig gewesen und lebten mittlerweile unbehelligt in der Bundesrepublik. Harlans Aufruf provozierte ein lebhaftes Presseecho. Um seine Vorwürfe zu untermauern, fuhr er noch 1959 abermals nach Warschau. Seit 1954 war Harlan Kommunist,[11] und als solcher erhielt er in der Volksrepublik Polen freien Zugang zu allen Archiven. Er fand umfangreiches belastendes Material, das in Deutschland noch völlig unbekannt war, und er entschied sich, zunächst im Lande zu bleiben. Er lebte dann bis 1964 in Polen, durchkämmte die Akten und bereitete Informationen auf, die er an deutsche Stellen weiterleitete, vor allem an Staatsanwälte und Gerichte,[12] darunter auch an Fritz Bauer und an die Zentrale Stelle der Landesjustizverwaltungen zur Aufklärung nationalsozialistischer Verbrechen in Ludwigsburg, die erst kurz zuvor, 1958, gegründet worden war.[13]

Harlan wurde zum Spezialisten für Täterbiografien und erkannte, dass nicht nur einige wenige Täter in der Bundesrepublik reüssiert hatten. Lange vor Pionieren wie Ernst Klee[14] wusste er um die Seilschaften ehemaliger Nazis in vielen unterschiedlichen gesellschaftlichen Bereichen und Organisationen der Bonner Republik. Damals verfestigte sich eine These, an der er bis zuletzt festhielt: Die frühe Bundesrepublik sei ein Staat gewesen, »in dem die Faschisten sich als Demokraten verstellt hatten und in den demokratischen Institu-

---

11 Vgl. HM 68.
12 Vgl. HM 99.
13 Harlan gibt an: »Ich habe Ludwigsburg mit Zehntausenden von Fotokopien ausgestattet, ich half bei der Vorbereitung von Prozessen. Ich war für die Ludwigsburger lange Zeit die einzige Quelle für solche Unterlagen, die die überhaupt im sogenannten Osten hatten, da es ja keine diplomatischen Beziehungen gab und das Auswärtige Amt den Ermittlern verbot, sich Dokumente im Osten zu besorgen, weil einem deutschen Beamten grundsätzlich verboten war, in die sozialistischen Länder zu reisen. Und jeden Rechtshilfevorschlag der polnischen Seite hat man im Auswärtigen Amt einfach stillschweigend übergangen und insofern ausgeschlagen. Das änderte sich erst mit dem Auschwitz-Prozeß, etwa ab 1964« (HM 110).
14 Stellvertretend für seine zahlreichen Arbeiten vgl. Ernst Klee: Was sie taten – Was sie wurden. Ärzte, Juristen und andere Beteiligte am Kranken- oder Judenmord, Frankfurt am Main 1986.

tionen mit einer Stärke wieder an die Macht zurückgekehrt waren, die sie nicht einmal in Dritten Reich gehabt hatten« (HM 65 f.). Das Buchprojekt, an dem er in Polen arbeitete, das er aber nie fertigstellte, trug den programmatischen Titel *Das Vierte Reich*. Dessen Hauptaufgabe sah Harlan darin, »die Illusion, daß die Bundesrepublik eine demokratische Republik geworden sei, zu zerstören und nachzuweisen, daß die Nationalsozialisten in ihr eine noch größere Macht ausübten, als sie es in der Hitlerzeit getan hatten« (HM 119 f.). Provokativ, aber durchaus ernst gemeint, spricht er von der »Renazifizierung der BRD« (HM 168) und vom Schelmenstreich »der Staatsgründung 1949, der Ausrufung der nationalsozialistischen Bundesrepublik Deutschland« (HM 168).

In Polen rekonstruierte Harlan aus SS-Akten die von den Nationalsozialisten für den Massenmord aufgebauten institutionellen Strukturen und recherchierte den Namen und die Tätigkeit jeder beteiligten Person. Zur Verdeutlichung der Führungs- und Abhängigkeitsstukturen legte er Organigramme an. Das gilt auch für Lublin, jenen Ort, mit dem *Veit* beginnt und von dem die ›Aktion Reinhard‹ ausging.[15] Doch Harlan rekonstruierte nicht nur die damaligen Funktionen der Täter, er ging auch ihren aktuellen Lebensumständen nach. Dieser Konnex zwischen der Zeit vor 1945 und der danach – vor allem seit 1949 – zeichnet weite Teile seines Werkes aus. Schon in den fünfziger Jahren, und damit lange bevor zum Beispiel die Geschichtswissenschaft sich diese Fragen vorlegte, ging Harlan entschieden von der Kontinuität zwischen dem Nationalsozialismus und der Bundesrepublik aus und wies die These von der Stunde Null zurück. Damit befand er sich zweifellos im Fahrwasser eines von der DDR propagierten, politisch motivierten Narrativs. Harlans Vorgehen unterschied sich jedoch deutlich von diesem, indem er – erstens – die Rekonstruktion konkreter Einzelfälle vor deren ideologische Vereinnahmung setzte und – zweitens – die eindeutige und schematische Freund-Feind-Identifikation unterlief, die für die politische Rhetorik der DDR konstitutiv war.

Seine Kenntnisse der Akten nutzte Harlan später im Zusammenhang mit den Romanen *Rosa* (2000) und vor allem *Heldenfriedhof* (2006). Beide Texte verbinden mindestens drei Hauptthemen miteinander: die Recherche und

---

15 »Komplett ist die Datei zu dem SS- und Polizeiführer in Lublin Globocnik, sie existiert bis zum Chauffeur, das kann gar nicht mehr verbessert werden« (HM 100). – Zur besonderen Stellung Lublins vgl. Dieter Pohl: Die Stellung des Distrikts Lublin in der »Endlösung der Judenfrage«, in: Bogdan Musial (Hg.): »Aktion Reinhardt«. Der Völkermord an den Juden im Generalgouvernement 1941-1944, Osnabrück 2004, S. 87-107; vgl. auch Stephan Lehnstaedt: Der Kern des Holocaust. Bełżec, Sobibór, Treblinka und die Aktion Reinhardt, München 2017.

namentliche Nennung der am Völkermord beteiligten Täter, den Ablauf der Verbrechen sowie die Nachkriegsexistenz der Beteiligten und Betroffenen. Diese für Harlans spätere Literatur entscheidende Konstellation bildete sich während der Warschauer Jahre heraus, als er realisierte, dass in Kulmhof (Chełmno) »1942 siebenundneunzigtausend Menschen umgebracht« (HM 32) worden waren, während er in Ziegnitz, »250 Kilometer von dort entfernt« (HM 32), dem weitgehend unbeschwerten Leben eines Schülers nachging. Nicht zuletzt der Schock über diese Gleichzeitigkeit trieb seine unablässigen Recherchen über die Morde und die Mörder mit an. In *Rosa* steht das Vernichtungslager Kulmhof im Zentrum, in *Heldenfriedhof* ist es ein Kommando, das im Rahmen der ›Aktion Reinhard‹[16] aufgestellt wurde und neben systematischen Morden auch die sogenannten ›Enterdungsaktionen‹ durchführte, also die Beseitigung der Spuren an den Mordstätten im Osten.[17] In beiden Romanen nimmt das Nachleben des Nationalsozialismus eine zentrale Stellung ein.

Der Shoah fielen im Rahmen der ›Aktion Reinhard‹ 1942 und 1943 über zwei Millionen Menschen – ganz überwiegend Juden – vor allem in den Todeslagern Bełżec, Sobibór und Treblinka zum Opfer.[18] Den Kern der Unternehmung bildete eine Gruppe von 92 Personen,[19] die als Organisatoren fungierten und die bereits während des Euthanasieprogramms Erfahrungen im systematischen Morden gesammelt hatten. Wie bei allen Operationen im Rahmen der ›Endlösung‹, so wurde auch hier Verschwiegenheit, Geheimhaltung und terminologische Verschleierung eingefordert. In *Heldenfriedhof* folgt Harlan der Gruppe der 92 bis in ihr letztes Operationsgebiet bei Triest, wo sie in einer Reismühle, der Risiera di San Sabba, eine weitere Tötungs- und Deportationsstätte errichtet.[20] Der Erzähler Enrico Cosulich hat dort seine Mutter

---

16 Die Schreibweisen variieren (Reinhard oder Reinhardt). Hier wird die von Thomas Harlan benutzte Schreibweise verwendet.

17 Zur historischen Aufarbeitung der ›Enterdungsaktionen‹ vgl. Jens Hoffmann: »Das kann man nicht erzählen«. ›Aktion 1005‹ – Wie die Nazis die Spuren ihrer Massenmorde in Osteuropa beseitigten, Hamburg 2008. Vgl. auch den Zeitzeugenbericht von Leon Weliczker Wells: Ein Sohn Hiobs, München, Wien 1979 (EA 1963).

18 Vgl. zu der Opferzahl Bogdan Musial: Einleitung, in: ders. (Hg.): »Aktion Reinhardt«. Der Völkermord an den Juden im Generalgouvernement 1941-1944, Osnabrück 2004, S. 7-12, S. 8, vgl. weiter Lehnstaedt, Der Kern des Holocaust, S. 8.

19 Vgl. auch: »Nach eigenen Angaben Globocniks [...] waren ihm von der Kanzlei des Führers nach und nach 92 Angehörige des Euthanasieprogramms für die ›Aktion Reinhard‹ zur Verfügung gestellt worden« (Michael Koschat: Das Polizeihaftlager in der Risiera die San Sabba und die deutsche Besatzungspolitik in Triest 1943-1945, in: Zeitgeschichte, Jg. 19 (1992), S. 157-171, S. 160).

20 Vgl. zu den historischen Fakten Koschat, Das Polizeihaftlager in der Risiera die San Sabba sowie

Margarita verloren, die als geisteskrank angesehen und von der Risiera aus in eine der Mordstätten im Osten deportiert wurde. In einer unübersichtlichen und verschlungenen Handlung rekonstruiert *Heldenfriedhof* die Taten der 92 Täter »aus den R-Kommandos« (H 107) und ihren Verbleib in der Nachkriegszeit, wobei die Recherche überwiegend von Überlebenden und Angehörigen der Opfer vorangetrieben wird. Harlan kombiniert historisch belegte Daten mit einer fiktionalen Handlung. In der Realität mussten die 92 eine Verschwiegenheitserklärung abgeben,[21] in *Heldenfriedhof* leisten sie zusätzlich einen Eid, »dem Feind nicht lebend in die Hände zu fallen« (H 107), den viele von ihnen jedoch bei Kriegsende brechen.

In dem Roman reaktivieren die Übriggebliebenen unter den 92 in den fünfziger Jahren, nachdem sie entnazifiziert worden sind oder kurze Zeit in Haft verbracht haben, die alten Netzwerke. Ihnen steht in der Bundesrepublik nunmehr der Zugang zu Positionen in Wirtschaft und Verwaltung offen. Harlan orientiert sich an den Biografien der realen Personen und beschränkt sich dabei keineswegs auf Nebentäter, wie die folgenden Beispiele aus dem Roman zeigen: *Hermann Höfle* sorgte im Rahmen der ›Aktion Reinhard‹ für die Koordination der Mordaktionen im Generalgouvernement. Er war auch für die Räumung des Warschauer Ghettos zuständig, die in *Heldenfriedhof* beschrieben wird.[22] Nach dem Krieg internierten ihn die Engländer, übergaben ihn 1947 den Österreichern, die ihn aber »auf *Gelöbnis*«[23] auf freien Fuß setzten. Höfle arbeitete in den fünfziger Jahren in Salzburg und München. 1961 wurde er festgenommen, nachdem ihn Eichmann belastet hatte. Er nahm sich 1962 in der Haft das Leben. *Werner Blankenburg*, alias Brenner, alias Bieleke, war an verantwortlicher Stelle an der Durchführung der Euthanasie und der Shoah beteiligt. Nach dem Krieg lebte er unter Pseudonymen unerkannt als Sparkassen- und Textilfabrik-Vertreter in Stuttgart. Er starb dort 1957, ohne für seine Taten belangt worden zu sein. Ernst Klee ergänzt: »Bis zum Tode rege Kontakte zu ehemaligen T4-Mitarbeitern«[24]. Harlan schildert sein Begräbnis in *Heldenfriedhof*, zu dem sich viele der noch lebenden Zugehörigen der ›Aktion Reinhard‹ versammeln.[25] *Dietrich Allers* war zunächst Geschäfts-

---

Michael Wedekind: Nationalsozialistische Besatzungs- und Annexionspolitik in Norditalien 1943 bis 1945, München 2003, S. 371-373.
21 »Vor Beginn ihre Einsatzes [...] wurden die Angehörigen der 1005-Kommandos auf Verschwiegenheit verpflichtet« (Hoffmann, »Das kann man nicht erzählen«, S. 12).
22 Vgl. H 481-498.
23 Ernst Klee: Das Personenlexikon zum Dritten Reich. Wer war was vor und nach 1945?, Frankfurt am Main 2003, S. 261.
24 Ebd., S. 52.
25 Vgl. H 228 ff.

führer und Organisator der Euthanasie-Zentrale T4, dann Vorgesetzter des Personals der Vernichtungslager der ›Aktion Reinhard‹. Er stieg innerhalb des Apparats auf und wurde 1944 Befehlshaber des Einsatzes der ›Aktion Reinhard‹ in Triest, wo ihm auch die Risiera di San Sabba unterstand. Von den Alliierten zunächst festgehalten, entnazifizierten ihn die Behörden der Bundesrepublik 1949. In der Deutschen Werft in Hamburg gelangte er in den fünfziger Jahren in eine hohe Stellung (als Syndikus). Nachdem ein Verfahren gegen ihn 1966 vorläufig eingestellt worden war, verurteilte ihn ein Gericht 1968 zu acht Jahren Haft, die er aber nicht antreten musste, weil die Untersuchungshaft angerechnet wurde und andere Gründe für die Haftverkürzung griffen. Er starb 1975 in Freiheit.²⁶ Von Allers, Höfle und Blankenburg heißt es in dem Roman, dass ihr Tagwerk während des Nationalsozialismus »aus nichts anderem bestanden hatte als Vertilgung« (H 94).²⁷

Harlan verzeichnet also in *Heldenfriedhof* die Monstrosität der Taten während des Nationalsozialismus ebenso wie die weitgehende Straffreiheit der Täter in der Bundesrepublik. Die Mörder gelangten in aller Regel wieder in Amt und Würden, die Netzwerke gewährleisteten ein hohes Maß an Kontinuität. Nun braucht man Harlans These von einer Renazifizierung, die nach der Gründung der Bundesrepublik eingesetzt habe, nicht zu folgen, um anzuerkennen, dass die neue Normalität im demokratischen Deutschland mit der Verschleppung oder Verweigerung der polizeilichen Ermittlung und der juristischen Aburteilung der Nazitäter einherging. Die Bonner Republik erscheint von diesem Gesichtspunkt aus als eine Gesellschaft, die die Mörder integrierte, während sie die Opfer marginalisierte. Erst nach der sich langsam durchsetzenden Wende des öffentlichen Erinnerns, das zunehmend die Perspektive der Opfer berücksichtigte, und dem Ende des Kalten Krieges, kann dieser Zusammenhang heute im Sinne einer kritischen Selbstbefragung mit aller Konsequenz gedacht werden. Dabei wird die Bundesrepublik der frühen Jahre im Rückblick fremd und nimmt unheimliche Züge an, denn das Fremde, das überwunden geglaubte Andere, also der Nationalsozialismus, erscheint genau an

---

26 Vgl. Klee, Was sie taten – Was sie wurden, S. 56-75.
27 Solche inhaltlich-historischen Zusammenhänge fallen in Jörg Petersens Lektüre von *Heldenfriedhof* nicht ins Gewicht, da er – mit einer zu Missverständnissen einladenden Formulierung – der Meinung ist, Harlan habe »nicht die Absicht, den Holocaust weiterzugeben« (ders.: Zu Thomas Harlans *Heldenfriedhof*. Negative Narratologie und Perturbation des Leseakts: Strategien literarischer Weitergabe des Holocaust, in: Sprachkunst, Jg. 44 (2013), 2. Halbbd., S. 97-121, S. 120). Dies geschehe aber dennoch – so der Autor in einer kaum weniger problematischen Formulierung –, durch die Form des Romans, die das »Gewalterlebnis« des Holocaust in der »Perturbation des Leseakts« »unmittelbar erfahrbar« (ebd.) mache.

jener Stelle, die politisch seit 1949 das Eigene, das, womit sich das Gemeinwesen identifiziert, markiert: Die demokratische Republik zog die Mörder nicht zur Rechenschaft, sondern nahm sie in den – nun demokratisch definierten – Betrieb auf.

Harlans sezierender, teils provokativer, teils polemischer, aber immer faktengesättigter Blick auf die Kontinuitäten der Nachkriegszeit stellt der ubiquitären, in jeder deutschen Oberstufenklasse gestellten Frage, die den Nationalsozialismus als das Andere in die Distanz rückt, nämlich der Frage: Wie konnte es zu 1933 kommen?, implizit eine andere an die Seite: Wie konnte es zu 1949 kommen? Wie konnte jene in verfassungsrechtlicher Hinsicht mustergültig ausgestattete Republik, deren Grundgesetz von 1949 bis heute als Eckpfeiler der Demokratie gefeiert wird und wesentlich zur Identifikation und politischen Legitimation der Gesellschaft beiträgt, auf die Mitarbeit von Personen zurückgreifen, die in Wort und Tat hinlänglich bewiesen hatten, dass sie nicht nur Verächter des Rechtsstaats waren, sondern den staatlich verordneten Mord an der eigenen Bevölkerung bis zuletzt geplant und durchgesetzt hatten? Warum integrierte die Demokratie die Mörder schweigend und die Täter in den frühen Amnestiegesetzen auch weithin sichtbar, anstatt sie zur Rechenschaft zu ziehen? Harlan konturiert in seinen späten Werken vor allem diese Irritation, die mitten im demokratisch verfassten Gemeinwesen dasjenige aufstöbert, was subkutan als verschwiegenes Anderes in ihm fortwirkt: den Nationalsozialismus.

Neben den Täterbiografien geht Harlan in *Heldenfriedhof* auch auf Aspekte der gerichtlichen Aufarbeitung der nationalsozialistischen Straftaten ein. Dabei spielt das Jahr 1968, das als Höhepunkt der studentischen Unruhen bekannt wurde, eine wichtige Rolle. Die Studentenbewegung wird allerdings mit keinem Wort erwähnt. Auch die These, die Proteste der 68er seien als Aufstand gegen das Schweigen der nationalsozialistischen Väter zu verstehen, findet in dem Roman keinen Niederschlag. 1968 ist bei Harlan kein Jahr des Aufbegehrens, er fügt es keinem heroischen Narrativ ein, das von der Geschichte der Demokratisierung der Bundesrepublik kündete. In dem Roman ist es stattdessen das Jahr einer entscheidenden Niederlage im zähen juristischen Ringen um die strafrechtliche Verfolgung der Mörder, das Jahr der Entlastung tausender von Tätern. Gemeint ist die Verabschiedung des »EGOWiG oder Einführungsgesetz zum Ordnungswidrigkeiten-Gesetz« (H 408), das eine Unterscheidung zwischen Haupttätern und Gehilfen vornimmt. Und da – wie es in Figurenrede heißt – »allein Hitler, Himmler, Heydrich und deren unmittelbare Umgebung als die eigentlichen Täter oder Haupttäter angesehen werden mußten, alle anderen hingegen von Rechts wegen als deren

Gehilfen« (H 418), waren deren Taten damit verjährt,[28] weshalb das Gesetz
– wiederum in Figurenrede – als »größte[s] deutsche[s] Nachkriegsverbrechen« (H 407) bezeichnet wird. Über Seiten hinweg listet Harlan alle 516
abstimmenden Mitglieder jenes deutschen Bundestages auf, der das Gesetz
beschloss.[29] Sie werden in dem Roman als »Täter [...], beihelfende Herrschaften« (H 450) und ›Untäter‹[30] bezeichnet.

Auf der anderen Seite entwirft Harlan auch Figuren und porträtiert die
vereinzelten Personen, die sich für die Rekonstruktion der Taten und die Überführung der Täter interessieren. Eduardo Santinelli leitet die Ermittlungen in
Triest, während Albino Bubnic sie als Lokalredakteur in der örtlichen Presse
begleitet. Als Überlebender ist Hermann Langbein vom Internationalen
Auschwitz-Komitee beteiligt.[31] Vor allem aber rückt Harlan den Generalstaatsanwalt Fritz Bauer in den Fokus. Mit seiner Person verbindet er das Scheitern
der Bemühungen um die juristische Aufarbeitung der Verbrechen in besonderer Weise. Bauers jahrelange Ermittlungen und Prozessvorbereitungen wurden
zum großen Teil hinfällig, weil das EGOWiG die Taten, mit denen er sich
befasst hatte, als verjährt definierte. Der Bundestag verabschiedete das EGO-WiG am 10. Mai 1968;[32] Bauer wurde am 1. Juli 1968 tot in seiner Wohnung
aufgefunden. In der Öffentlichkeit war von einem Suizid die Rede. Der
Roman schließt sich der Diagnose »Selbstmord« (H 576) zwar an, einige
Figuren spekulieren jedoch auch über einen möglichen Mord,[33] ohne aber für
die eine oder andere These Beweise zu finden. Jedenfalls wird das Jahr 1968
auch durch den Tod Bauers zu einem Jahr der Niederlage.

Mit Enrico Cosulich stellt Harlan eine Figur in das Zentrum des Romans,
in der das Nachleben des Nationalsozialismus Gestalt annimmt. Cosulich
befindet sich in einem »Glaubenskrieg [...] in der Absicht, die zögerliche und
verruchte Triestiner Anwaltschaft der Republik [...] zu amtlichen Handlungen
zu zwingen und [...] eine Lawine von [...] Verfahren« (H 21) gegen die Nazitäter auszulösen. Der biografische Anlass hierfür ist die Ermordung seiner Mutter Margarita Duerr,[34] bzw. »Dürr« (H 139), durch die Nationalsozialisten.
Margarita bringt Heinrich »als flüchtige Frucht eines Graubündener Hoch-

---

28 Vgl. auch: »Mit Inkrafttreten ist Mord in der Mehrzahl aller Fälle Beihilfe und Beihilfe in der
Mehrzahl aller Fälle verjährt« (H 450).
29 Vgl. H 450-465.
30 Vgl. H 450.
31 Vgl. zum Beispiel H 78.
32 Vgl. H 576.
33 Vgl. H 444.
34 Vgl. H 14.

zeitsfotografen und späteren Bettlers, des gen. polizeikundl. Indiv. Franz Giacometti, vorbestr.« (H 140) zur Welt, heiratet dann aber den Eisenbahner Enrico Graziedio Cosulich, im Roman auch Enrico I genannt, der mit ihr nach Triest geht, dort Kommunist wird und Heinrich adoptiert, der fortan wie der Adoptivvater Enrico Cosulich gerufen wird.[35] Der Ziehvater wird 1942 als Geisel erschossen. Margarita zieht daraufhin zu ihrem Sohn, der »das Kränkeln und Vergehen ihres Verstandes, der den Tod des Gatten schlicht leugnete«, und ihren »Abweg in die Umnachtung« (H 142) erlebt. Sie wird schwermütig,[36] »gemütskrank« (H 14), gelangt in eine Anstalt in Venedig[37] und wird am 8. August 1944 »von der Greiferin Augusta Reiss« (H 14) in der Risiera abgeliefert. Von dort aus wird sie am 12. Oktober 1944 mit dem Zug nach Osten transportiert,[38] der »wahrscheinlich bis nach Polen« (H 397) gelangt, wo sich ihre Spur verliert.

Entscheidend für die Poetik des Romans sowie für das Spätwerk Harlans überhaupt ist die identifikatorische Anverwandlung einiger Protagonisten an Akteure, die für ihr Leben bedeutsam sind. Cosulichs Nachkriegsexistenz vollzieht sich unter dem Vorzeichen des gewaltsamen Todes der Mutter. Er vergegenwärtigt sich ihr Schicksal rational, recherchierend, ebenso wie im mimetischen Nachvollzug. In den dreißiger und vierziger Jahren studiert er erst Musik, dann Medizin. Nach dem Krieg beschäftigt er sich mit Psycholinguistik. Er komponiert und verfasst Texte unterschiedlicher Art, vor allem ist er der Autor eines Romans mit dem Titel *Heldenfriedhof*, der auch Harlans Roman den Titel gibt. Cosulichs vielgestaltiges künstlerisch-wissenschaftliches Werk kreist um den Tod seiner Mutter.[39] Zu diesem gehören auch die näheren Umstände im Rahmen der nationalsozialistischen Todesmaschinerie. Cosulich entwickelt einen »Eifer auf der Suche nach den Urgründen des Geschehens, dem seine Mutter zum Opfer gefallen war« (H 392). Über den künstlerischen Nachvollzug hinaus reicht seine Anverwandlung an das Schicksal der Mutter noch bis in den Tod: Seine Leiche wird im November 1991 »im Mündungsstrom des Neretwa-Kanals« (H 54) gefunden; auf einer Zeichnung, die sich in seinen Papieren findet, hat er die Stelle, in die der Neretwa-Kanal in den Bug einmündet, »mit dem Buchstaben ›M‹ – Margarita –« (H 54) ausgewiesen. Der in vielfacher Negation einmal kurz aufgerufene Gedanke, er könne

---

35 Vgl. H 141 f.
36 Vgl. H 391.
37 Vgl. H 371.
38 Vgl. H 391.
39 In seinen Notizen, heißt es, sei »nichts, das nicht im Schatten Margaritas auf die Lebendige verwies« (H 393).

ohne die Hypothek der Vernichtungsgeschichte »leben«, wird mit den Worten kommentiert: »Daß davon die Rede nicht sein konnte, ist klar; es geht dies aus jeder seiner Schriften hervor« (H 282).

Wie diese Disposition Enrico Cosulichs genannt wird, ob Traumatisierung oder sekundäre Traumatisierung,[40] ist für den Roman nicht entscheidend. Aus dem unauflöslichen Zusammenhang zwischen den Ereignissen der Vernichtung und ihrer Nachgeschichte geht aber das poetische Verfahren des Romans hervor. Die Vergangenheit besiedelt die ihr nachfolgenden Gegenwarten als ein Chor aus zahllosen Stimmen, die ungeordnet und chaotisch auf- und wieder abtauchen. Stimmen unterschiedlicher Herkunft werden hier laut, die sich in unablässiger Transformation befinden und also nur schwer voneinander abzulösen und zu identifizieren sind. Obwohl der Roman großen Wert auf präzise Datierungen legt, ist seine Zeitachse nicht primär chronologisch organisiert. Mit der synchronen Schichtung unterschiedlicher Gegenwarten weist er dagegen eine durchaus mythisch zu nennende Gleichzeitigkeit im ›Danach‹ auf.

In Enrico Cosulichs Identifikation mit seiner Mutter schildert Harlan die empathische Vergegenwärtigung des Schicksals eines Opfers der nationalsozialistischen Gewaltherrschaft, im Besonderen der ›Aktion Reinhard‹. Da dieser ganz überwiegend Juden zum Opfer fielen, fällt es auf, dass Harlan Margarita nicht als Jüdin konzipiert. Über ihre Herkunft sagt der Roman lediglich, sie sei »böhmischer Abstammung« (H 362) und von Franziskanern in Bozen notgetauft worden (vgl. 139). In Zeugenaussagen der Täter ist zwar in einem größeren Zusammenhang mit Margarita einmal von einem »schizophrene[n] Mischling« (H 75 u. 371) die Rede, eine jüdische Herkunft wird aber nirgends deutlich erwähnt. Margarita muss vielmehr als Opfer der Euthanasieaktionen gegen geistig Behinderte gesehen werden. Auch in Enrico Cosulichs Lebenslauf deutet nichts auf eine jüdische Herkunft hin.

Diese Überlegungen schließen an den Aufsatz von Joanna K. Stimmel über *Rosa* an, in dem sie feststellt: »Among the numerous characters there are virtually no Jewish figures«[41]. Das gilt auch für Rozalia Peham, die titelgebende Figur in Harlans früherem Roman. Sie ist die »Tochter des volksdeutschen Landwirts Hesekiel Peham in Kulmhof an der Netze« (R 10), wo sie während des Nationalsozialismus als »*Dienstmagd*« (R 27) arbeitet und nach

---

40 Stimmel liest *Rosa* »as an expression of secondary traumatization« (Stimmel, Wounded Body, Wounded History, Wounded Text, S. 98). Ähnlich könnte auch in Bezug auf *Heldenfriedhof* argumentiert werden.
41 Ebd., S. 116.

dem Krieg in einer Erdhöhle haust. Der Roman weist ihr Attribute eines Opfers zu, weil sie in einem Streit mit ihrer Schwester ein Auge verliert, vor allem aber, weil Rosa offenbar ein empathisches Verhältnis zu den Opfern der Vergasungen in Kulmhof entwickelt. Da der Roman aus vielen unterschiedlichen Stimmen komponiert ist, die sich kaum sauber voneinander trennen lassen, kann das Maß dieser Empathie allerdings nicht sicher bestimmt werden. In Gerichtsakten aus dem Jahre 1956 findet sich jedoch ihre Aussage über die Vergasungen und die Massengräber, die sie mit eigenen Augen gesehen hat (vgl. bes. R 26-28) und die sie eine »furchtbare Stätte« (R 26) nennt. Genau hier gräbt sie sich nach dem Krieg eine Behausung in die Erde und lebt dort bis zu ihrem Tod 1992. Rosa verhielte sich somit, ähnlich wie die Figur der Mutter im dritten Band der *Ästhetik des Widerstands* von Peter Weiss, mimetisch zu dem Schicksal der Ermordeten.

Harlan hebt an Kulmhof hervor, dass »der Tod durch Gas«, nämlich im Gaswagen, hier »mitten in einem [...] von Volksdeutschen bewohnten Dorf« stattgefunden habe, »das das Kommen von dreimal hunderttausend Juden und nicht das Fortgehen von dreimal hunderttausend Juden gesehen hatte« (HM 135). Anders als in den übrigen, abgeschotteten Lagern geschah der Mord in aller Öffentlichkeit, die Bevölkerung kümmerte sich aber nicht darum.[42] Im Roman ist von den »ersten siebenundneunzigtausend und den zweiten zweihunderttausend« (R 36) Opfern die Rede. Im Zuge der ›Enterdungsaktion‹ – der ›Aktion 1005‹ als Teil der ›Aktion Reinhard‹ – wurden auch in Kulmhof die Leichen der Vergasten verbrannt, die übrig gebliebenen Knochen mit Hilfe einer Kugelmühle zerkleinert und in die Wälder und Flüsse der Umgebung geschüttet.[43] Die Spuren des Mordes waren damit beseitigt, in vielen Protagonisten von Harlans Roman wirken die Nesselfäden der Ereignisse jedoch subkutan – psychisch und physisch – nach.[44] Rosa scheint ihre eigene Existenz den Ermordeten anzuverwandeln, ohne dass dies bewusst geschähe und ohne dass sie es artikulieren würde: sie »teilte [...] die Wohnung mit siebenundneunzigtausend Seelen« (R 17), ihre Wohnung sei »ein den Toten zugedachter Raum« (R 69).

---

42 Vgl. dazu auch Peter Klein: Kulmhof/Chełmno, in: Wolfgang Benz, Barbara Distel (Hg.): Der Ort des Terrors. Geschichte der nationalsozialistischen Konzentrationslager, Bd. 8, Redaktion: Barbara Königseder, München 2008, S. 301-328, besonders S. 319-321.
43 Vgl. Hoffmann, »Das kann man nicht erzählen«, S. 223.
44 Insbesondere in die Darstellung der Natur wandert die Hinterlassenschaft des Massenmords in Harlans Roman ein, wie Chris W. Wilpert gezeigt hat, vgl. ders.: Traurige Tropenflora. In Thomas Harlans Roman *Rosa* nimmt die Natur die Erinnerung an, die die Menschen kollektiv verweigern, in: Andrea Bartl, Nils Ebert (Hg.): Der andere Blick der Literatur, Würzburg 2014, S. 269-291.

Allerdings werden neben der möglichen Empathie mit den Opfern in dem Roman auch andere, entgegenstehende Gründe für die Wahl ihres Aufenthaltsorts gegeben. Rosa hat 1943 eine Beziehung zu Franz Maderholz, aus der eine Schwangerschaft hervorgeht, die sie abbricht. Maderholz, der als Zahlmeister für das deutsche Spezialkommando tätig ist, verlässt sie, als er 1943 den Befehl zum Abrücken erhält, was bei Rosa zu lebenslangem »Liebeskummer« (R 188) führt. Aus einer unbestimmten Erzählerperspektive heißt es in diesem Zusammenhang, »an Kindes Statt« (R 189) friste sie ihr Leben in der Erdbehausung. Während hier die Treue zu ihrer einstigen Liebe und die Trauer über den Verlust des Kindes – und keineswegs die Empathie mit den Ermordeten – zum Grund für Rosas Handeln wird, ist es in einer dritten Version ihre Habgier. Maderholz hat Rosa aus den Hinterlassenschaften der Ermordeten 3036 Eheringe verschafft (vgl. R 70), die sie nach dem Krieg hütet. Karol Leszczynski, der die Verbrechen der Nationalsozialisten als Untersuchungsrichter auf polnischer Seite recherchiert, bezeichnet sie und Jozef deshalb als »Diebe und Hehler«, die sich »zum Schutz ihres Vermögens ein Erdloch« (R 163) gegraben hätten. Über diese widerstreitenden Motive hinaus gibt der Roman keinen ›definitiven‹ Grund für Rosas Leben auf den Massengräbern an. Letztlich bleibt ihr Verhalten ein Rätsel, denn es wird nicht aufgeklärt, wem sie mit ihrem abgekehrten Leben auf den Gräbern Loyalität erweist: ihren privaten Umständen oder den Ermordeten.

Rosas Nachkriegsexistenz steht zweifellos in irgendeiner Verbindung mit dem Mordgeschehen in Kulmhof, doch mit Stimmel darf gefragt werden, ob es tatsächlich die Opfer sind, mit denen sie sich identifiziert: »Although she quite literally embodies the trauma of the Holocaust, it remains unclear whose trauma it is: the victims', the culprits', the more or less innocent bystanders', or that of them all?«[45]. Stimmel wirft Harlan eine Universalisierung des Traumas vor, da sich die Traumatisierung bei ihm nicht nur auf überlebende Opfer, sondern auch auf einige Täter beziehe.[46] Diese Überlegung ist, trotz Chris W. Wilperts Einwand,[47] meines Erachtens nicht von der Hand zu weisen und kann auch auf *Heldenfriedhof* und *Veit* bezogen werden. In allen drei Büchern stehen

---

45 Stimmel, Wounded Body, Wounded History, Wounded Text, S. 105.
46 Vgl. ebd.
47 Vgl. Wilpert, Traurige Tropenflora, S. 281f., wo er mit Bezug auf die Figur Franz Maderholz geltend macht, bei Harlan werde das Trauma der Täter und das der Opfer deutlich voneinander getrennt, um allerdings für die Figur Rosa – die er als »Mitwisserin und Zuschauerin und damit womöglich gar Komplizin des Massenmordes« (ebd., S. 281) charakterisiert, deren Schweigen als »traumatisches ›Sprechen‹« (ebd.) angesehen werden könne – treffend anzufügen, sie sei der »eindeutigen Täter-Opfer-Dichotomie […] enthoben« (ebd., S. 282).

nichtjüdische Figuren im Zentrum, in denen das mörderische Erbe mindestens als Versehrung, vielleicht sogar als Trauma, fortlebt: neben Rosa ist es in dem gleichnamigen Roman auch Richard F., der Rosas Geschichte recherchiert und aufschreibt, und der als der Sohn eines in Plötzensee hingerichteten Vertreters der bekennenden Kirche eingeführt wird,[48] während in *Heldenfriedhof* Enrico Cosulich die Funktion des gezeichneten Protagonisten übernimmt. In *Veit* ist es schließlich der Ich-Erzähler Thomas Harlan selbst, der lebenslang an die Taten des Vaters fixiert bleibt.

In allen diesen Texten kommen empathische Identifikationen mit den Opfern vor, in allen buchstabiert Harlan die Identifikation aber auch in die andere Richtung, in die Einfühlung in die Täter, aus. An dieser Stelle überschreitet sein literarisches Verfahren die historiografische Täterforschung. In *Heldenfriedhof* zerfällt die auf Cosulich bezogene Zentralinstanz des Textes, indem Harlan diese Figur in viele Teilfiguren zersplittert, die unterschiedliche Namen und Pseudonyme zugewiesen bekommen. Ob diese Ableger überhaupt noch in einer Zentralinstanz mit dem Namen Enrico Cosulich synthetisiert werden können, bleibt fraglich und betrifft zugleich den Kern des Harlan'schen literarischen Projekts. Die Aufspaltung der Erzählperspektive steht in enger Verbindung mit den unterschiedlichen literarischen und wissenschaftlichen Versuchen Cosulichs. Seine literarischen Arbeiten kennzeichnet zunächst »die Auflösung der Figur des Autors in die Figuren *Enrico* und *Heinrich*« (H 210), darüber hinaus aber die tendenziell unendliche Vervielfältigung, die Wucherung dieser Figuren in solche mit weiteren Selbstanteilen. Von Heinrich Kaufmann, einem dieser Ableger, dem Verfasser eines Romans bzw. Romanfragments, heißt es: »Er hatte sich mit sechs Kaufmännern eingelassen und jedermann kurz vor seinem Tod noch einmal *ich* sagen lassen; ›ich‹; *ich* hieß immer so viel wie *er*; ihn selbst gab es nicht mehr; er hatte sich hinter seinen Figuren verschanzt und verweste bei lebendigem Leibe unter fremder Haut« (H 234). In der literarischen Anverwandlung wird das Ich elastisch, momentweise verlässt es namentlich seine identitätsstiftenden, dogmatischen Identifikationen, die auch Fixierungen genannt werden können, etwa die politisch korrekte mit den Opfern, und transformiert sich phasenweise oder löst sich ganz auf. In der Identifikation mit anderen Figuren dezentrieren die Identifizierenden sich in einem Maße, das die Rückkehr in das Eigene, in die Identität, kaum mehr möglich macht. Diese Figuren bleiben exzentrisch; mimetisch verwandeln sie sich *sowohl* den Opfern *als auch* den Tätern an.

---

48 Vgl. R 94.

Cosulich widmet sich einem der Täter der Risiera, Dietrich Allers, in dieser alles absorbierenden Weise: er »lehnte sich [...], schreibend, tief in den Schatten des Mannes Dietrich und fiel, bald, mit ihm zusammen« (H 277). Immer wieder folgen einige Erzählinstanzen des Romans den Tätern und versenken sich in ihr Leben und Denken. Das gilt besonders für die Frage, wie die Gruppe der 92 nach dem Krieg mit ihrem Treueschwur zum Nationalsozialismus umgeht. Einige Mitglieder verüben einen bizarren kollektiven Suizid am Grab ihres ehemaligen Vorgesetzten Christian Wirth in Triest, andere, wie Allers, spinnen die alten Netzwerke in der jungen Bundesrepublik weiter. In *Heldenfriedhof* führt der Erzählstrom insbesondere mit dem Namen Heinrich Kaufmann in die Identifikation mit den Tätern. Dabei kommt ein intrikater Prozess in Gang, in dem sich die unterschiedlichen Selbstanteile Cosulichs nun gegeneinander wenden: »Kaufmann war für seinen Namen dankbar. *Kaufmann* erlaubte ihm, sich für Reinhold Kaufmann zu interessieren, für August Kaufmann, Walter Kaufman ohne n und mit und für viele andere Noch-Kaufmänner, Kaufmannbrüderschwestern, Enkel, geborene Kauf, angeheiratete Männer, und also, endlich auch, für sich. Kaufmann interessierte sich jetzt endlich für *Heinrich*, schreibt Kaufmann; [...] er hatte sich mit seiner Nadel unter den Spinnern und Wicklern selbst aufgespießt« (H 235). Enrico entdeckt unter dem Namen Heinrich die potenzielle Täterschaft in sich selbst. Damit aber steht er auf beiden Seiten: »Kaufmann suchte die *Mutter* [Margarita, S. K.]; genauer: in vollkommener Metamorphose seinen Vorgänger, Ur-Zustand – ungenauer noch: im vollkommenen Eintauchen in dich, Adolf-Gustav, *ihren* Schergen; in der Annäherung an ihn, dich« (H 236). Adolf-Gustav Kaufmann ist eine der Romanfiguren Heinrich Kaufmanns.[49] Enrico Cosulich geht mit der Linie Kaufmann den eigenen Dispositionen zur Täterschaft nach, fragt danach, welcher Anteil des ›Schergen‹ zu ihm selbst gehört. Gerade diese wiederkehrende Spur in dem Roman, also die Weigerung, durch eindeutige Abgrenzungen eine stabile identifikatorische Position im Opfer-Täter-Feld zu produzieren, kennzeichnet Harlans Schreibweise. Für die immer wieder aufgesuchte Überkreuzung der Position des Opfers und des Täters ist die Arbeit mit nichtjüdischen Opferfiguren vorteilhaft, denn in Bezug auf sie können die Verstrickungen der Täterschaft nachdrücklicher herausgearbeitet werden.[50] Vielleicht kommt Harlan gerade deshalb sowohl in *Heldenfriedhof*

---

49 Vgl. H 234.
50 Die Abgründe, die sich für die Verfolgten durch die – anders gelagerte – Überkreuzung der Opfer- und der Täterposition ergeben, hat Primo Levi mit dem Begriff der Grauzone thematisiert, vgl. Primo Levi: Die Untergegangenen und die Geretteten, München, Wien 1990, S. 33-69.

als auch in *Rosa* auf die ›Aktion Reinhard‹ zurück, denn personell entwickelte sich dieser Zweig der Shoah aus der Euthanasieaktion ›T4‹,[51] in deren Verlauf die ersten Vergasungen stattfanden, denen überwiegend nichtjüdische Menschen zum Opfer fielen.

Man mag in der Wahl nichtjüdischer Protagonisten im Spätwerk Thomas Harlans eine Universalisierung des Traumas sehen und eine nicht zu rechtfertigende Aneignung des Opfertraumas durch Figuren, die nicht zu den Opfern gehören. Sie kann jedoch auch als Teil einer produktiven Verfahrensweise begriffen werden, in der die ausschließliche Identifikation mit den Opfern vermieden wird.[52] Denn gerade die doppelseitige Identifikation – mit den Opfern *und* mit den Tätern – eröffnet einen Weg über die Anklage der Täter hinaus in die radikale Selbstbefragung. Während die Anklage der Täter eine Differenz zwischen diesen und den Anklägern ermöglicht – eine Differenz, die gerade die 68er zu etablieren bestrebt waren – und die eine Externalisierung der Taten mit sich bringt, führt die Identifikation mit den Tätern unweigerlich zu der Frage, inwiefern Anteile des eigenen Selbst mit der Disposition der Mörder korrespondieren. Es ist diese destabilisierende Überschreitung sowohl der Täterforschung als auch der Identifikation mit den Opfern, die im Medium der Literatur produktiv wird.

Das durchgängige Verfahren, die eigene Verstrickung in die Täterschaft in die Schreibweise mit einzubeziehen, ist in Harlans Werken unterschiedlich ausgeprägt. Eine Variante findet sich in dem Film *Wundkanal* (BRD, F, USA 1983/84),[53] der die Entführung eines Kriegsverbrechers durch eine terroristische Gruppe darstellt. Für die Rolle des Entführten gewinnt Harlan Alfred Filbert, einen ehemaligen SS-Obersturmbannführer, der während des Krieges im RSHA und in der Einsatzgruppe B tätig war. 1962 wurde er »wegen 6800 gemeinschaftlich begangenen Morden zu lebenslangem Zuchthaus verurteilt. [...] 1975 wurde Filbert aus medizinischen Gründen (Haftunfähigkeit) entlassen. Er starb am 30. Juli 1990« (HM 194). In der fiktiven Handlung wird der Entführte von seinen Entführern verhört und dabei gefilmt. Es werden ihm Fragen gestellt, die ihn als Täter entlarven sollen. Hier vermischen sich

---

51 Vgl. Patricia Heberer: Eine Kontinuität der Tötungsoperationen. T4-Täter und die »Aktion Reinhard«, in: Bogdan Musial (Hg.): »Aktion Reinhardt«. Der Völkermord an den Juden im Generalgouvernement 1941-1944, Osnabrück 2004, S. 285-308.
52 Vgl. in diesem Zusammenhang Ulrike Jureits und Christian Schneiders scharfe Kritik des »opferidentifizierte[n]« Erinnerns (Ulrike Jureit, Christian Schneider: Gefühlte Opfer. Illusionen der Vergangenheitsbewältigung, Bonn 2010, S. 10).
53 Auf Harlans Werk als Filmemacher, das ebenfalls noch kaum wahrgenommen wurde, kann hier nicht weiter eingegangen werden.

die fiktionale Handlung und die reale Situation der Dreharbeiten, denn es entwickelt sich eine Dynamik, innerhalb derer der Zugriff des Filmteams immer aggressiver wird, bis einzelne Beteiligte Filbert tätlich angreifen und ihn wegen seiner realen Nazivergangenheit zur Rede stellen. Alles dies ist dokumentiert, denn Harlan hat den Dokumentarfilmer Robert Kramer beauftragt, einen eigenen, unabhängigen Film über die Entstehung von *Wundkanal* zu drehen. Durch diese Doppelung ist der Entführte in der Fiktion von *Wundkanal* einerseits Opfer (der Entführung), andererseits Täter, indem im Laufe der Befragung seine Nazi-Täterschaft herausgearbeitet wird. Auf einer anderen, realgeschichtlichen Ebene zeigt Kramers Dokumentarfilm *Unser Nazi* (BRD, F 1984), wie das Vorgehen des Filmteams gegen den Nazitäter zunehmend selbst gewalttätige Züge annimmt. Um den Täter zu entlarven, überschreiten Harlan und Teile seines Filmteams die Grenze zur Täterschaft. Diese Dynamik wiederholt und reflektiert eine zeitgenössische bundesrepublikanische Konstellation, in der Gudrun Ensslin, Ulrike Meinhof und andere Nachgeborene des Täterkollektivs um der eindeutigen Parteinahme willen – »Zwischen uns und dem Feind einen klaren Trennungsstrich ziehen!«[54] – militant wurden und dabei für sich den Standpunkt der politischen Moral reklamierten. Harlans komplizierte Versuchssituation (zwei aufeinander verweisende Filme, die Besetzung der Rolle des Entführten durch einen ehemaligen Nazi usw.) bietet dagegen keine einfachen Identifikationen, sondern sie treibt – umgekehrt – die Verstrickungen der Opfer- und der Täterpositionen heraus. Die Anklage impliziert bei Harlan die Selbstbefragung, die zum Teil bis zur Selbstbezichtigung gesteigert wird.

Der unablässige Zwang zur Entlarvung der Täter, zur Anzeige im doppelten Sinn, also der Dokumentation der Verbrechen und ihrer juristischen Verfolgung, wendet sich mit der Selbstbefragung gegen sich selbst, gegen den Entlarvenden: Der unstillbare Drang nach Aufklärung, nach dem Überführen der Täter, nach dem Anzeigen, also alles das, was den Entlarvenden antreibt und seine Existenz ausmacht, wäre nicht vorhanden, wenn es nicht seine – wie auch immer partielle – Teilhabe an dem gäbe, was anzuzeigen ist. Die Jagd nach den Tätern wird damit auch zur Jagd auf sich selbst. Das resultiert in einer sich dauernd erneuernden, nie zu stillenden, zyklisch angelegten psychischen Struktur. Befreiung im emphatischen Sinn kann es hier nicht geben, weil sie die Negation zumindest von Teilen des eigenen Selbst bedeutete. So

---

[54] Rote Armee Fraktion: Das Konzept Stadtguerilla, in: Gesellschaft für Nachrichtenerfassung und Nachrichtenverbreitung (Hg.): Ausgewählte Dokumente der Zeitgeschichte: BRD – RAF, 4. Aufl., Köln 1988, S. 5-13, S. 5.

gerät das Entlarven zur zwanghaften Handlung. Gefragt, warum er Mitte der sechziger Jahre die Arbeit an der Recherche der Täterbiografien eingestellt habe, antwortete Harlan: »ich wußte, daß ich Schluß machen mußte, daß ich mit der Verfolgung aufhören mußte, weil ich mich bereits selbst verfolgte und zwischen dem Angstschweiß des Verfolgers und dem Angstschweiß des Verfolgten kein Raum mehr war für Unterschiede. Die Unterschiede gab es nicht mehr« (HM 152). Diese Konstellation der Befragung und Selbstbefragung, der Bezichtigung und Selbstbezichtigung, der Verfolgung und Selbstverfolgung kehrt in veränderter Gestalt in den literarischen Texten Harlans wieder. In *Veit* wendet er sie auf den für ihn maßgeblichen biografischen Ausgangspunkt zurück, in dem die Liebe zum Vater und der Abscheu über dessen Handeln einander die Waage halten und zu gleichen Teilen in den Text eingehen, etwa in den folgenden Apostrophen: »GELIEBTER, [...] VERFEMTER, MIT SEINEN OPFERN SICH VERWECHSELNDER [...], WUNDERBARER, [...] UNVERZEIHLICH VON SEINEM SOHN VERRATENER, SÜSSESTER, ZÄRTLICH ANGEBETETER, ÜBERSCHULDETER, [...] DER ICH DICH ALS HERSTELLER VON MORDWERKZEUGEN ANGEKLAGT HABE, [...] VON SCHULDGEBIRGEN UNBEZWINGBARER, [...] ZU BEKENNTNISSEN UNFÄHIGER, LIEBSTER, [...] DER WAHRHEIT ENTFREMDETER, LÜGNER, [...] UNABSCHÄTZBARER UNTER DEN TÄTERN, [...] ALLERLIEBSTER, DU MEIN VATER, DU NICHT ENDEN WOLLENDE AUFZÄHLUNG, [...] DU UNGLÜCKLICHER« (V 12 f.).

Thomas Harlan lässt in *Veit* keinen Zweifel daran, dass der Vater eine Schuld auf sich geladen habe, die nicht zu tilgen sei.[55] Zugleich registriert er dessen Abwehr, die Verantwortung »für ein Unglück, [...] Judenmorde, [...] Rauchsäulen« (V 65) zu übernehmen, die *Jud Süß* befördert habe. Angesichts dieser vom Vater sein Leben lang verleugneten Schuld fragt sich das Ich in *Veit*: »Was tun? Sprechen? [...] In die Wunden greifen? Schmerz zufügen [...] durch die ungehemmte Anklage? Durch die Abbitte für das nie enden wollende Anklagen, ohne welches ich keinen Tag verbringen kann, an dem ich in der Welt stehe?« (V 43). Der Sohn entschließt sich zu einer noch weiter reichenden, radikalen, empathischen Geste, die als Variante neben die Akte der Identifikation aus den vorangegangenen Büchern tritt: »Vater, ich bin bereit, Deine Schuld auf mich zu nehmen« (V 45). »Wenn Du Deine Verantwortung nicht trägst, gestehe ich sie mir ein, ich übernehme sie an Deiner Statt« (V 91).

Nun kommt es zu einer – wenn auch rhetorisch-hypothetischen – Wiederholung der verabscheuten antisemitischen Taten und zu einer Anverwandlung an den entsprechenden Ton: »Ich habe den Film gemacht, [...] ich habe

---

55 Vgl. V 33.

die Absicht gehabt, euch bloßzustellen euch verdammte Geldfälscher, Finanzkönige, euch erste Kapitalisten, ich war es, der den Film vor zwanzig Millionen Menschen aufführen ließ und den Haß schürte« (V 45). Harlan treibt die Anverwandlung ins Extrem; die Anrufung kulminiert in der Bereitschaft, den Mord zu wiederholen: »Ich habe einen schrecklichen Film gemacht. Ich habe *Jud Süß* gemacht. [...] Ich habe die Männer von Lublin erstickt. Ich habe sie alle erstickt. Laß sie mich alle ersticken, ich bitte Dich. [...] Laß mich Dein Sohn sein« (V 94).

Aus den Reihen der Täter hat niemand die Schuld eingestanden; das gilt auch für Veit Harlan bis zu seinem Tod 1964. Neben der Verstrickung in die ideologische Mordmaschine während der Zeit des Nationalsozialismus ist es diese Schuldabwehr in der Nachkriegszeit, die der Sohn nicht akzeptieren kann. Dass Veit Harlan zwischen 1933 und 1945 Filme wie *Jud Süß* gedreht hat, ist nicht mehr rückgängig zu machen. Dass der ihm zukommende Teil der Verantwortung für den geschehenen Massenmord weder von ihm noch von jemand anders übernommen wurde, bedeutet, dessen Rechtfertigung und damit die ideologische Disposition zum Mord in die Gegenwart hinein fortzuschreiben. Aus der Sicht des Sohnes muss deshalb die Vergangenheit zum Feld der Auseinandersetzung über die Gegenwart werden, und zwar in einer bestimmten Weise: Nur wenn der Sohn die am Vater gehassten Züge in sich selbst sucht und findet, wenn er also seine eigene Teilhabe postuliert, kann er die katastrophale Vergangenheit auf sich nehmen und in der Gegenwart anders fortschreiben. Darin liegt ein starkes Motiv für die von Harlan praktizierte literarische Anverwandlung: Er muss werden wie der Vater, muss sich literarisch zum Antisemiten und ideologischen Befürworter des Mordes machen, damit es jemanden im Täterkollektiv gibt, der die Verantwortung übernehmen kann.[56] So weist ihm die eigene Biografie ein Leben in Nachfolgeschaft und in Stellvertretung zu. Als Summe dieses Lebens formuliert das Erzähl-Ich Thomas Harlan am Ende von *Veit* in Bezug auf den Vater: »Ich bin in Dir umgekommen« (V 93).

Die Bekämpfung der Schuldabwehr trieb Harlan auch politisch an. In der Geschichte der Bundesrepublik der fünfziger und sechziger Jahre erkannte er Parallelen zu seiner Familiengeschichte. Worum es ihm in der Auseinander-

---

56 Hier liegt ein anderer Nachvollzug des Handelns der Täter vor als in jener »beschwörende[n] Nachgestaltung und Neuinterpretation« (Saul Friedländer: Kitsch und Tod. Der Widerschein des Nazismus, München, Wien 1984, S. 15), die Saul Friedländer in einigen Werken der siebziger Jahre sah, die die Massenfaszination des Nationalsozialismus nachvollziehbar machen wollten und dabei selbst in die Gefahr einer Wiederholung dieser Mechanismen geraten seien. Bei Harlan geht es eher um einen Nachvollzug im Bewusstsein der Scham als um ein Wiederaufsuchen der Faszination.

setzung mit seinem Vater ging, galt auch politisch: die mörderische Vergangenheit anders als verleugnend aufzurufen, die Verantwortung zu übernehmen. In der postfaschistischen Nachkriegsgesellschaft der Bundesrepublik wurde er zum Verfolger und Ruhestörer. Im Verlauf der Verfolgung griff er – wie mit dem »verschärften Verhör« (HM 205) Filberts in *Wundkanal* – mitunter selbst auf Praktiken der Täter zurück. Diese Dynamik unterstreicht die Zweischneidigkeit – wenn nicht gar den illusionären Charakter – des politischen Konzepts der Befreiung von den Vätern. Im Gewaltakt der Befreiung schreibt sich das Erbe der Täterschaft fort.[57] Wegen solcher und ähnlicher Mechanismen gilt auch in gesellschaftspolitischer Hinsicht zuletzt der Befund, dass die Verstrickungen in die Täterschaft noch das demokratische Nachfolgegebilde des Nationalsozialismus wesentlich mit bestimmt haben. Solch eine Perspektive erkennt in der Rede von der Stunde Null einen Gründungsmythos, der den postfaschistischen Charakter des demokratischen Gemeinwesens umdeutend verharmlost.

Literarisch kann Harlan der Verstrickung in die Nachfolgeschaft in allen Richtungen und mit aller Radikalität nachgehen. Dabei experimentiert er immer wieder mit der doppelten Identifikation mit den Tätern *und* den Opfern. Diese unmögliche Position zerreißt die eindimensionalen Narrative und dissoziiert alle einfach gedachten Identitäten. Es entstehen Texte, die Geschichten ohne Anfang und Ende zueinander rücken und deren Figuren sich in dauernden Transformationen befinden. *Rosa* und *Heldenfriedhof* sind Textmassive, die nur wenig Orientierung bieten, die im Gegenteil mit ihrem Changieren zwischen Fakt und Fiktion das politisch korrekte Erinnern verunsichern und dezentrieren.[58] Statt den Autor als den Souverän über die Nachgeschichte des Nationalsozialismus und der Shoah zu installieren oder den Lesern eindeutige Richtungen vorzugeben, um die Geschichte zu ›bewältigen‹, verlieren sich Autor und Leser in ihr. Und manche der geschilderten Figuren kommen in ihr um.

---

57 Diese Überlegung wäre zu beziehen auf Harlans Selbstverständnis als Kommunist, auf seine Arbeiten zu unterschiedlichen Revolutionen – etwa den Film *Torre Bella* (F, P, I, CH 1975) – sowie zu den sozialistischen Staaten des Ostblocks, die er in dem Erzählungsband *Die Stadt Ys* (2007) thematisiert.
58 Harlan, der Gilles Deleuze persönlich kannte, gibt an: »Die Denkformen, die ich von Deleuze mitgenommen habe, sie haben sich fortgesetzt in allem was ich je hin- und hergewälzt habe in meinen Belagerungszuständen« (HM 23). Eine Lektüre der späten Texte Harlans, die sich zum Beispiel an Deleuzes und Guattaris Begriff der Fluchtlinien orientieren könnte, steht noch aus.

Ko-Erinnerung in Peter Weiss' Roman
»Die Ästhetik des Widerstands«

Die Ästhetik des Widerstands erschien in drei Bänden 1975, 1978 und 1981 in der Bundesrepublik Deutschland bei Suhrkamp und in einem Band 1983 in der Deutschen Demokratischen Republik im Henschelverlag.[1] Peter Weiss thematisiert darin den Widerstand der politischen Linken gegen den Nationalsozialismus. Er porträtiert drei junge Erwachsene – Coppi, Heilmann und einen namenlosen Ich-Erzähler – und vergegenwärtigt in der Handlung, wie zwischen 1937 und 1945 sowohl ihre persönlichen als auch die Bemühungen der gesamten Opposition gegen den Faschismus scheitern. Zwei der Protagonisten werden schließlich hingerichtet, nur der Ich-Erzähler überlebt. In einer erinnernden, vergegenwärtigenden Narration, die den überlebenden Erzähler als Medium einsetzt, schreitet der Roman die Geschichte der Niederlagen erneut ab: das Scheitern der Republik im Kampf gegen Franco im Spanischen Bürgerkrieg, das Scheitern der Bemühungen um eine Volksfront unter den Exilierten in Paris, das Scheitern der Schulze-Boysen/Harnack-Gruppe, der sogenannten Roten Kapelle, in Berlin sowie zahlreicher weiterer Bemühungen Einzelner und politischer Gruppierungen. Die erzählte Geschichte erscheint dabei immer schon als erinnerte Geschichte und die Darstellung der vergangenen Kämpfe ruft die vielen möglichen Positionierungen ihnen gegenüber mit auf – seien es die zeitgenössischen, die in den jeweiligen politischen Gemengelagen lokalisiert werden, oder die nachträglichen, die im Bewusstsein der Niederlagen aus dem Kalten Krieg heraus, also ex post, auf die vergangenen Kämpfe vorgenommen werden.

Das Konzept der Ko-Erinnerung bietet einen kongenialen Rahmen für die Relektüre einiger Aspekte der *Ästhetik des Widerstands*, weil der Begriff die intersubjektive und damit soziale Dimension der Verfertigung von Erinnerung akzentuiert. In Weiss' Roman wird Erinnerung, wo sie auf der Ebene der erzählten Handlung auftritt, durchweg im Modus eines Aufeinander-

---

[1] 2016 erstellte Jürgen Schutte für den Suhrkamp Verlag eine Ausgabe, die auf den letzten Änderungen beruht, welche Peter Weiss vor seinem Tod 1982 noch vorgenommen haben wollte und die deshalb als Ausgabe letzter Hand gelten kann (Peter Weiss: Die Ästhetik des Widerstands [1975, 1978, 1981], hg. v. Jürgen Schutte, Berlin 2016). Im Folgenden wird auf Seitenzahlen aus dieser Ausgabe ohne Sigle in Klammern verwiesen.

Verwiesenseins unterschiedlicher Akteure hervorgebracht, seien es Individuen, Gruppen oder größere soziale Verbände. So beginnen zum Beispiel die Gespräche der Freunde über den Pergamonfries bei der sinnlichen Erfahrung, greifen aber schon bald auf unterschiedliche Inhalte des kulturellen Gedächtnisses zurück, etwa auf die griechische Mythologie, die Geschichte des alten Pergamon, die Kolonialgeschichte. Welche soziale Form die Interaktion jeweils annimmt, in der die Erinnerungen modelliert werden – ob abgrenzend-ausschließend, ob agonal-widerstreitend, ob kommunikativ-dialogisch – spezifiziert der Terminus Ko-Erinnerung nicht. Er setzt aber die Erkenntnis von Maurice Halbwachs voraus, dass sich das Verfertigen von Erinnerungen innerhalb sozialer Bezugsrahmen ereigne: »Die kollektiven Rahmen des Gedächtnisses bestehen [...] nicht nur aus Jahreszahlen, Namen und Formeln, sondern stellen Denk- und Erfahrungsströmungen dar, in denen wir unsere Vergangenheit nur wiederfinden, weil sie von ihnen durchzogen worden ist«[2]. Auch Harald Welzer hat den »soziale[n] Verfertigungsprozeß von Vergangenheit«[3] mit seinem Begriff des kommunikativen Gedächtnisses hervorgehoben und darauf hingewiesen, dass letzteres auch ein »kommunikatives Unbewußtes«[4] umfasse, das bis in psychomotorische Schichten hineinreiche. Für die *Ästhetik des Widerstands* sind alle diese Aspekte zentral: die kollektive Produktion der Erinnerung, die situativen Konstellationen, in denen sie hervorgebracht wird, die bewussten und unbewussten Anteile der Erinnerung. Hinzu kommt der mindestens seit Sigmund Freud in der Erinnerungs- und Gedächtnisforschung bekannte Gedanke der Umschrift des Erinnerten, das Überschreiben und Ergänzen der Erinnerung durch Hinzugefügtes unterschiedlichster Herkunft, das seit Halbwachs in seinen sozialen Dimensionen verstanden wird.

Das Ringen um die Erinnerung in interaktiven Zusammenhängen, das Aufeinander-Verwiesensein der Akteure sowie das Spiel der Kräfte, die dabei am Werk sind, durchzieht den gesamten Roman; Weiss entfaltet es an vielen unterschiedlichen Themen. Im Folgenden soll mit der Erinnerung an die Shoah einer dieser Gesichtspunkte näher betrachtet werden. Weiss geht gegenüber der Geschichtsschreibung seiner Zeit ungewohnte Wege, indem er die Erinnerung an die Shoah zusammen mit der Geschichte des Widerstands aufruft. Zwei von den Nationalsozialisten verfolgte Gruppen, die Mitglieder des sozialistischen Widerstands und die Juden, treten in ein Verhältnis zueinander; im Roman wird es neu justiert. Die Verfolgung und Ermordung der

---

2 Maurice Halbwachs: Das kollektive Gedächtnis, Stuttgart 1967, S. 50.
3 Harald Welzer: Das kommunikative Gedächtnis [2002], 2. Aufl., München 2008, S. 233.
4 Ebd., S. 225.

Juden tritt in dem Roman darüber hinaus an die Seite anderer gruppenspezifischer Verfolgungserfahrungen, von denen einige kurz genannt werden sollen, um die Breite und Omnipräsenz der Verflechtungen der Rede über Verfolgung und Widerstand in den Blick zu nehmen. So wirft der Roman erstens die Frage nach der Unterdrückung der Frauen und nach der Funktionsweise des Patriarchats auf. Alfons Söllner wies schon früh auf den besonderen Stellenwert des Feminismus im dritten Band hin.[5] Zweitens bezieht sich Weiss auf den Kolonialismus, etwa wenn er die Geschichte Spaniens sowohl als die einer Kolonie als auch später als die einer Kolonialmacht vergegenwärtigt (vgl. 398-409). Drittens flicht Weiss diverse aus dem Geschichtsbild des Sozialismus verbannte Strömungen wieder ein, zum Beispiel die Bekämpfung der eigentlich verbündeten Anarchisten sowie eigener ›Abweichler‹ durch stalinistisch orientierte Brigaden innerhalb der republikanischen Truppen während des Spanischen Bürgerkriegs: Dem »Machtmissbrauch innerhalb der Internationalen Brigaden« sowie den »innerparteilichen ›Säuberungsaktionen‹ ist hier mehr Platz eingeräumt als in jedem anderen antifaschistischen Roman über den Spanischen Bürgerkrieg«[6]. Viertens thematisiert er auch die Marginalisierung und Unterdrückung von Menschen mit einem von der jeweils unterstellten Norm abweichenden sexuellen Verhalten. So porträtiert er mit Karin Boye zum Beispiel eine homosexuelle Figur. Ferner lässt er in den Interventionen des Sexualpädagogen Max Hodann, etwa über die Onanie, ein verändertes Verständnis von Sexualität anklingen (vgl. 322-324).

Diese Beispiele zeigen, dass sich in der *Ästhetik des Widerstands* unterschiedliche Formen der Diskriminierung überschneiden, wodurch auch die Gründe für Verfolgungen akkumulieren. So greift der Roman durchgängig auf Muster zurück, die heute der Terminus Intersektionalität bezeichnet. Außerdem zeigt sich, dass die erzählerische Grundsituation der Nachträglichkeit eine Überblendung der Diskurse aus der erzählten Zeit, also derjenigen zwischen 1937 und 1945, mit jenen aus der Zeit der Niederschrift in den siebziger Jahren mit sich bringt. Durch die früheren Debatten schimmern in dem Roman die späteren schon durch die Wahl einiger in den siebziger Jahren

---

5 Vgl. Alfons Söllner: Peter Weiss und die Deutschen. Die Entstehung einer politischen Ästhetik wider die Verdrängung, Opladen 1988, S. 212-216. – Einen neueren Blick auf die Geschlechterverhältnisse in dem Roman wirft Mary Cosgrove (vgl. dies.: Melancholy Traditions in Postwar German Literature, Rochester, Woodbridge 2014, S. 110-144).
6 Bettina Bannasch: Peter Weiss: Die Ästhetik des Widerstands, in: dies., Christiane Holm (Hg.): Erinnern und Erzählen. Der Spanische Bürgerkrieg in der deutschen und spanischen Literatur und in den Bildmedien, Tübingen 2005, S. 471-483, S. 476.

aktueller Themen (Feminismus, Antikolonialismus, Dritter Weg im Sozialismus, sexuelle Befreiung) hindurch.

Die Shoah hatte Weiss bekanntlich schon vor der *Ästhetik des Widerstands* thematisiert, etwa in dem Text *Meine Ortschaft*, in dem Drama *Die Ermittlung* und in dem nie zur Publikationsreife gelangten Divina Commedia-Projekt, in dem er Dantes Gesang in einer modernen Version darstellen wollte.[7] Als Autor sprach er nicht nur aus dem neutralen Staat Schweden in die beiden Teile des im Kalten Krieg gespaltenen Deutschlands hinein, als Angehöriger der ehemals verfolgten Gruppe der Juden[8] konfrontierte er die Erinnerung an den Nationalsozialismus in beiden deutschen Staaten mit den dort jeweils unterschiedlichen Arten des Schweigens über die Shoah. Im Rahmen der Frage nach der Ko-Erinnerung soll nun jedoch weniger auf den Autor Weiss und dessen Positionierung eingegangen werden, als auf die Verflechtung unterschiedlicher Erinnerungen in dem Roman. Diese wird anhand der Familienerinnerung – als einem Segment des in dem Roman erzählten Erinnerungsgeschehens – in Bezug auf verschiedene, einander zum Teil überlagernde Aspekte herausgearbeitet: hinsichtlich ihrer sozialen, ihrer unbewussten sowie ihrer multidirektionalen Anteile.[9]

Die Geschichte des Widerstands gegen den Nationalsozialismus ist bei Weiss von Anfang an zugleich eine Geschichte der Verfolgung, genauer: des Verfolgtwerdens. Beide Charakterisierungen bezieht er zunächst auf Gruppen, erst danach auf Individuen. Das signalisieren bereits die ersten drei Wörter des Romans: »Rings um uns« (9), heißt es dort, und das meint einerseits die auf dem Pergamonaltar abgebildeten Figuren, die die Betrachtenden umgeben, in einem weiteren Sinn aber auch die Umzingelung der Hitlergegner 1937 in Berlin. Durch alle drei Bände hindurch behaupten sich die Oppositionellen; sie setzen der Übermacht einen Widerstand entgegen, während die Machthaber ihnen auf der Spur sind. Dazu mobilisieren sie auch die Erinnerung, die

---

[7] Vgl. dazu Kurt Oesterle: Dante und das Mega-Ich. Literarische Formen politischer und ästhetischer Subjektivität bei Peter Weiss, in: Martin Lüdke, Delf Schmidt (Hg.): Widerstand der Ästhetik?, Reinbek 1991, S. 45-72; die Beiträge von Michael Hofmann, Christine Ivanovic, Peter Kuon und Martin Rector, in: Martin Rector, Jochen Vogt (Hg.): Peter Weiss Jahrbuch 6, Opladen, Wiesbaden 1997, S. 42-115, sowie die bei Martin Rector: Fünfundzwanzig Jahre *Die Ästhetik des Widerstands*. Prolegomena zu einem Forschungsbericht, in: Arnd Beise, Jens Birkmeyer, Michael Hofmann (Hg.): Diese bebende kühne zähe Hoffnung, St. Ingbert 2008, S. 13-47, S. 45 f., genannten Beiträge.
[8] Peter Weiss hatte einen jüdischen Vater und eine nichtjüdische Mutter. Die Nazis verfolgten auch die in ihrer rassistischen Terminologie so deklarierten ›Halbjuden‹.
[9] Damit gehen neue Perspektiven auf die literarische Konstruktion der Erinnerung in dem Roman einher, die in der Folge allerdings nur kurz erwähnt werden können.

überwiegend gemeinsam, wenn auch in unterschiedlichen Konstellationen, verfertigt wird. Der Freundeskreis, die im Widerstand Aktiven, die Partei sowie die Klasse der ›Unteren‹ werden nicht nur als Kommunikations-, sondern auch als Erinnerungsgemeinschaften gezeichnet oder werden von einzelnen Figuren emphatisch als solche in Anspruch genommen. Zu ihnen gehört auch die Familie. Sie ist in dem Roman für die Erinnerung an die Shoah von zentraler Bedeutung.

Neben die sozialistische Widerstands- und Verfolgungsgeschichte tritt im dritten Band der *Ästhetik des Widerstands* zunehmend die Verfolgungsgeschichte der Juden. Weiss verbindet sie vor allem mit der Figur der Mutter des Erzählers. Ihre Konfrontation mit dem Judeozid sowie ihre Reaktion darauf wurden in der Forschung bereits mehrfach diskutiert und in den Zusammenhang mit der Reaktion ihres Mannes, des Vaters des Erzählers, gebracht.[10] Ihr Verhältnis kann als Beispiel für das spannungsvolle Miteinander-Aufrufen unterschiedlicher Verfolgungserfahrungen in Weiss' literarischem Projekt gelesen werden. Als Eltern des Erzählers gehören die Figuren zusammen, aber ihre je unterschiedlichen Modi des Erinnerns sowie ihre unterschiedlichen Sprechweisen über die Verfolgungen heben sie auch voneinander ab. Unter dem Aspekt der Ko-Erinnerung sollte außerdem die Rolle des Erzählers beachtet werden, denn auch er greift in die Überlieferung der Verfolgungserfahrung ein: einerseits zeitgleich zu den historischen Ereignissen als Mitglied der Erinnerungsgemeinschaft der Familie, andererseits durch seine Autorschaft, in der er die frühere Situation erneut aufruft und damit überliefert.[11] Die Dichotomie der Erinnerung an die Shoah, die mit den Figuren der Mutter und des Vaters vorliegt, sollte also auch innerhalb der kommunikativen Situation begriffen werden, in der sie sich artikuliert.

Die Mutter identifiziert sich im Laufe des Romans immer stärker mit den verfolgten Juden, ohne selbst jüdischer Herkunft zu sein.[12] Im ersten Band heißt es, sie hätte sich, »nachdem man sie ihres dunklen Haars wegen einige

---

10 Vgl. zuletzt die Wiederaufnahme der relevanten Passagen bei Steffen Croscurth: Fluchtpunkte widerständiger Ästhetik. Zur Entstehung von Peter Weiss' ästhetischer Theorie, Berlin, Boston 2014, S. 83-96.
11 Ob die Erinnerung des Ich-Erzählers an diese und andere Tote im Sinne eines Totengesprächs eine Überschreitung des monologischen Erinnerns und damit eine Form der Ko-Erinnerung darstellt, müsste eigens diskutiert werden.
12 Die Mutter stammt aus einer elsässischen Familie, die in Straßburg gelebt hatte und »zur besitzlosen Klasse« (167) gehört. Eine weitere Herkunftsangabe, etwa im Sinne einer Religionszugehörigkeit, gibt Weiss nicht. Es handle sich, so der Erzähler mit einer unterschiedlich auslegbaren Wendung, um »eine Familiengeschichte [...], in der das Eigne aus dem Bindungslosen entstand« (167).

Male als Jüdin bezeichnet hatte, [...] nun selbst zur Jüdin erklärt« (234). Im zweiten Band setzt der Erzähler diese Identifikation bereits voraus, wenn er im »Fieber« (536) eine Szene halluziniert, in der er seine Mutter aus den Augen verliert: »die Menge trieb eine Frau vor sich her, man hatte ihr ein Schild um den Hals gehängt, mit der Aufschrift Jidd, in jüdischen Lettern, vielleicht war es meine Mutter« (541).[13] Erzählt Weiss in den ersten beiden Bänden en passant von der Ausgrenzung und Entrechtung der Juden sowie vom allgegenwärtigen Antisemitismus, der im Einzelfall bis zum Mord eskaliert (vgl. 235),[14] so überschreitet der dritte Band, in dem die Handlung in den vierziger Jahren ankommt, die Schwelle zur systematischen Verfolgung der Juden von Staats wegen sowie zum Genozid. Die Shoah wird, vor allem durch die Figur der Mutter, nun zu einem der Haupterzählstränge des Romans.

Auf ihrer Flucht von Prag nach Schweden teilt sie die Verfolgungserfahrung der Juden, indem sie sich ihnen freiwillig anschließt und dabei von ihrem Mann getrennt wird. In Polen, so der Erzähler, ist sie »bei Sobibor [...] mit den andern gestürzt, in die Grube, sie hatte zwischen ihnen gelegen, die Wärme der Körper war um sie gewesen, sie war umgeben gewesen von den zuckenden Armen und Beinen, sanft war der Schnee über das Röcheln und Knirschen gefallen, dann war es still geworden, sie war hinausgekrochen« (1110f.). Ohne es deutlich auszusprechen, legt diese Beschreibung nahe, dass sie eine Massenerschießung überlebt. Später sieht sie die Vergewaltigung einer Frau, vor deren Augen ihr Kind und ihr Mann ermordet werden, mit an. In dieser Zeit hat etwas »auf solche Art von ihr Besitz ergriffen [...], daß es keine Rückkehr mehr gab« (1012). Sie »war Zeuge gewesen« (1019), und zwar dessen, wovon der Ingenieur Gert Nyman im Roman kurz zuvor in der damals gängigen Terminologie berichtet hatte: von der bereits beschlossenen und in Gang gesetzten »Ausrottung [...] der jüdischen Rasse« (1005). Den Bericht und die Einschätzungen Nymans wiedergebend, beschreibt der Erzähler – und somit der Autor Weiss – die Art der Ermordung durch »tödliches Gift« (1005), die in dafür geplanten Anlagen im Generalgouvernement vorbereitet

---

13 Beide Passagen machen deutlich, dass eine Identifikation der Mutter mit dem Schicksal der Juden, anders als Susanne Knoche einwendet, durchaus vorliegt. Darüber hinaus wird die Mutter dann, wie Knoche betont, zur Zeugin von Verbrechen und teilt die Verfolgungserfahrungen (vgl. Susanne Knoche: Generationsübergreifende Erinnerung an den Holocaust: ›Jahrestage‹ von Uwe Johnson und ›Die Ästhetik des Widerstands‹ von Peter Weiss, in: Johnson-Jahrbuch 9, Göttingen 2002, S. 297-316, S. 315) bis zu ihrer Traumatisierung.
14 Jenny Willner hat detailliert herausgearbeitet, in welcher Weise dieser Mord vorausdeutet auf die Shoah (vgl. dies.: Wortgewalt. Peter Weiss und die deutsche Sprache, Konstanz 2014, S. 314-316).

werde.¹⁵ Was ›Besitz von der Mutter ergreift‹ ist eine Gewissheit, die sich einstellt, als sie das Verhalten deutscher Offiziere beobachtet. Ihm habe sie – so die Einschätzung des Erzählers – »alles entnommen, was kommen würde, und was Nyman [...] bestätigt hatte« (1019). In Zeitgenossenschaft zur Verfolgung der Juden erfasst sie das Ausmaß des Vernichtungswillens, noch bevor die Todesfabriken errichtet sind. Ihre Zeugenschaft betrifft das Monströse, das Unaussprechliche, das, was der Ortsname Auschwitz im Unterschied zu anderen Verbrechen des Nationalsozialismus bis heute bezeichnet.¹⁶ In Schweden, als sie bereits selbst gerettet ist, stellt die Mutter das Sprechen und später auch die Nahrungsaufnahme ein (vgl. 1010); schließlich stirbt sie. Weiss beschreibt mit dieser Figur die erinnernde Vergegenwärtigung der Verfolgung als das traumatische Verstummen angesichts einer nicht mehr zu bewältigenden Wirklichkeit.¹⁷

15 In den *Notizbüchern* schreibt Weiss: »Gert Nyman. Schwed. Schriftsteller, ehemals Ingenieur. Arbeitete 1940 in einer chem. Fabrik in Bln Grünau« (Peter Weiss: Notizbücher 1971-1980, 2 Bde., Frankfurt am Main 1981, S. 175). Als Ingenieur tritt er auch in der *Ästhetik des Widerstands* auf, wo er »für einige Wochen von seiner Arbeit in der Chemischen Fabrik Grünau beurlaubt« (999 f.) ist und der Erzähler ihn deshalb in Schweden treffen kann. – Die Vergasungen durch Zyklon B, das Nyman mit den Worten »Insektenpulver [...], so ein bröckliger Stoff« (1005) erwähnt, begannen in Auschwitz am 3.9.1941. Weiss nimmt mit Nymans Worten, der »beschrieb, was er durch das Guckloch« (1005) der Gaskammer gesehen hatte, einen Augenzeugenbericht über die Vergasungen in den Roman auf (vgl. 1005 f.). Dem Verstummen der Mutter wird zwar mehr Aufmerksamkeit eingeräumt, Weiss macht sich die damit verbundene ästhetische Position der Aussparung der Beschreibung aber in seinem Roman nicht zu eigen, denn mit Nymans Bericht beschreibt er die Vergasungen – und damit die Shoah.
16 Weiss nennt den Ort, aber nicht den Namen. Allerdings verweist er (auch durch die Nennung des Ortsnamens Sobibór, vgl. 1012) präzise auf die Topografie der Todeslager und auf das, was kommen würde: »Ein paar Wochen lang wanderten sie, oft zusammen mit Gruppen tschechischer und slowakischer Juden, in Richtung Oswiecim, dem Bahnknotenpunkt, wo sie auf einen Zug nach Warschau warten wollten« (869).
17 Zur Einordnung der Figur der Mutter sollte aus heutiger Perspektive bedacht werden, dass die psychoanalytische Theorie der Traumatisierung erst seit den sechziger Jahren historische Ereignisse als Auslöser für Traumata systematisch zu erforschen und zu berücksichtigen begann. Vorher war das Trauma überwiegend als Kindheitstrauma konzipiert worden. Werner Bohleber betrachtet William G. Niederlands Vortrag auf dem psychoanalytischen Kongress 1967 in Kopenhagen über die psychischen Probleme KZ-Überlebender als Wendepunkt (vgl. Werner Bohleber: Die Entwicklung der Traumatheorie in der Psychoanalyse, in: Psyche, Jg. 54 (2000), H. 9-10, S. 797-839, S. 812). Niederlands Buch erschien 1980 auf Deutsch (William G. Niederland: Folgen der Verfolgung: Das Überlebenden-Syndrom Seelenmord, Frankfurt am Main 1980). Auch die Psychiatrie entwickelte erst seit dieser Zeit ein detaillierteres Wissen von den psychischen Folgeschäden von Genoziden und Lagerhaft, das in den entsprechenden Lehrbüchern mittlerweile unter der Bezeichnung PTSD kanonisiert wurde. – Gottfried Fischer und Peter Riedesser definieren das psychische Trauma als »vitales Diskrepanzerlebnis zwischen bedrohlichen Situationsfaktoren und den individuellen Bewältigungsmög-

Der Vater des Erzählers verarbeitet die historischen Ereignisse anders als die Mutter. Obwohl er mit ihr gemeinsam von Prag über Riga nach Schweden flüchtet und sie während des »Jahr[s] dunkelster Wanderung« (862), zwischen 1939 und 1940, zusammenbleiben, ist er während jener entscheidenden Situation, in der etwas von der Mutter Besitz ergreift, nicht bei ihr: »Einmal sei meine Mutter tagelang verschwunden gewesen, sagte mein Vater, er habe sie wiedergefunden, im Schneetreiben, zwischen Juden, die ihre Angehörigen verloren hatten. Seitdem, sagte er, habe ihre Versunkenheit zugenommen« (875 f.). Er teilt ihre Traumatisierung nicht. Der Erzähler und der Vater sehen sich als diejenigen, die »die Vernunft bewahrt hatten« (873), sind sich aber unsicher, ob die Mutter in ihrer Sprachlosigkeit »nicht mehr wisse als wir« (873). Anders als die Mutter, verstummt der Vater nicht. Geradezu in Antithese zu ihrem Verhalten möchte er die historischen Ereignisse möglichst präzise benennen und analysieren. Dazu nennt er die Namen der Verantwortlichen, die, der politischen Faschismusanalyse aus sozialistischer Sicht folgend, zuletzt diejenigen von Großindustriellen sein müssen: »Haniel, Wolff, Borsig, Klöckner, Hoesch, Bosch, Blohm, Siemens, einige der Mächtigsten nur nenne er, sagte er« (1014).

Weiss arbeitet mit dem Vater und der Mutter zwei unterschiedliche Reaktionen auf die Shoah heraus. Sie vollziehen sich jedoch im »›Familienzentrum‹ des Romans«[18] in gemeinsam durchlebten Kommunikationssituationen, an denen auch der Erzähler beteiligt ist. Dieser wohnt in Stockholm, sein Vater und seine Mutter im westschwedischen Alingsås, wo er sie regelmäßig besucht. Die Aufenthalte bilden den Hintergrund für die Szenen, in denen die Familienerinnerung an das jüngst Durchlebte hergestellt wird. Einerseits geschieht dies sprachlich, andererseits durch nonverbale Interaktion. Weiss beschreibt diese nicht weniger detailliert und umfangreich als die sprachliche. Hervorzuheben ist insbesondere, dass die Mutter, trotz ihres »Fall[s] in die Sprachlosigkeit« (892), weiterhin an der Kommunikation teilnimmt. In welchem Maße dies geschieht, bleibt mitunter im Ungewissen, da die Leser das Geschehen durch den Bericht des Erzählers übermittelt bekommen, der Erzähler das Verhalten der Mutter aber oft nur interpretiert und sich dabei nicht sicher sein kann, ob seine Deutungen zutreffen. Seine in den Roman ein-

---

lichkeiten, das mit Gefühlen von Hilflosigkeit und schutzloser Preisgabe einhergeht und so eine dauerhafte Erschütterung von Selbst- und Weltverständnis bewirkt« (dies.: Lehrbuch der Psychotraumatologie, 4. Aufl., München, Basel 2009, S. 84, im Or. kursiv).
18 Klaus Briegleb: Widerstand als tätige Erinnerung: Uwe Johnson und Peter Weiss, in: Das Argument, Nr. 192, Jg. 34 (1992), H. 2, S. 205-218, S. 216.

gegangenen Vermutungen tragen aber wesentlich zu dem Bild der Mutter bei, das der Roman entwirft.

Den Umgang mit der Mutter in der Familie charakterisieren Achtsamkeit und das Beharren auf Zusammengehörigkeit. Der Vater gibt sie nicht in ein von der Gewerkschaft betriebenes Erholungsheim, weil er sie nicht allein lassen möchte (vgl. 876). Der Erzähler lernt, seine »Worte, wie mein Vater es tat, auch an meine Mutter zu richten, als verstünde sie, was wir sagten« (864). Obwohl sie mit ihr kein Gespräch führen können, setzen Vater und Sohn die Kommunikation mit der Mutter bewusst weiter fort. Das gilt auch für Gesten, wie Berührungen, etwa wenn der Vater, während die Mutter apathisch dasitzt, ihre Hand hält (vgl. 861). Vater und Sohn verändern in der Gegenwart der Mutter ihr Sprechen. Das betrifft einerseits die bewussten Anteile der Rede, etwa wenn der Vater die »Geborgenheit« (876) hervorhebt, in der sie sich in Schweden befänden, um beruhigend auf die Mutter einzuwirken. Andererseits treten unbewusste Faktoren in die Kommunikation ein, zum Beispiel wenn in den ersten Zusammenkünften mit seiner Mutter in Schweden dem Erzähler ihr Schweigen »die Stimme lähmen« (864) will und ihn sein Vater bittet dennoch weiterzusprechen. Die Nennung der Firmennamen durch den Vater konterkariert, unter dem Gesichtspunkt des Unbewussten betrachtet, den in Anspruch genommenen rationalen Charakter seiner Reaktion. Denn dieses Sprechhandeln fällt in jene emotionsgeladene Situation, als er »sah, daß es keine Hoffnung mehr gab« (1014) – als er erkennt, dass seine Frau sterben würde. Er spricht die Namen nicht einfach aus, sondern er »rief« sie »hinaus« (1014). Die Emphase der Anrufung verstärkt Weiss, indem er den zugehörigen Sprechakt als den einer »letzten Auflehnung« (1014), eines »Angriff[s]« (1014) und einer Beschwörung charakterisiert.[19] Der Erzähler teilt den Inhalt des Gesagten zwar nicht, würdigt aber explizit die Art des Sprechens, wenn er »die Anstrengung« betont, »die meinen Vater das Sprechen gekostet haben mußte« (1012). Das Sprechen des Vaters ist, ebenso wie das des Sohnes, affektiv aufgeladen; der propositionale Gehalt tritt niemals ohne illokutionäre und perlokutionäre Anteile auf. Zum Teil darf jener sogar als Effekt der letzteren verstanden werden. Dieser Befund widerspricht dem Bild vom ausschließlich rational angeleiteten Sprechen des Vaters, das in der Forschung dominiert[20] und verweist auf die unbewussten Anteile beim gemein-

---

19 Vgl. »Er beschwor die Gewalt herauf, die, wenn auch immer vor uns versteckt, unser Leben bestimmte« (1013). – Martin Rector charakterisiert den Sprechakt als einen »Klagemonolog« (Martin Rector: Wahrnehmung und Erinnerung in Peter Weiss' *Ästhetik des Widerstands* und Uwe Johnsons *Jahrestagen*, in: Michael Hofmann (Hg.): Johnson-Jahrbuch 12, Göttingen 2005, S. 91-100, S. 94).
20 Vgl. zuletzt Groscurth, Fluchtpunkte widerständiger Ästhetik, S. 110-117.

samen Verfertigen der Erinnerung. Die von den Figuren betriebene und durchlebte Kommunikation tritt an die Seite des politischen Gehalts, überformt ihn, überlagert ihn zum Teil sogar.

Dem entspricht, dass Vater und Sohn auf die körperlichen Regungen, »auf die Zeichen« (878) der Mutter achten;[21] sie lesen und interpretieren sie. Zunächst registrieren sie eine Besserung, »eine langsame Verschiebung im Verhältnis von Dämmerzustand und Wachheit« (876), bevor der Erzähler in dem Handeln der Mutter den »Entschluß« (1012) erkennt, die Nahrungsaufnahme zu verweigern. Manchmal sind sie sich ihrer Auslegungen unsicher, etwa wenn der Sohn wahrnimmt, dass sich die Lippen seiner Mutter bewegen und sich ihre Finger rühren, während sein Vater von den Verfolgungen spricht (vgl. 867). Ungewiss bleibt an dieser Stelle, ob die Innervationen auf das Gehörte zurückzuführen sind. Bei anderer Gelegenheit haben sie keinen Zweifel, wie die Körperzeichen zu verstehen seien. Im Kontext von Nymans Bericht, den die Mutter mit anhört, stellt der Erzähler diese Verbindung direkt her; hier werde ihre mühsam zurückgewonnene »Aufmerksamkeit wieder zum Entsetzen« (1001). In dem Vorwurf: »wie hatten wir solches bereden können in Gegenwart meiner Mutter« (1007) spricht der Erzähler zugleich das eigene Wissen darum aus, dass bestimmte Sprechakte schädliche Konsequenzen haben.

Dergestalt überformt und rahmt die Interaktion unter den Familienmitgliedern noch deren grundverschiedene Zugänge zum Thema der Judenverfolgung. Dabei stellen die Figuren die Familienerinnerung zugleich in einem bestimmten Modus her: Sie tragen die Unterschiede nicht im Streit aus, sondern handeln mit Rücksicht aufeinander. Erst dadurch wird jene bedeutsame Wendung möglich, durch die das, was der Mutter widerfahren ist, nicht vollends im Schweigen verbleibt,[22] sondern innerhalb der Kommunikationssituation ausgesprochen werden kann: Kurz vor ihrem Tod, »als sie sich schon zum Sterben hingelegt hatte« (1012), spricht die Mutter zu ihrem Mann von dem, »was ihr zugestoßen war, im Schneegestöber, südlich von Brest, bei Sobibor«

---

21 Sie achten auch aufeinander. So liest der Erzähler vom Gesicht des Vaters »Zeichen von Erschütterung« (862) über den Zustand der Mutter ab.
22 Vgl. anders Rector, Wahrnehmung und Erinnerung, S. 93. Zutreffend ist dabei, dass Weiss die Rede der Mutter, während er sie aufruft, durch mehrere erzählerische Operationen zugleich ins Ungefähre verweist, indem er sie erstens als eine »Erzählung vierten Grades« (Günter Butzer: Fehlende Trauer. Verfahren epischen Erinnerns in der deutschsprachigen Gegenwartsliteratur, München 1998, S. 160-213, S. 205) einführt. Außerdem heißt es zweitens: »mein Vater war sich nicht mehr gewiß, ob meine Mutter es ihm so erzählt hatte, er konnte nicht mehr unterscheiden, ob es ihre oder seine Gedanken waren« (1019).

(1011 f.). Darauf folgt die Beschreibung der Szene in der Grube. Sie habe, so der Erzähler, »gesagt, was sie zu sagen im Stande war« (1018). Wie auch immer ihr letzter Sprechakt gedeutet wird – als Ablegen einer Zeugenschaft vor der Welt, als letzte Geste an den Mann – sie findet in der Interaktion zwischen den Eheleuten statt und wird von dieser Situation wesentlich geprägt. Weiss führt das Verfertigen der Erinnerung im Sprechen, im Aufeinander-Verwiesensein, auch hier als einen sozialen Akt vor. Erst im Rahmen der empathischen Kommunikation in der Familie kehrt die Mutter noch einmal zum Sprechen zurück, begibt sich an den Rand des vom Trauma diktierten Bezirks und beschreibt die traumatisierende Situation, die sie durchlebt hat. Erst dadurch wird sie für die Figuren, aber auch für die Leser des Romans, zur Zeugin der Shoah. Da auch der Vater in diesem situativen Rahmen sein Sprechen im Sinne der Anrufung und Beschwörung verändert, trägt die Verfertigung der Erinnerung in der Familie wesentlich zu der Form bei, die die Erinnerung an die Shoah in der *Ästhetik des Widerstands* annimmt.

Die sozialen Aspekte der Erinnerung reichen bei Weiss tief in den Bereich des Unbewussten hinein, dessen Stellenwert für die Theorie des Gedächtnisses die Kognitionspsychologie und die Psychoanalyse herausgearbeitet und bestätigt haben.[23] Das Aufeinander-Verwiesensein im Erinnern übersteigt in der *Ästhetik des Widerstands* noch das Sprechen; es dringt in den Bezirk des Ungreifbaren, nicht eindeutig Festlegbaren vor. Die Verständigung zwischen ihm und der Mutter werde, so der Erzähler, »geregelt von einer neuen Aufnahmefähigkeit. Was Worte nicht zu erreichen vermochten, nahm in einem Lauschen und Tasten Beziehungsformen an, wie sie vielleicht Blinden bekannt sind« (878 f.).[24] Diese Verständigung betrifft auch die über die Vergangenheit; die Ko-Erinnerung umfasst die Körper und das Unbewusste. Wenn die Gegenwart der verstummten Mutter dem Erzähler das Sprechen lähmt, wenn der Vater die Namen der Konzerne beschwörend aufruft, wenn die Mutter sich im Angesicht des Todes das Sprechen abringt, dann wird die Familienerinnerung gemeinschaftlich, situativ und unter Einbeziehung aller möglichen Beziehungs-

---

23 Vgl. die zusammenfassenden Abschnitte in Christian Gudehus, Ariane Eichenberg, Harald Welzer (Hg.): Gedächtnis und Erinnerung. Ein interdisziplinäres Handbuch, Stuttgart 2010 (zum Beispiel S. 11-21 über die neuroanatomischen und neurofunktionellen Grundlagen des Gedächtnisses, S. 64-74 über die Psychoanalyse).
24 Weiss ersetzt den Terminus »(Kommunikations)form« (Peter Weiss: Die Notizbücher. Kritische Gesamtausgabe, hg. v. Jürgen Schutte, CD-ROM, Berlin 2006, S. 9312, vgl. auch die 2., verb. und erw. Aufl., St. Ingbert 2012), den er in den *Notizbüchern* verwendet hatte, im Roman durch ›Beziehungsformen‹ und öffnet ihn damit für das Thema des Übersinnlichen, in dem die sinnliche Wahrnehmung mit Projektionsvorgängen amalgamiert wird.

formen hergestellt. Einerseits betrifft dies die subkutane Präsenz des Traumas, andererseits aber auch das grundierende Gefühl der Zusammengehörigkeit, Liebe und Solidarität: jene »geheimen Verknüpfungen, die zwischen uns bestanden und die über all die Jahre hin zur Vorstellung voneinander beigetragen hatten« (877). In dieser Beziehung »kam die Empfindung von Nähe auf, die dem, was noch unausgesprochen war, die Schwere nahm« (864). Sie stellt sich gegen die Folgen der von außen einwirkenden Gewalt und wirkt lindernd. Der Familienverbund kommt allerdings zuletzt gegen das Übermächtige nicht an: »Meine Mutter hatte an einer Last getragen, die zu groß gewesen war, als daß wir ihr hätten helfen können« (1010).

Obwohl Weiss die sozialen Komponenten der Familienerinnerung ganz im Sinne der Gedächtnisforschung vergegenwärtigt, weicht er doch von einem ihrer Theoreme ab. In der vielbeachteten Studie »*Opa war kein Nazi*« schreiben die Verfasser: »Das Familiengedächtnis ist [...] eine synthetisierende Funktionseinheit, die gerade mittels der Fiktion eines gemeinsamen Erinnerungsinventars die Kohärenz und Identität der intimen Erinnerungsgemeinschaft ›Familie‹ sicherstellt«[25]. Die kohäsiven Kräfte sind zwar, wie gezeigt, in der Familie des Erzählers in verschiedener Hinsicht wirksam, aber sie erzeugen keine Synthetisierung der Erinnerung im Sinne einer homogenisierten Identität.[26] Vielmehr arbeitet Weiss gerade im situativen kommunikativen Kontext die Brüche heraus, die zwischen den Erfahrungen der Beteiligten liegen. Dieser Befund korrespondiert mit Michael Rothbergs Reflexionen über die Ko-Erinnerung, die er unter dem Begriff der multidirektionalen Erinnerung fasst.[27]

Rothberg geht von der Beobachtung aus, dass in multikulturellen Gesellschaften die zugehörigen Gruppen häufig unterschiedliche Opfergeschichten in Anspruch nehmen. Er fragt danach, in welcher Verbindung diese zueinander stehen. Während bislang nur die Erinnerungs- und Opferkonkurrenz hervorgehoben worden sei, betont er: »Against the framework that understands collective memory as *competitive* memory [...] I suggest that we consider memory as *multidirectional*: as subject to ongoing negotiation, cross-referencing, and

---

25 Harald Welzer, Sabine Moller, Karoline Tschuggnall: »Opa war kein Nazi«. Nationalsozialismus und Holocaust im Familiengedächtnis, Frankfurt am Main 2002, S. 20.
26 Bei Welzer et al. geht es, anders als in der *Ästhetik des Widerstands*, um die Herstellung einer exkulpatorischen Familienerinnerung im Zusammenhang mit den Handlungen deutscher Soldaten im Zweiten Weltkrieg. Das gefundene Strukturprinzip der synthetisierenden Homogenisierung gilt aber auch für andere Familienerinnerungen.
27 Aleida Assmann übersetzt ihn als verknüpfte Erinnerung (vgl. dies.: Das neue Unbehagen an der Erinnerungskultur. Eine Intervention, München 2013, S. 151).

borrowing; as productive and not privative«²⁸. Rothberg erkennt den Zusammenhang zwischen der kulturellen Identität einer Gruppe und den in ihr überlieferten Erinnerungen an, jedoch widerspricht er der Ansicht, die Identität einer Gruppe sei vorab gegeben und inhaltlich fixiert: »groups do not simply articulate established positions but actually come into being through their dialogical interactions with others«²⁹. Auch die Erinnerung sei nicht vorab festgelegt, sondern nehme erst in der Ko-Erinnerung bestimmte Bedeutungen an.³⁰ Mehr noch als ein Kampf um Anerkennung im ausschließenden Sinne müsse kollektive Erinnerung als Interaktion verschiedener historischer Erinnerungen begriffen werden, die auch große Chancen berge: »When the productive, intercultural dynamic of multidirectional memory is explicitly claimed, it has the potential to create new forms of solidarity«³¹.

In der *Ästhetik des Widerstands* ruft Weiss die im Widerstreit miteinander liegenden politischen Orientierungen sowie die Erinnerungen an sie in ihrer Vielfalt auf und stellt ein spannungsvoll gegliedertes Ganzes her. Diese Schreibweise resoniert mit Rothbergs multidirektionaler Erinnerung, auch wenn es Unterschiede gibt. So geht es bei Weiss weniger um multikulturelle Gesellschaften im heutigen Sinne. Dennoch ist die kulturelle Differenz der Erinnerungsgemeinschaften durch die unterschiedlichen sozialen und politischen Bezüge ebenfalls gegeben, so dass ähnliche Mechanismen wirken. Weiss setzt außerdem einen anderen thematischen Schwerpunkt. Während Rothberg in seinem Buch vor allem nach dem narrativen Verhältnis von Kolonialismus und Shoah fragt, steht in den untersuchten Passagen bei Weiss das Verhältnis des sozialistischen Widerstands zur Shoah in Rede. In dem Roman sind es ferner die einzelnen Familienmitglieder – und damit eher Individuen als Gruppen –, die zu Trägern unterschiedlicher Narrative werden. Multidirektional ist die Erinnerung an die Shoah in dieser Familie insofern, als die Mitglieder in dieser Verschiedenheit dauernd aufeinander bezogen sind, ihre Reaktionen einander beeinflussen und die Erinnerung durch die Familienkommunikation sukzessive transformiert wird.

Durch die Anteilnahme der anderen gelangt die Erfahrung der Mutter überhaupt erst zur Sprache, im anrufenden Sprechen des Vaters findet das Verhalten der Mutter ein Echo, eine Resonanz. Die Nennung der Namen derer,

---

28 Michael Rothberg: Multidirectional Memory. Remembering the Holocaust in the Age of Decolonization, Stanford, CA 2009, S. 4.
29 Ebd., S. 5.
30 Vgl. »The content of a memory has no intrinsic meaning but takes on meaning in relationship to other memories in a network of associations« (ebd., S. 16).
31 Ebd., S. 5.

die als Mitverantwortliche für die Katastrophe angesehen werden, bezeichnet das Ergebnis einer politischen Analyse und zugleich das verzweifelte Festhalten an einer widerständigen politischen Orientierung. Der Erzähler bringt die Erfahrung der Mutter auf andere Art zur Sprache, indem er ihr Verhalten während ihres Verstummens beobachtet und beschreibt. Indem er außerdem die Reaktionen und Einschätzungen derjenigen wiedergibt, die der Mutter nahestehen, also neben seinen eigenen auch die des Vaters und diejenigen Karin Boyes, versetzt er die unausgesprochene Erinnerung der Mutter in einen grundsätzlich plural angelegten Deutungsraum. Während die Traumaursache unzugänglich oder im Ungefähren bleibt, etabliert das nachträgliche Erzählen sie als Text. Die Erinnerungstextur der *Ästhetik des Widerstands* kennzeichnet die geschichtlichen Ereignisse damit als immer schon interpretierte[32] und, da sie im Mit- und Gegeneinander der Stimmen hervorgebracht werden, als in kollektiven Interaktionen produzierte.

Das betrifft auch den Zusammenhang von Identität und Erinnerung, auf den Rothberg verweist. Dieser wendet sich gegen den Gedanken, »that identities and memories are pure and authentic«[33]. Die Figur der Mutter gibt Anlass, diesen Zusammenhang zu überdenken. Weiss unterläuft die Identitätspolitik, indem er die Mutter mit einer angenommenen Identität ausstattet. Ihre Zuordnung zum Judentum ist, worauf Julia Hell verweist,[34] selbstgewählt und somit prekär, aber ihre durch Solidarisierung,[35] Empathie und Identifikation hervorgerufene Verfolgungserfahrung kann ihr nicht abgesprochen werden. Ist es also eine jüdische Verfolgungserfahrung? In welchem Sinne wird die Mutter zu einer jüdischen Figur?[36] Diese Fragen legen nahe, dass Weiss

---

32 Vgl. zur Konstruktion des Erzählens in dem Roman vor allem Butzer, Fehlende Trauer, und Burkhardt Lindner: Déjà-vu im Zeitriss. Die Erinnerungspolitik der *Ästhetik des Widerstands*, in: Arnd Beise, Jens Birkmeyer, Michael Hofmann (Hg.): Diese bebende, zähe, kühne Hoffnung, St. Ingbert 2008, S. 77-103.
33 Rothberg, Multidirectional Memory, S. 4.
34 »In *Die Ästhetik des Widerstands* [...] the mother declares herself to be a Jew, she is identified as Jewish by the son, and, finally, dies in identification with the Jewish victims of the Holocaust« (Julia Hell: From Laokoon to Ge: Resistance to Jewish Authorship in Peter Weiss' *Ästhetik des Widerstands*, in: Jost Hermand, Marc Silberman (Hg.): Rethinking Peter Weiss, New York u. a. 2000, S. 21-41, S. 31).
35 Diesen Terminus verwendet Söllner (vgl. ders., Peter Weiss und die Deutschen, S. 217).
36 Obwohl sie die angenommene Identität herausstreicht, spricht Hell von »the Jewish mother« (Hell, From Laokoon to Ge, S. 35). Irene Heidelberger-Leonard schreibt: »Mit dem selbstmörderischen Akt der Mutter exemplifiziert der Autor, daß sich bei ihm jüdisches Bewußtsein da am ungehemmtesten entfaltet, wo es gewählt und nicht von außen diktiert wird« (dies.: Jüdisches Bewußtsein im Werk von Peter Weiss, in: Michael Hofmann (Hg.): Literatur, Ästhetik, Geschichte. Neue Zugänge zu Peter Weiss, St. Ingbert 1992, S. 49-64, S. 58). Vgl. zur Mutter auch Michael Hofmann:

keine Identitätspolitik, die mit eindeutigen Festlegungen arbeitet, ins Werk setzt. Er tritt auch nicht in die Logik der Opferkonkurrenz ein, in der die jüdische in einen Verdrängungswettbewerb mit der sozialistischen Erinnerung an die Verfolgung träte. Mit der Figur der Mutter ruft er die Verfolgung der Juden auf, ohne sie identitär festzulegen.

Mit dem solidarischen Reflex der Mutter modelliert Weiss eine Verhaltensweise, die die nichtjüdischen Deutschen den verfolgten jüdischen Mitbürgern nur selten haben zuteilwerden lassen.[37] Diese Solidarität lassen selbst die Kader der KPD im schwedischen Untergrund – Kurt Funk (Pseudonym für Herbert Wehner), Jakob Rosner und Richard Stahlmann – vermissen. Während in dem Roman die Mutter im Verlaufe von Nymans Bericht über den bevorstehenden Genozid ins Entsetzen fällt, hören sie sich die Beschreibungen ungerührt und ohne Konsequenzen zu ziehen an. Stattdessen wenden sie sich – »vielleicht aus Müdigkeit« (1008), wie es ironisch heißt – angenehmeren Themen wie der Oper und dem Rosenzüchten zu.

Weder die Kommunistische Partei noch die zerstrittene, zur Einheit unfähige Linke insgesamt reagiert in dem Roman angemessen auf die Shoah. Zum Teil, weil diese nicht bruchlos in ihr Erklärungsmuster zu integrieren ist. Die theoretischen Modelle, denen unter anderen der Vater verpflichtet ist, der die kapitalistische Herrschaftsform – in einer an Max Weber erinnernden Wendung – als das ›vollkommen Rationale‹ eines ›riesigen metallischen Systems‹ bezeichnet (vgl. 1013), rechnen mit der Binnenrationalität des Kapitalismus, die auch für den Nationalsozialismus postuliert wird. Ganz in diesem Sinne hebt Nyman »die wirtschaftspolitische[n] Ziele« der Planungen hervor: »Krupp, die IG Farben, viele der größten Industrien, hätten neben den Lagern Fabriken eingerichtet, in denen die Gefangnen, die noch bei Kräften waren, bis zuletzt verwertet werden sollten. Indem diesen alles, was sie besaßen, bis zum Haar und den Goldplomben, abgenommen werden würde, und das

---

Antifaschismus und poetische Erinnerung der Shoah. Überlegungen zu Peter Weiss' *Ästhetik des Widerstands*, in: Rainer Koch, Martin Rector, Jochen Vogt (Hg): Peter Weiss Jahrbuch 3, Opladen 1994, S. 122-134. Mit Bezug auf den Autor Weiss untersucht Ingo Breuer die wechselnden Positionierungen zum Judentum (vgl. ders.: Der Jude Marat. Identifikationsprobleme bei Peter Weiss, in: Irene Heidelberger-Leonard (Hg.): Peter Weiss. Neue Fragen an alten Texten, Opladen 1994, S. 64-76).
37 Nyman beschreibt die Abwesenheit von Solidarität in der formierten deutschen Bevölkerung, »als er einem der Ausgestoßenen begegnete, der schlafwandlerisch, das Merkmal über dem Herzen, den Blick geradeaus, unterhalb der Bordkante dahinging, den eignen Tod in einer Welle von Gleichgültigkeit mit sich schleifend, da sei ihm gewesen, als müsse sich der Boden auftun, doch alles habe seinen Gang genommen, auf dem Bürgersteig, auf dem Fahrdamm, hin und her, sie alle hielten zusammen, ließen nichts gegen sich aufkommen, dieser eine, der hier umherirrte, war nur ein Schatten, der sie nichts anging, der gleich verschwinden würde« (1004).

letzte, was mit ihnen zu tun sei, unaufwendig verlaufe, gingen sie ein in eine nationalökonomische Planung, bei der sich die Aufgabe der Reinhaltung der Nation von Artfremden verbinden ließ mit Investitionen, die zu beträchtlichem Profit führen müßten« (1007). Dieses Erklärungsmuster kann mit dem gegenläufigen Gedanken, die Shoah widersetze sich der ökonomischen Rationalität, nichts anfangen. Mit Rothberg, der auf Nancy Fraser zurückgreift, müsste in diesem Zusammenhang von mehreren Möglichkeiten der Rahmung, des Framings, gesprochen werden. Insgesamt geht der Roman von der Prämisse der sozialistischen Linken aus, dass die Analyse der politischen Ökonomie von Karl Marx und seinen Nachfolgern sowie der Idee des Klassenkampfs zugrundezulegen sei. Die Reaktion der Mutter auf die Shoah markiert die Grenzen dieser Rahmung. Erst im Kontakt mit einem immanent nicht herleitbaren Phänomen gelangen die eigenen Beschränkungen in den Blick: Die Ko-Erinnerung treibt den toten Winkel der eigenen Rahmung hervor.

Dieser tote Winkel, das Andere der *Ästhetik des Widerstands*, ist die Abwesenheit von Widerstand, ist das, was sich der erzählerischen Prämisse, den Widerstand in der rekursiven Darstellung erinnernd zu retten, widersetzt, sind mithin Situationen, an denen Gegenwehr keinen Halt mehr findet. Mit Blick auf die Individuen beendet der Tod den Widerstand. Weiss führt das mit den Exekutionen in Plötzensee drastisch vor. In historischer Perspektive entschärft der Roman den einhergehenden Gedanken an das Ende des Widerstands mit Hilfe der aus Lotte Bischoffs Perspektive entwickelten Vorstellung von einer Kette des Widerstands über den Tod hinaus (vgl. 1135-1159). Noch im Geschichtsverständnis der DDR war diese Kette nie unterbrochen gewesen; der sozialistische Staat legitimierte sich unter Berufung auf diese Linie. Es ist die Shoah, die in der *Ästhetik des Widerstands* die Vorstellung von der Kontinuität des Widerstands in historischer Perspektive dementiert. Die Shoah wirft die Frage nach dem Scheitern und dem Ende des Widerstands auf.

Die Narration des Romans setzt die Konstruktion des Erzählers ins Werk, der zum Schriftsteller wurde. Er, der dem sozialistischen Projekt auch nach dem Krieg verbunden bleibt, weist der Shoah im Erzählen implizit eine Funktion zu, die der Autor Weiss, da er sie nicht konterkariert, stützt. Zu dieser Konstruktion der Shoah durch die Erzählinstanz gehört, dass die Juden in der *Ästhetik des Widerstands* keinen Widerstand leisten, sondern vollständig und in Passivität zum Objekt der nationalsozialistischen Machtpolitik werden.[38]

---

[38] Nicht ganz in dieses Schema passt Marcauer, die seit ihrer Jugend Mitglied der Kommunistischen Partei ist (vgl. 387) und »aus einer großbürgerlichen jüdischen Familie stammt« (388). Marcauer ist Kombattantin im Spanischen Bürgerkrieg, wird dann aber mehrfach zum Opfer: Männer aus den

Damit übergehen Weiss und der Erzähler Anknüpfungspunkte, die es in der sozialistischen Geschichtsdarstellung gegeben hätte, wie den Aufstand im Warschauer Ghetto, dessen Erinnerung schon in der Nachkriegszeit unlösbar mit dem Bild des jüdischen Kämpfers verbunden war. Auch organisierte Gruppen jüdischer Sozialisten, etwa des Allgemeinen Jüdischen Arbeiterbunds, treten nicht auf. Die zur Zeit der Niederschrift des Romans einsetzende Forschung über den bewaffneten Widerstand jüdischer Partisanen,[39] den Primo Levi nahezu zeitgleich zum dritten Band der *Ästhetik des Widerstands* zum zentralen Thema seines Romans *Wann, wenn nicht jetzt?*[40] macht, scheint Weiss trotz seiner Recherchen nicht wahrgenommen zu haben.[41]

Weiss gibt den verfolgten Juden in der *Ästhetik des Widerstands* auch keine eigene Stimme. Dies ist in einem Text, der die Heterogenität der Stimmen zu seinem Formprinzip macht, signifikant.[42] Die Zeugenschaft für die Shoah weist er mit Nyman und der Mutter zwei Nichtjuden zu; jüdische Überlebende kommen nicht zu Wort. Dadurch hält er die Shoah in der Position der ›anwesenden Abwesenheit‹[43], vergleichbar mit der Position, die die verstummte Mutter in der Familie einnimmt. Die Shoah wird mit aufgerufen, aber nach anderen Gesetzen als die übrigen Themen. In diesem Gestus, der bis ins Innerste des Erzählens, der Textur, der Schreibweise reicht, liegt aber auch ein Beharren auf der spezifischen Natur dieses Genozids, der als ›Zivilisationsbruch‹ charakterisiert wurde.[44] Wenn es stimmt, dass Auschwitz »das

---

eigenen Reihen vergewaltigen sie und in einem Militärgerichtsverfahren wird sie von den Kadern der eigenen Seite zum Tode verurteilt.

39 Vgl. Reuben Ainsztein: Jewish Resistance in Nazi-Occupied Eastern Europe. With a Historical Survey of the Jew as Fighter and Soldier in the Diaspora, London 1974 (dt. 1993).

40 Vgl. Primo Levi: Wann, wenn nicht jetzt?, München, Wien 1986 (italienische EA 1982).

41 Die Frage, welcher Stellenwert dem jüdischen Widerstand gegen die Shoah in der Darstellung der historischen Ereignisse zukomme, ist sowohl in politischen Debatten als auch in der Geschichtswissenschaft kontrovers diskutiert worden. Zu erinnern wäre an den Vorwurf, die Juden hätten sich wie Lämmer zur Schlachtbank führen lassen oder an die Kritik an Raul Hilbergs grundlegender Untersuchung über die Vernichtung der europäischen Juden, die besagt, er habe den Widerstand nicht hinreichend gewürdigt. Auch in diesen Debatten wäre die Darstellung bei Weiss zu verorten.

42 Auch das Wort Antisemitismus wird geradezu programmatisch vermieden. Strukturanalog zur Anrufung der Namen von Konzernen durch den Vater ruft er auch eine »Seuche« (872) an, deren Namen – Antisemitismus – der Erzähler (und damit Weiss) aber in dem Roman nicht wiederholt.

43 Der Terminus ist dem Buch von Axel Dunker (vgl. ders.: Die anwesende Abwesenheit. Literatur im Schatten von Auschwitz, München 2003) entnommen, in dem er »das Abwesende, das Verdeckte als einen konstitutiven Faktor einer Ästhetik nach Auschwitz zu bestimmen versucht« (ebd., S. 16). Vgl. dort auch die Passagen zur *Ästhetik des Widerstands*, u. a. zur Figur der Mutter (ebd., S. 97-108).

44 Vgl. Dan Diner (Hg.): Zivilisationsbruch. Denken nach Auschwitz, Frankfurt am Main 1988.

Mißlingen der Kultur unwiderleglich bewiesen«[45] hat, dementiert dies das sozialistische Fortschrittsprojekt und setzt Vorstellungen wie die von einer ›Kette des Widerstands‹ außer Funktion. Innerhalb dieses Gedankengangs kommt auch der Passivität ein Wahrheitsmoment zu. Denn das Ausgeliefertsein – und damit die Abwesenheit von Widerstand – nimmt die Shoah ernst, indem die Unerbittlichkeit des Vernichtungswunsches in Rechnung gestellt wird, die die von den Nationalsozialisten für die als Juden gekennzeichnete Bevölkerung installierte Mordmaschine charakterisiert. Der systematische, der Intention nach vollständige, verwaltungsmäßig und industriell betriebene Völkermord definiert die Shoah; dafür steht synekdochisch der Ortsname Auschwitz. Gerade indem Weiss die jüdischen Verfolgten als weitgehend passiv und überwiegend stimmlos darstellt, hebt er ihr Schicksal von dem des sozialistischen Widerstands ab und streicht den besonderen Charakter der Shoah heraus.

Das Verhältnis zwischen linkem Widerstand und Judenverfolgung wird also aufgerufen, es wird aber nicht diskursiv ausgetragen. Dadurch nimmt es eine Sonderstellung ein. Die Shoah markiert das Andere des Widerstands. Sie bleibt ein blinder Fleck, der als solcher kenntlich wird. In seiner Erzählweise, etwa durch die Familienkonstellation, bezieht Weiss beide historischen Erfahrungen aufeinander, ohne sie nivellierend ineinander aufgehen zu lassen. Die verschwiegene, nur indirekt aufgerufene Erinnerung an die Shoah fordert vielmehr diejenige an den sozialistischen Widerstand heraus. Sie widersetzt sich allen künftigen Versuchen, den sozialistischen Fortschrittsoptimismus umstandslos wiederaufzurichten. Und während beide Ereignisse, der sozialistische Kampf gegen Hitler und die Verfolgung der Juden, mit dem Untergang enden und die Viktimisierung dieser Gruppen begründen, so bleibt deren Schicksal doch gegeneinander undurchlässig, weil die Shoah in dem Roman als reine Opfergeschichte erzählt wird, während die des Widerstands noch im Scheitern die Auflehnung als eine Form der Ermächtigung – im Sinne von *agency* – mitdenkt.

---

45 Theodor W. Adorno: Negative Dialektik, in: ders.: Gesammelte Schriften, Bd. 6, Frankfurt am Main 1973, S. 7-412, S. 359.

Transnationale Erinnerung an die Shoah

In den von ihnen kontrollierten Gebieten betrieben die Deutschen während des Zweiten Weltkriegs die Entrechtung, Enteignung, Verfolgung, Vertreibung und Ermordung der europäischen Juden. Die Deportationszüge durchquerten den gesamten Kontinent: Für die Shoah bildeten Staatsgrenzen kein Hindernis. Nach dem Krieg kehrten manche Überlebende in ihr Herkunftsland zurück. Unter denen, die noch rechtzeitig hatten emigrieren können, blieben viele in den Ländern des Exils oder siedelten sich in aufnahmebereiten Gegenden auf der ganzen Welt an, etwa in Nord- und Südamerika; andere fanden in Palästina und seit 1948 in Israel eine neue Heimat.

Schon aufgrund dieser historischen Ausgangsposition überschreitet die Erinnerung an die Shoah bis heute die politischen Grenzen. Dabei steht die literarische Erinnerung in vielfachen Bezügen zu außerliterarischen Diskursen, wobei innerhalb und außerhalb der Literatur einerseits gruppen- und ortsspezifische, andererseits aber auch transnationale, -kulturelle und -lokale Entwicklungen unterschieden werden können. Einige der Hinsichten, in denen die literarische Erinnerung an die Shoah über Landesgrenzen hinausgreift, sollen im Folgenden herausgearbeitet werden. Dabei wird das Präfix ›inter‹ immer dann verwendet, wenn ein Kontakt zwischen zwei unterschiedlichen Entitäten in Rede steht, während ›trans‹ als ein diese Entitäten überschreitendes Gemeinsames gedacht wird. Mit ›trans‹ ist damit zugleich eine »Grenzüberschreitung [...] oder ein Hindurchgehen durch Grenzen«[1] wie auch die Entstehung eines »neuartige[n] Phänomen[s]«[2] oder einer neuartigen Perspektive gemeint. Die Überlegungen beziehen sich schwerpunktmäßig auf den deutschsprachigen Bereich und seine Wechselbeziehungen mit anderen – vor allem kulturellen und sprachlichen – Sphären. Eine umfassende, international angelegte und historisch perspektivierte Untersuchung der Shoah-Literatur,

---

[1] Melanie Hühn, Dörte Lerp, Knut Petzold, Miriam Stock: In neuen Dimensionen denken? Einführende Überlegungen zu Transkulturalität, Transnationalität, Transstaatlichkeit und Translokalität, in: dies. (Hg): Transkulturalität, Transnationalität, Transstaatlichkeit, Translokalität. Theoretische und empirische Begriffsbestimmungen, Münster 2010, S. 11-46, S. 18.
[2] Ebd.

an der Fachleute aus verschiedenen Ländern und Philologien beteiligt sein müssten, steht noch aus.

Erfahrungs- und Erinnerungsdifferenz in der Zeugnisliteratur
Die Erinnerung an die Shoah wurde zunächst vor allem von den jüdischen Überlebenden wachgehalten. Zahlreiche Texte der Zeugnisliteratur sprechen von einer kategorialen Differenz zwischen der Erfahrung der Opfer und der der Täter. Zwar wurde die Frage nach der Differenz zwischen Juden und Nichtjuden im Laufe der Jahrhunderte in den europäischen Gesellschaften in vielfacher Weise aufgeworfen und beantwortet, der wesentliche historische Grund für die Erfahrungsdifferenz der Überlebenden der Shoah liegt aber in der von den Nationalsozialisten ins Werk gesetzten Ausgrenzungs- und Vernichtungspolitik. Beide miteinander verflochtenen Momente, die Ausgrenzung sowie die Verfolgungs- und Tötungspraxis, begründen die Differenz auf unterschiedliche Weise.

Auf den einschneidenden Charakter der Ausgrenzung hat der Österreicher Jean Améry 1966 reflektiert. In dem Essay *Über Zwang und Unmöglichkeit, Jude zu sein* arbeitet er die unterschiedlichen Facetten seines Judentums heraus. In seiner Kindheit galt: »Ich war Jude, so wie einer meiner Mitschüler Sohn eines bankrotten Wirtes war«[3]. Diese Bedeutung änderte sich aber 1935 gezwungenermaßen, als er »in einem Wiener Café [...] saß und die eben [...] erlassenen Nürnberger Gesetze studierte«: »Die Gesellschaft«, schreibt Améry, »hatte mich soeben [...] zum Juden gemacht, beziehungsweise sie hatte meinem früher schon vorhandenen, aber damals nicht folgenschweren Wissen, daß ich Jude sei, eine neue Dimension gegeben«[4]. Die staatliche Fremdzuschreibung veränderte bei Améry wie bei vielen anderen Betroffenen auf eingreifende Weise auch das Selbstbild.

Amérys Erfahrung spiegelt die politische Intention der europäischen Faschismen des 20. Jahrhunderts wider, die die Nation im Sinne des Volksgedankens als homogene Einheit einer Bevölkerung konzipierten. In die faschistische Vorstellung von der Nation war die Spaltung der eigenen Bevölkerung in Zugehörige und Unzugehörige somit per definitionem eingeschrieben. Der rassistische deutsche Nationalsozialismus definierte die Zugehörigkeit zur sogenannten ›Volksgemeinschaft‹ biologisch. Pseudowissenschaftliche Kriterien – wie das ›Blut‹ – wurden hier zum Grund für die Exklusion und die

---

3 Jean Améry: Über Zwang und Unmöglichkeit, Jude zu sein [1966], in: ders.: Werke, Bd. 2: Jenseits von Schuld und Sühne. Unmeisterliche Wanderjahre. Örtlichkeiten, hg. v. Irene Heidelberger-Leonard, Stuttgart 2002, S. 149-177, S. 150.
4 Ebd., S. 153.

Verfolgung ganzer Bevölkerungsgruppen erhoben. Die Juden wurden aus ›rassischen‹ Gründen nicht zur ›Volksgemeinschaft‹ zugelassen. In der gelebten Erfahrung etablierte sich daraufhin das von Améry beschriebene Gegenüber, das mit der eliminatorischen Politik des Nationalsozialismus seine äußerste, mörderische Stufe erreichte.

Zur Erfahrungsdifferenz zwischen Opfern und Tätern trug auch die besondere Art der Verfolgung bei. Die Nationalsozialisten intendierten die systematische und vollständige Umsetzung der Tötungen durch die eigens dafür bereitgestellten oder entwickelten Einrichtungen – vor allem durch die Einsatzgruppen (Massenerschießungen) und die Todeslager (Gaskammern). Die Überlebenden waren diesem institutionellen Tötungswillen am eigenen Leib ausgesetzt und erlebten überdies, wie die meisten anderen Deportierten, darunter Familienangehörige und Freunde, umkamen. H. G. Adler zum Beispiel erwähnt einige Monate nach seiner Befreiung beide Motive in einem Brief an eine Jugendfreundin aus Prag, die den Krieg in England überlebt hatte: »es war [...] so grässlich, dass Ihr da draussen es nie fassen und verstehen werdet, aber mich würde es nicht einmal reuen« – nämlich dort gewesen zu sein – »hätte es nicht dem mir liebsten Menschen – ich habe 1941, als die Verschickungen einsetzten, geheiratet [...] – den grauenvollen Tod in der Gaskammer von Auschwitz-Birkenau gebracht«[5]. Solche Erlebnisse wirkten auf viele traumatisierend, so dass die schockhafte Intensität der Ereignisse noch das Leben nach der Befreiung mit bestimmte. So verwies Adler zum Beispiel seither auf seine Vornamen nur noch durch die Initialen, denn mit dem für die Deportation der Prager Juden verantwortlichen Nationalsozialisten teilte er die Vornamen Hans Günther.

Dan Diner prägte für die neue Konstellation zwischen Deutschen und Juden den Begriff der ›negativen Symbiose‹: »Seit Auschwitz [...] kann [...] von einer ›deutsch-jüdischen Symbiose‹ gesprochen werden – freilich einer negativen: für beide, für Deutsche wie für Juden, ist das Ergebnis der Massenvernichtung zum Ausgangspunkt ihres Selbstverständnisses geworden, eine Art gegensätzlicher Gemeinsamkeit – ob sie es wollen oder nicht. Denn Deutsche wie Juden sind durch dieses Ereignis neu aufeinander bezogen worden«[6]. Dies gilt neben den zwischenstaatlichen Beziehungen auch für die innerstaatlichen, denn die von den Nationalsozialisten implementierte Spaltung inner-

---

5 H. G. Adler: Brief an Bettina Gross vom 29.10.1945, in: Deutsches Literaturarchiv Marbach, Nachlass H. G. Adler, Signatur A I 3-4.
6 Dan Diner: Negative Symbiose. Deutsche und Juden nach Auschwitz, in: ders. (Hg.): Ist der Nationalsozialismus Geschichte? Zu Historisierung und Historikerstreit, Frankfurt am Main 1987, S. 185-197, S. 185.

halb der Gesellschaft setzte sich nach der Shoah in veränderter Gestalt auch in den beiden deutschen Staaten und in der deutschsprachigen Literatur fort. In Bezug auf die deutsche Nachkriegsliteratur sprechen Stephan Braese et al. von einem »objektiven *Gegenüber* jüdischer und nichtjüdischer Autoren«[7]. Alle Erwägungen, die sich auf transnationale, -kulturelle oder -lokale Prozesse beziehen, sollten diese Ausgangsposition mit bedenken. Die Rekonstruktion der literarischen Erinnerung an die Shoah wird – einerseits – solche Fragmentierungen des literarischen Feldes berücksichtigen wollen. Da in dieser Erinnerung aber – andererseits – von Beginn an transnationale Elemente wirksam waren, können diese auch benannt und herausgearbeitet werden. Dies wird im Folgenden unternommen. Darüber hinaus wird die These vertreten, dass sich die Tendenzen zur Transnationalisierung in der literarischen Erinnerung an die Shoah im Laufe der Jahrzehnte verstärkt haben.

Vielsprachigkeit, Lagerjargon und Sprache der Täter
Durch die Herkunft der Deportierten aus unterschiedlichen Ländern wurden die Lager zu internationalen, polyglotten Orten. In der Literatur vieler Überlebender nimmt das Thema der Sprache schon deshalb großen Raum ein. So berichtet Primo Levi über Auschwitz: »Die Sprachverwirrung gehört zu den Hauptbestandteilen der Lebensweise [...]; man ist von einem fortwährenden Babel umgeben, wo alle in niemals zuvor gehörten Sprachen Befehle und Drohungen schreien, und wehe dem, der nicht im Flug begreift!«[8] Im Lager entwickelte sich eine Sondersprache, auch ›Lagerjargon‹ genannt, die vor allem die existenziell wichtigen Situationen betraf, etwa die Selektionen – »›Selekcja‹: das hybride lateinisch-polnische Wort hört man einmal, zweimal, viele Male inmitten fremdsprachiger Reden«[9] – oder »das Morgenkommando von Auschwitz, ein fremdes Wort, gefürchtet und erwartet: Aufstehn, ›Wstawać‹«[10]. Über das Aufeinandertreffen der Einzelsprachen hinaus bildeten sich somit Elemente einer transnationalen Sprachwelt aus, die in der Literatur als Symbolisierungen für die länderübergreifende Opfererfahrung besondere Relevanz erhielten.

Mit Bezug auf die Shoah nimmt das Deutsche, als die Sprache der Täter, eine besondere Stellung ein, auf die sowohl in der deutschsprachigen als auch

---

7 Stephan Braese, Holger Gehle, Doron Kiesel, Hanno Loewy (Hg.): Deutsche Nachkriegsliteratur und der Holocaust, Frankfurt am Main, New York 1998, S. 10.
8 Primo Levi: Ist das ein Mensch? [Ital. EA 1958, dt. EA 1961], Die Atempause [ital. EA 1963, dt. EA 1964], München, Wien 1991, S. 36.
9 Ebd., S. 119.
10 Ebd., S. 352.

in der anderssprachigen Literatur der Shoah reflektiert wird. Viele deutschsprachige Schriftsteller erlebten die von den Nationalsozialisten durchgesetzten semantischen Veränderungen als einen Entzug der eigenen Sprache. Victor Klemperer analysiert diesen Sprachwandel in seinem Tagebuch sowie in der Monografie *LTI*;[11] H. G. Adler stellt ein dreißigseitiges *Wörterverzeichnis* über die Verwendung deutsch- und fremdsprachiger Ausdrücke im Lager Theresienstadt auf.[12] Spätestens nach dem Krieg war die deutschsprachige Literatur der Shoah auch mit der Frage konfrontiert, wie die Erinnerung an die Lager in der Sprache der Mörder bewahrt werden könne, ohne deren Weltbild wiederaufleben zu lassen.

So rang Soma Morgenstern zwischen 1946 und 1953 um die Form für den Roman *Die Blutsäule*, den er seiner Trilogie *Funken im Abgrund* als vierten Band anfügen wollte. Nachdem er den Krieg in New York überlebt und das Ausmaß des Genozids erfasst hatte, ergriff ihn eine generelle »Sprachlosigkeit«, die sich in einer »Schreiblähmung«[13] niederschlug. Auch die deutsche Sprache wurde ihm zum Problem: »Ich habe mich in die Deutschen so verhaßt, daß ich auch die deutsche Sprache nicht lieben kann. Und ein Schriftsteller, der seine Sprache nicht liebt, hat keine Sprache«[14]. Da für den 1890 Geborenen ein Sprachwechsel nicht in Betracht kam, griff er widerstrebend auf das Deutsche zurück, das er nun aber anders gebrauchen wollte als in den drei vorangegangenen Bänden. Als der Text schließlich vorlag, quälte ihn die Frage, ob er ihn überhaupt in deutscher Sprache freigeben solle. Ein Freund habe ihm geantwortet: »Vielleicht war Ihr Weg von einem Dorf in Ostgalizien nach Wien, nach Berlin, nach Frankfurt zur *Frankfurter Zeitung* nur dazu vorausbestimmt, daß dieses Gericht über die Mörder und der Trost für unser Volk in dieser Sprache erscheinen sollte. Es ist ja doch die Sprache Lessings, [...] Hebels, Herders, [...] von Moses Hess und sogar von Theodor Herzl«[15]. Die Auflistung dieser Namen aktualisiert unterschiedliche Konzepte der Zugehörigkeit im Horizont der Nation. Steht Lessing für eine aufgeklärte Kulturnation, die auch die Juden umfasst, so steht Herzl, nachdem die Juden während des 19. Jahrhunderts durch den stärker werdenden Antisemitismus immer weiter aus den Konstruktionen der deutschen Nation herausgedrängt worden

---

11 Victor Klemperer: LTI. Notizbuch eines Philologen [1947], 23. Aufl., Stuttgart 2007.
12 H. G. Adler: Wörterverzeichnis, in: ders.: Theresienstadt 1941-1945 [1955], 2. Aufl., Tübingen 1960, S. XXIX-LIX.
13 Soma Morgenstern: Die Blutsäule. Zeichen und Wunder am Sereth [engl. EA 1955, dt. EA 1964], hg. und mit einem Nachwort von Ingolf Schulte, Lüneburg 1997, S. 7.
14 Ebd., S. 177.
15 Ebd., S. 16.

waren, für das Konzept einer eigenständigen jüdischen Nation. Morgenstern vollzog in der *Blutsäule* den Bruch mit Assimilations- und Koexistenzkonzepten, indem er die deutsche Sprache stilistisch, motivisch und thematisch ganz auf die hebräische Bibel ausrichtete. Er nahm sich vor, »ein Buch zu schreiben, wie es einer vermöchte, der in seinem ganzen Leben nichts anderes gelesen hätte als die Bibel«[16]. Mit diesem Gebrauch des Deutschen wies er jede Vereinnahmung dieser Sprache für eine deutsche Kulturnation zurück. Vielmehr wollte er sämtliche diesbezüglichen Traditionen aus der deutschen Sprache ausscheiden: »ich mußte in einer Sprache, in einer deutschen Sprache schreiben, die bezeugt, daß ich mich von der europäischen Kultur gereinigt habe. [...] Weil ich zu begreifen begann, daß ich dem Judentum angehöre, nicht der europäischen Kultur«[17].

Dergestalt hinterließ die Shoah unterschiedliche sprachliche Spuren in den Erinnerungsliteraturen. Einerseits wanderte die transnationale Sondersprache der Lager in die einzelsprachlichen Literaturen ein, andererseits veränderten die historischen Entwicklungen manche Sprachen in besonderem Maße. Das Jiddische ging fast verloren, während das Deutsche deutlichen Wandlungen unterlag und sich in verschiedenen Richtungen veränderte. Gerade die deutschsprachige Literatur der Shoah wies den von den Nationalsozialisten postulierten Konnex zwischen Nationalsprache und ›Volksgemeinschaft‹ zurück – mitunter, wie bei Morgenstern, bis zu dem Versuch, die deutsche Sprache von der deutschen Nation zu befreien.

Übersetzung und Rezeption
Die Literatur der Shoah hat ihr Zentrum in dem historischen Ereignis, das ihr den Namen gibt. Wegen der vielfältigen Verfolgungsbiografien entstand sie an unterschiedlichen Orten und in zahlreichen Sprachen. Insbesondere dadurch war sie schon immer transnational ausgerichtet. Da es sie – etwa mit den im Ringelblum-Archiv »Oneg Schabbat« gesammelten Tagebüchern aus dem Warschauer Ghetto – schon seit den vierziger Jahren gibt, können rückblickend verschiedene Phasen unterschieden werden. Die Literatur der Shoah charakterisiert somit neben der thematisch bedingten Zentrierung von Beginn an auch eine geografisch-kulturelle, eine linguale und eine temporale Streuung. Den damit verbundenen Fragmentierungstendenzen wirkten aber immer wieder verschiedene Faktoren entgegen, so dass die Literatur der Shoah bis heute auf vielfältige Weise transnational ausgerichtet blieb. Einer dieser Faktoren

---

16 Ebd., S. 13.
17 Ebd., S. 179.

war – und zwar ganz besonders im deutschen Sprachraum – die Übersetzung fremdsprachiger Titel.[18]

Schon bald nach dem Krieg begannen ost- und westdeutsche, österreichische und schweizer Verlage vereinzelt mit Übersetzungen. Seit den sechziger Jahren stieg die Zahl kontinuierlich an, bis seit den neunziger Jahren vermutlich die meisten wichtigen internationalen Neuerscheinungen aus diesem Bereich ins Deutsche übersetzt wurden. Ob es signifikante Lücken unübersetzt gebliebener Literatur gibt, hat die Forschung noch nicht systematisch untersucht. Der Einfluss der übersetzten Werke auf die Diskurse im deutschsprachigen Raum ist jedenfalls als mindestens ebenso groß einzuschätzen wie der der auf Deutsch verfassten Literatur. Schon die Nennung einiger weniger Autornamen unterstreicht diesen Befund: Elie Wiesel, Primo Levi, Jorge Semprún, Imre Kertész – und Anne Frank.

Anne Frank wurde 1929 in Frankfurt am Main geboren. Sie emigrierte mit ihrer Familie schon 1934 nach Amsterdam, wo sie Niederländisch lernte und in dieser Sprache zwischen 1942 und 1944 ihr *Dagboeken* (Tagebuch) führte, das in der westlichen Welt in den fünfziger Jahren zum bekanntesten Werk der Shoah-Literatur avancierte. Erst seit 1986 liegt allerdings eine vollständige, textkritische Ausgabe vor. Von der verschlungenen Editionsgeschichte sollen hier nur einige Eigentümlichkeiten der Übersetzungen hervorgehoben werden. So griff die Übersetzerin der ersten deutschen Ausgabe, die 1950 erschien, in Abstimmung mit Otto Frank – Annes Vater, der die Lager überlebt hatte – in die deutsche Fassung ein. Sie tilgte zum Beispiel Stellen, in denen Anne von der Feindschaft zwischen Deutschen und Juden spricht oder andere, wo sie bestreitet, dass die deutsche Sprache eine Kultursprache sei. Solche Bearbeitungen dokumentieren die antizipierte Rücksichtnahme auf deutsche Nachkriegsbefindlichkeiten.

Der Terminus der Übersetzung umfasst in diesem Fall mehr als die Übertragung in eine andere Sprache: In der Translation findet zugleich – im Sinne von Doris Bachmann-Medick[19] – eine Modifikation des Ursprungstextes für einen anderen kulturellen Kontext statt; das Inkommensurable, das die getilgten Passagen mutmaßlich für den deutschen Kontext darstellten, wurde ins Kommensurable moduliert. In einer ebenfalls entschärften, auf der Universalisierung von Annes Schicksal beruhenden Lesart wurde das *Tagebuch*, ausgehend von der amerikanischen Übersetzung, dann zu einem Welterfolg.

18 Vgl. ausführlicher das folgende Kapitel.
19 Doris Bachmann-Medick: Transnationale Kulturwissenschaften. Ein Übersetzungskonzept, in: René Dietrich, Daniel Smilovski, Ansgar Nünning (Hg.): Lost or Found in Translation? Interkulturelle/Internationale Perspektiven der Geistes- und Kulturwissenschaften, Trier 2011, S. 53-72.

Auch die Dramatisierung von Frances Goodrich und Albert Hackett für die Broadway-Bühne (1955) sowie die folgende Adaption für den Film[20] setzten die Universalisierung der Shoah fort. Das unterstreicht mustergültig der Schluss des Films, wo aus dem Mund Annes, nachdem sie schon verhaftet ist, die folgenden Worte, die sie *vor* dem Wissen um die Shoah notiert hatte, verlauten: »Trotz allem glaube ich noch an das Gute im Menschen.«

Die Frage, ob der niederländische Text einer Autorin, die von den deutschen Machthabern aus ihrem Heimatland vertrieben wurde, zur deutschen Nationalliteratur zu zählen sei, hebelt die verwendete Kategorie der Nationalliteratur wegen der für sie konstitutiven Inklusions- und Exklusionsmechanismen selbst aus: Das *Tagebuch*, seine Editions- und seine Rezeptionsgeschichte können nur in transnationaler Perspektive sinnvoll analysiert werden. Anne Franks Vertreibungs- und Deportationsbiografie von Frankfurt nach Amsterdam, nach Auschwitz und nach Bergen-Belsen ist ebenso zwischen zwei Ländern eingespannt wie ihr *Tagebuch* zwischen mehreren Kulturen. Dem übersetzten und bearbeiteten Text wächst eine weitere Dimension von Transnationalität zu: Im Welterfolg triumphiert ein global akzeptiertes Narrativ.[21]

Während den Nachkriegsdeutschen mit Anne Franks *Tagebuch* die sympathisierende Einfühlung in eine verfolgte Jüdin möglich wurde, und zwar gerade deshalb, weil die Bearbeitungen einerseits Annes Judentum hintan- und ihr Menschsein herausstellten und andererseits, weil gegenüber den Deutschen keine Vorwürfe laut wurden, so übernahmen andere Übersetzungen im deutschen Rezeptions- und Debattenraum eine andere Funktion: Gerade viele der nicht auf Deutsch verfassten Texte der Literatur der Shoah konfrontierten die Deutschen mit ihrer Täter- oder Komplizenschaft. Die Werke der oben genannten Autoren – Wiesel, Levi, Semprún und Kertész – leisteten dies zwischen den sechziger und den zweitausender Jahren. In der Rezeption der deutschsprachigen Literatur drückte sich das ›Gegenüber‹-Stehen jüdischer und nicht-jüdischer Literatur weitgehend als Marginalisierung der jüdischen Literatur der Shoah aus, wofür Namen wie Edgar Hilsenrath und Grete Weil stehen.[22] Manche der übersetzten Werke wurden dagegen breit rezipiert und beeinflussten die deutschen Debatten über die Shoah.

---

20 Vgl. *Das Tagebuch der Anne Frank / The Diary of Anne Frank*, USA 1959, Regie: George Stevens.
21 Daniel Levy, Natan Sznaider: Erinnerung im globalen Zeitalter: Der Holocaust [2001], Aktualisierte Neuausgabe, Frankfurt am Main 2007, S. 69.
22 Vgl. Stephan Braese: Die andere Erinnerung. Jüdische Autoren in der westdeutschen Nachkriegsliteratur [2001], 2. Aufl., München 2010.

Transnationale Ortsbestimmungen

Mit den in unterschiedlichen Weltgegenden verfassten Narrationen wendet sich die Erinnerung an die Shoah zurück zu den Stätten der Verfolgung. Dadurch werden diese Orte fortwährend mit Bedeutungszuweisungen versehen. Der transnationale Aspekt liegt darin, dass die Bedeutungsproduktion nicht national eingehegt werden kann, sondern in tendenziell globalisierten Diskursen entsteht. Da viele der ehemaligen Tötungsstätten im heutigen Polen liegen, gerät – wie Barbara Breysach zeigen konnte – die Landesbezeichnung ›Polen‹ in der Literatur der Shoah zu einem literarischen Topos, der in den einzelnen Texten unterschiedlich semantisiert wird, jedoch insgesamt »ein Polenimago aus Realitätspartikeln [...], die einen Schmelztiegel aus Realität und Phantasie bilden«[23], hervorbringt. Topoi wie der ›polnische Wald‹ oder ›Polen als größter jüdischer Friedhof‹ kehren in der Literatur der Shoah regelmäßig wieder, werden aber teils gruppen-, teils landesspezifisch modifiziert. In der polnischen Literatur verschob sich gegenüber der deutschsprachigen die Konstellation von deutschen Tatorten und polnischen Erinnerungsorten. Hier wurde der Warschauer Aufstand von 1944 in den Vordergrund gerückt, während in Bezug auf die Lager viele literarische Texte dem verordneten Gedenken im Staatssozialismus folgten: »Die polnische Geschichtsschreibung bis 1989 war durch ›Polonisierung‹ der Vernichtung der Juden in Auschwitz-Birkenau bestimmt: einer Überschreibung des jüdischen als eines Martyriums der polnischen Nation«[24]. Bedeutende Werke der jüdisch-polnischen Literatur, unter ihnen die von Tadeusz Borowski, machten sich diese Prämisse allerdings nicht zu eigen.

Die unterschiedlichen Perspektiven im Dreieck der deutsch-polnisch-jüdischen Literatur der Shoah drücken sich mitunter schon in den gewählten Benennungen einzelner Erinnerungsorte aus – etwa Oświęcim oder Auschwitz. Gerade die literarische Arbeit an diesem globalisierten Erinnerungsort darf als eine transnationale und -kulturelle angesehen werden. So formulierte Peter Weiss 1965 in dem Text *Meine Ortschaft*, in welcher Weise Auschwitz für ihn, den in Schweden lebenden Schriftsteller deutscher Herkunft, noch Jahrzehnte nach den Ereignissen einen Hauptbezugspunkt seines Lebens darstellt. Wegen der jüdischen Wurzeln seines zum Christentum konvertierten Vaters wäre auch er im Nationalsozialismus als Jude verfolgt worden, wenn die Familie nicht rechtzeitig emigriert wäre. Auschwitz bleibt für ihn deshalb die

---

23 Barbara Breysach: Schauplatz und Gedächtnisraum Polen. Die Vernichtung der Juden in der deutschen und polnischen Literatur, Göttingen 2005, S. 15.
24 Ebd., S. 201.

»Ortschaft, für die ich bestimmt war und der ich entkam«[25]. Zwei Überschneidungen – eine spatiale und eine temporale – beschäftigen ihn; beide betreffen schon die Ortsbezeichnung. Er erwähnt, dass ein polnischer Ortsname existiere, er nennt ihn aber nicht, sondern gibt an, dass der Name damals zum »besseren Verständnis der dort Werksamen und Ansässigen«[26] eingedeutscht worden sei. Indem er sich auf die deutschen Namen – Auschwitz, Birkenau – bezieht, kennzeichnet er den Ort als einen deutschen Tatort auf dem Staatsgebiet Polens und hebt damit zugleich die spatiale Überblendung hervor. Der temporale Aspekt überwiegt, wenn Weiss berichtet, wie er zwanzig Jahre nach den Ereignissen dorthin reist und auf welche Schwierigkeiten die Annäherung an die lange zurückliegenden Taten stößt. Dem Lebenden mitsamt seinem Wissen und seinem Vorstellungsvermögen verschließe sich, was dort geschehen sei, während der Ort seine Imagination dennoch fortwährend beschäftige. Mit der präzisen Beschreibung der Bauten und der Rekonstruktion des in ihnen Geschehenen erprobt Weiss textuelle Möglichkeiten der Vergegenwärtigung des Vergangenen. Die Überblendung von Vergangenheit und Gegenwart thematisiert er darüber hinaus noch auf andere Weise, wenn er die Schulklassen erwähnt, die über das Gelände geführt werden. Auch als Museum und als Touristenattraktion produziert dieser in Polen liegende Ort deutscher Täterschaft Bedeutungen. Diesem Mechanismus kann sich selbst Weiss nicht entziehen, auch wenn er jede Sinngebung für das Morden abweist und in Auschwitz einen Ort der »totale[n] Sinnlosigkeit«[27] des Todes der Ermordeten sieht.

Neben Weiss, dessen Text bis heute der bekannteste geblieben ist, hatten – so Helmut Peitsch – »bereits seit 1948 [...] Autoren aus der DDR und seit 1956 aus der Bundesrepublik die Gedenkstätte in der Volksrepublik Polen regelmäßig besucht und mit Reisebeschreibungen zum öffentlichen Bild von Auschwitz beigetragen«[28]. Das gilt auch für Lager in anderen Ländern. So fährt Ruth Klüger, die in Theresienstadt interniert war, ins tschechische Terezín und ist zufrieden, dass das Lager nicht – wie Auschwitz – »zum KZ-Museum geworden«[29] sei. Nach der Wiedervereinigung Deutschlands und

---

25 Peter Weiss: Meine Ortschaft, in: ders.: Rapporte, Frankfurt am Main 1968, S. 113-124, S. 114.
26 Ebd., S. 115.
27 Ebd., S. 123.
28 Helmut Peitsch: Auschwitz in Reisebeschreibungen von Maxim Biller, Iris Hanika und Stephan Wackwitz, in: Torben Fischer, Philipp Hammermeister, Sven Kramer (Hg.): Der Nationalsozialismus und die Shoah in der deutschsprachigen Gegenwartsliteratur, Amsterdam, New York 2014, S. 73-93, S. 74.
29 Ruth Klüger: weiter leben. Eine Jugend, Göttingen 1992, S. 104.

dem Beitritt Polens zur Europäischen Union entstanden weitere Reisebeschreibungen über die Mordstätten in Polen. Der transnationale Blick ist dieser Textsorte insgesamt eingeschrieben, denn die Rückwendung in die Vergangenheit findet hier immer aus einer ganz bestimmten, örtlich konkretisierten Gegenwart heraus statt, die in den Texten in der Regel mitreflektiert wird. Die Erinnerungsorte in Polen werden mit jedem Reisebericht zu Stätten einer transkulturellen, deutsch-polnischen Bedeutungsproduktion.

Globalisierung und Kosmopolitisierung
Seit den vierziger Jahren haben sich die öffentlichen Einschätzungen des Genozids an den Juden weltweit vielfach geändert. Das spiegelt schon die Benennung für das Ereignis wider. So setzte sich die Bezeichnung ›Holocaust‹ – auch in der Wissenschaft – erst im Anschluss an die Ausstrahlung des erfolgreichen US-amerikanischen Fernseh-Mehrteilers *Holocaust* (Regie: Marvin Chomsky) seit 1978 durch. Die konkurrierende Bezeichnung ›Shoah‹ wurde seit Claude Lanzmanns gleichnamigem Film von 1985 häufiger gebraucht. Bis heute signalisiert die französierte Transkription des hebräischen Worts den Rückbezug auf diesen Dokumentarfilm. Dass zwei Filme maßgeblich zur Durchsetzung der Benennungen beigetragen haben, verweist auf die Rolle der Medien im Prozess der öffentlichen Meinungsbildung. Die transnationale Etablierung des Wortes ›Holocaust‹ zeigt darüber hinaus an, dass hier globalisierte Entwicklungen wirksam sind. Die wichtigsten betreffen den politischen Diskurs sowie die Veränderung der Öffentlichkeit durch die Entwicklung der Medien.

Daniel Levy und Natan Sznaider sprechen von einer »Kosmopolitisierung der Holocausterinnerung«[30] im Zeitalter der Globalisierung und beziehen sich damit nicht auf den älteren Begriff des Kosmopolitismus im Sinne des Weltbürgertums, sondern auf die zunehmende Präsenz globalisierter Diskurse in den lokalen Lebenswelten. Dabei gehen sie nur zum Teil von einer Vereinheitlichung im Sinne der Universalisierung der Erinnerung an die Shoah aus. Entscheidend für ihr Konzept ist vielmehr, dass die globalisierten Diskurse jeweils national und lokal unterschiedlich angeeignet werden. Levy und Sznaider sprechen von »Glokalisierung«[31], während Ralph Buchenhorst eine »Dezentralisierung der Shoah«[32] diagnostiziert. Im Zuge dieser Entwicklung, so

---

30 Levy und Sznaider, Erinnerung im globalen Zeitalter, S. 22.
31 Ebd., S. 28.
32 Ralph Buchenhorst: Das Element des Nachlebens. Zur Frage der Darstellbarkeit der Shoah in Philosophie, Kulturtheorie und Kunst, München 2011, S. 229.

Levy und Sznaider, werde der Einfluss der nationalen Sphären nicht einfach aufgehoben: »Das kosmopolitische Gedächtnis geht über das nationale hinaus, ohne es abzulösen«[33]; die transnationale Erinnerung koexistiere also mit der nationalen. Die Autoren zeigen das an einem Vergleich der Shoah-Erinnerung in Deutschland, den USA und Israel.

Die Durchsetzung der Kosmopolitisierung der Holocausterinnerung im politischen Bereich datieren sie auf die neunziger Jahre. Mit »dem Ende des Kalten Krieges« seien die »Holocausterinnerungen aus ihren jeweiligen nationalen Containern«[34] herausgetreten, bis sie während des Kosovokonflikts 1998 zur Legitimation der militärischen Intervention aus humanitären Gründen benutzt worden seien. Im Bereich der Medien nennen die Autoren einerseits »die neue globale Kommunikation«[35], wie sie sich zum Beispiel mit dem Internet entwickelt hat, andererseits die zunehmende Zahl der von Daniel Dayan und Elihu Katz so genannten Medienereignisse als bestimmende Faktoren. Die These, dass die »Kosmopolitisierung der Holocausterinnerung [...] mittlerweile zu einem integralen Bestandteil europäischer Politik und Zivilgesellschaft geworden«[36] sei, hat Jens Kroh anhand der Stockholmer Holocaust-Konferenz von 2000 weiter ausgearbeitet, auf die auch Levy und Sznaider schon eingegangen waren. Kroh, der den Begriff der Kosmopolitisierung vermeidet, sieht die Konferenz als Höhepunkt der Herausbildung eines »inter- und transnationale[n] Politikfeld[s] Erinnerungskultur in Hinblick auf den Holocaust«[37].

Die zunehmende transnationale Modellierung der Erinnerung an die Shoah durch die politischen Akteure und durch die Medien wird auch in der Literatur reflektiert. So entwirft Iris Hanika in ihrem Roman *Das Eigentliche*[38] ein staatliches »Institut für Vergangenheitsbewirtschaftung«[39], dem die Bewahrung und die Präsentation der Zeugnisse von Überlebenden der Shoah obliegt. Nach der Wiedervereinigung hat in dem Roman der deutsche Staat »das Gedenken an das Verbrechen der Vergangenheit zu seiner immerwährenden Aufgabe«[40] erklärt. Das Institut akquiriert in der ganzen Welt Archi-

---

33 Levy und Sznaider, Erinnerung im globalen Zeitalter, S. 28.
34 Ebd., S. 24.
35 Ebd., S. 54.
36 Ebd., S. 11.
37 Jens Kroh: Transnationale Erinnerung. Der Holocaust im Fokus geschichtspolitischer Initiativen, Frankfurt am Main, New York 2008, S. 76.
38 Iris Hanika: Das Eigentliche, Graz, Wien 2010.
39 Ebd., S. 14.
40 Ebd., S. 23.

valien und assistiert bei der Errichtung von Gedenkstätten. Hanika fokussiert auf deutsche Befindlichkeiten, beschreibt diese aber als eingebunden in transnationale Prozesse. Entsprechend werden die bekanntesten Bilder von den Lagern auch in diesem Text von den populären Filmen aus Hollywood geprägt: Die deutsche Vergangenheit, räsoniert ihr Held skeptisch, »ist fürs Massenpublikum kompatibel geworden«[41], sie sei nun »quasi offiziell eine der ganzen Welt«[42].

Auf andere Weise greift die Transnationalisierung in Doron Rabinovicis Roman *Andernorts*[43] in die Handlung ein. Hier führt die komplexe Überschneidung von Diaspora, Exil und Migration in jüdischen Lebenswelten zu einer Existenzweise im Dazwischen. Rabinovicis Held Ethan Rosen wird in Israel als Kind von Holocaustüberlebenden geboren und wächst auch in Paris, London, New York und Wien auf; »überall«, heißt es über ihn, »warst du der Israeli; nur in Israel wurdest du zum Wiener, zum Jekke«[44]. Als Erwachsener pendelt er zwischen seiner Familie in Tel Aviv und seinem Arbeitsplatz am Wiener Institut für Sozialforschung. Er spricht vier Sprachen fließend und versteht drei weitere. Rosen scheint den alten Typus des Kosmopoliten, den Weltbürger, zu verkörpern, doch anders als diesem wird ihm die Welt nicht zur Heimat, auch nicht in einem neuen, transkulturellen Sinne. Denn obwohl ihn eine Freundin einen »Spezialisten für hybride Lebensformen«[45] nennt, begründet seine vielfach zusammengesetzte Identität keine Utopie, wie sie zum Beispiel Wolfgang Welsch in seiner Theorie des Transkulturellen anvisiert.

Welsch geht davon aus, dass die Kulturen in der globalisierten Welt eng miteinander vernetzt und unhintergehbar »durch *Hybridisierung* gekennzeichnet«[46] seien. Dass wir nicht mehr einer einzigen – zum Beispiel als Nation gedachten – Kultur angehörten, sondern uns als »kulturelle Mischlinge«[47] begreifen müssten, sieht er als Chance: »die Anerkennung der eigenen transkulturellen *Binnenverfassung*« sei eine Bedingung dafür, »mit *äußerer*, gesellschaftlicher Transkulturalität zurechtzukommen«[48]. Folgerich-

---

41 Ebd., S. 163.
42 Ebd.
43 Doron Rabinovici: Andernorts, Berlin 2010.
44 Ebd., S. 50.
45 Ebd., S. 57.
46 Wolfgang Welsch: Transkulturelle Gesellschaften, in: Peter-Ulrich Merz-Benz, Gerhard Wagner (Hg.): Kultur in Zeiten der Globalisierung. Neue Aspekte einer soziologischen Kategorie, Frankfurt am Main 2005, S. 39-67, S. 49.
47 Ebd., S. 52.
48 Ebd., S. 59.

tig plädiert er dafür, offensiv neue, transkulturelle Identitäten[49] auszubilden. Das betrifft auch Konzepte wie das der Heimat, die nicht mehr als der Ort der Herkunft zu denken wäre – vielmehr wäre Heimat der Ort, für den man sich entscheidet und den man gewählt hat.

Welschs Überlegungen korrespondieren mit Rabinovicis Roman, jedoch materialisiert sich für Ethan Rosen die utopisch-transkulturelle Perspektive nicht: Er bleibt ›andernorts‹, findet keine Heimat im Dazwischen. Eher trifft auf ihn die von Levy und Sznaider konzipierte lokale Aneignung globaler Diskurse zu, die in seinem Fall zu erstaunlichen Konsequenzen führt: In Wien verfasst er einen Artikel, der den Prämissen eines zuvor in Tel Aviv geschriebenen widerspricht. »Was er in Wien sagte«, heißt es aus Rosens Perspektive, »mußte in Tel Aviv falsch klingen und umgekehrt«[50], und ein Freund versichert, »auf hebräisch und in Israel klinge jedes Wort eben anders als auf deutsch und in Österreich«[51]. Hier konkurrieren gewissermaßen in einer einzigen Figur unterschiedliche Glokalisierungen miteinander, ohne dass sich die Utopie einer hybridisierten Existenz daraus ableiten ließe. Wie auch immer Rosens transnationale Existenz im Einzelnen bewertet wird: Rabinovici entwirft diesen Roman – ebenso wie weitere – im Problemhorizont der Transnationalisierung. Iris Hermann schreibt, *Andernorts* und der vorangegangene Roman *Ohnehin*[52] seien »in einer globalisierten Welt angesiedelt. Diese ermöglicht es ihnen jüdische Identität [...] als flüssige Identitäten zu denken, die die alten kollektiven Identitäten als Skripte verwenden, um neue, kaleidoskopartige Identitätsentwürfe, die sich durch ihre generelle Flexibilität auszeichnen, zu entwerfen«[53]. Mit Rabinovicis Romanen erkundet die Literatur die Probleme und die Chancen der neuen transnationalen Verhältnisse.

Generationelle Aspekte transnationaler Erinnerung an die Shoah

Das unaufhaltsame Verschwinden der Zeitzeugengeneration hat die Erinnerung an die Shoah verändert. Die Zeit des Zeugnisablegens und der Zeugnisliteratur ist weitgehend vergangen. War dieser Abschnitt von der Emphase auf dem ›So war es‹ geprägt, wurde danach die Frage nach dem Konstruktcha-

---

49 Vgl. ebd., S. 64.
50 Rabinovici, Andernorts, S. 37.
51 Ebd., S. 41.
52 Doron Rabinovici: Ohnehin, Frankfurt am Main 2004.
53 Iris Hermann: *Ohnehin Gebürtig Andernorts*. Zur Diversität von Erinnerung und Identität bei Doron Rabinovici und Robert Schindel, in: Torben Fischer, Philipp Hammermeister, Sven Kramer (Hg.): Der Nationalsozialismus und die Shoah in der deutschsprachigen Gegenwartsliteratur, Amsterdam, New York 2014, S. 133-148, S. 146f.

rakter der Erinnerung an eine selbst nicht durchlebte Vergangenheit im Sinne der postmemory[54] – der Nacherinnerung – dringlicher. Standen sich zunächst die Täter, Opfer und Zuschauer gegenüber, waren es später die Kinder, Enkel oder Urenkel der Zeitzeugen. Im deutschen Erinnerungsdiskurs – aber nicht nur hier – verschoben sich unter anderem dadurch die Identifikationen mit den historischen Akteuren: Im Land der Täter vollzog sich ein Umschwung hin zur Einfühlung in die Opfer. Ulrike Jureit und Christian Schneider spitzen diesen Gedanken zu, indem sie von einer »*opferidentifizierte[n] Erinnerungskultur*«[55] sprechen: Die »Figur des *gefühlten* Opfers« sei heute »für das deutsche Gedenken [...] strukturbildend, denn der Wunsch der Identifizierung mit den Opfern scheint mittlerweile zur erinnerungspolitischen Norm geworden zu sein«[56]. Diese Tendenz sehen die Autoren vor allem im Berliner Denkmal für die ermordeten Juden Europas materialisiert, das der Öffentlichkeit 2005 übergeben wurde. Jureit und Schneider kritisieren die imaginäre Identifikation mit den Opfern, weil sie von der schwierigeren Frage nach den möglicherweise fortdauernden Dispositionen zur Täterschaft ablenke.

Die Durchsetzung des Opfernarrativs ist ein globales Phänomen, das sich zum Beispiel in der 2005 von den Vereinten Nationen verabschiedeten Einrichtung des 27. Januar als dem Internationalen Tag des Gedenkens an die Opfer des Holocausts niedergeschlagen hat. Die in Deutschland hegemoniale Erinnerung wurde seit den neunziger Jahren mit dieser globalisierten Erinnerung synchronisiert. Die Literatur begleitet und vollzieht diese Transformation auf unterschiedliche Weise. Während Hanika die Identifikation mit den Opfern problematisiert und teilweise parodiert, wird sie in Kevin Vennemanns Roman *Nahe Jedenew*[57] zum Strukturprinzip des Erzählens. Aus der Sicht zweier Mädchen, die sich den Häschern zunächst entziehen und in einem Baumhaus verstecken können, wird in Rückblenden erzählt, wie die übrigen Mitglieder der Familie ermordet werden. Vennemann versetzt die Leser in die ausweglose Situation der verfolgten Jugendlichen, die unmittelbar vor der Entdeckung und damit vor dem eigenen Tod stehen. Darin dem *Tagebuch* Anne Franks ähnlich, arbeitet Vennemann allerdings die Unausweichlichkeit der Shoah stärker heraus.

---

54 Marianne Hirsch: The Generation of Postmemory. Writing and Visual Culture After the Holocaust, New York 2012.
55 Ulrike Jureit, Christian Schneider: Gefühlte Opfer. Illusionen der Vergangenheitsbewältigung, Stuttgart 2010, S. 10.
56 Ebd.
57 Kevin Vennemann: Nahe Jedenew, Frankfurt am Main 2005.

Neben der globalisierten Identifikation mit den Opfern kann in Vennemanns Roman auch ein transnationaler deutsch-polnischer Vorgang gesehen werden, denn die Handlung spielt in Polen und zu den Tätern gehören neben den deutschen Besatzern auch die polnischen Nachbarn. Ohne direkt Bezug auf den Ortsnamen Jedwabne zu nehmen, überschreibt Vennemann – durch die lautliche Ähnlichkeit von Jedenew und mit dem Thema der Verfolgung durch die Nachbarn – eine für Polen zentrale Debatte über die eigene Haltung zum Judeozid, die dort seit 2001 geführt worden war. So vollzieht der deutschsprachige Text dieses 1977 geborenen Autors nicht nur die imaginierte Identifikation mit den Opfern, sondern er unterläuft darüber hinaus die national definierten Täter-Opfer-Zuschreibungen zugunsten einer komplizierteren Gemengelage.[58]

Auf andere Weise durchdringen einander generationelle Fragen, transnationale Faktoren und Migration bzw. Diaspora. So hat Andreas Huyssen mit Bezug auf Zafer Şenocaks Roman *Gefährliche Verwandtschaft*[59] die Frage aufgeworfen, inwiefern die in die Bonner Republik eingewanderten Türken – und insbesondere ihre in Deutschland geborenen Kinder – nicht nur in ein anderes Land, sondern auch in eine fremde Vergangenheit eingewandert seien. »Is it possible or even desirable for a diasporic community to migrate into the history of the host nation?«[60]; konkret gefragt: Welche Verbindung finden sie zu der besonderen deutschen Verantwortung hinsichtlich der Shoah? In einer Mischung aus Rekonstruktion und Imagination erschreibt sich Şenocaks Held die eigene deutsch-türkisch-jüdische Familiengeschichte und prägt damit zugleich eine neue Vorstellung von der deutsch-türkischen Vergangenheit; hier wird »der Blick geöffnet für transkulturelle, transnationale Prozesse, denen jeder Versuch einer Identitätsbestimmung ausgesetzt ist«[61]. Auf Şenocaks Geschichtsaneignung trifft das Konzept der Assimilation nicht zu. Vielmehr interveniert er in den Diskurs um die Konstruktion der deutschen Geschichte und schreibt diese zugleich von ihren Rändern her um. Indem ver-

---

58 Vgl. zu dem Roman auch vom Verf.: Identifying with the Victims in the Land of the Perpetrators: Iris Hanika's »Das Eigentliche« and Kevin Vennemann's »Nahe Jedenew«, in: Erin McGlothlin, Jennifer M. Kapczynski (Hg.): Persistent Legacy. The Holocaust and German Studies, Rochester, NY 2016, S. 159-177.
59 Zafer Şenocak: Gefährliche Verwandtschaft, München 1998.
60 Andreas Huyssen: Diaspora and Nation. Migration Into Other Pasts, in: New German Critique, Bd. 88 (2003), S. 147-164, S. 154.
61 Doerte Bischoff, Susanne Komfort-Hein: Vom anderen Deutschland zur Transnationalität. Diskurse des Nationalen in Exilliteratur und Exilforschung, in: Claus-Dieter Krohn, Erwin Rotermund, Lutz Winckler (Hg.): Exilforschung, Bd. 30, 2012: Exilforschungen im historischen Prozess, S. 242-273, S. 267.

schiedene nationale Erinnerungskontexte in ihrer Heterogenität gleichzeitig präsent bleiben, praktiziert der Text eine »multidirectional memory«, wie sie von Michael Rothberg beschrieben wird.[62]

Trend zur Transnationalisierung
Zeigt sich einerseits, dass in der Literatur der Shoah schon früh Transnationalisierungsprozesse gewirkt haben, so lässt sich andererseits ein deutlicher Trend zur weiteren Verstärkung der Transnationalisierung erkennen. Er ist den anhaltenden Globalisierungsprozessen geschuldet, die vor allem die erzwungene und freiwillige Mobilität von Menschen – in Exil, Diaspora und Migration – betrifft, sodann aber auch die Weiterentwicklung und weltweite Verbreitung der Technik, die im Bereich der Medien die Kommunikationsweisen permanent revolutioniert. Zu beobachten ist jedoch, dass noch in der globalisierten Erinnerung an die Shoah nationale und lokale Aneignungen neben die transnationalen Phänomene treten, in denen, trotz des Trends zur Transnationalisierung, eine gewisse Resistenz des Nationalen fortbesteht, die gerade mit den jüngsten Regierungsübernahmen populistischer Kräfte – etwa in Ungarn und in Polen – an Profil gewinnt. Die Literatur registriert, reflektiert und prägt diese Entwicklungen mit.

---

62 Michael Rothberg: Multidirectional Memory: Remembering the Holocaust in the Age of Decolonization, Stanford 2009, S. 11.

Zur transnationalen Dimension fremdsprachiger Literatur der Shoah im bundesrepublikanischen Diskurs

Von Deutschen geplant und verübt, traf die Shoah Angehörige zahlreicher Nationen. Folgerichtig ist jene Literatur, die sich auf dieses historische Ereignis bezieht, in vielen Ländern entstanden und in vielen Sprachen verfasst worden. Diese Konstellation, in der ein historisches Ereignis in unterschiedlichen Literaturen und kulturellen Kontexten gespiegelt wird, bildet einen für die Literatur der Shoah eigentümlichen Ausgangspunkt. Sie ist in einem Maße transnational angelegt wie kaum eine andere Literatur. Schon deshalb stößt die Abgrenzung einzelner Literaturen nach nationalen Gesichtspunkten in diesem Fall auf methodologische Schwierigkeiten. Hinzu kommen weitere Gründe.

So ergibt sich die besondere Stellung der Shoah-Literatur zwischen den Nationalliteraturen auch aus den rassistischen Verfolgungskategorien der Nationalsozialisten. Insbesondere die europaweite Aufspaltung der Gesellschaften in Juden und Nichtjuden lag quer zu den nationalen Grenzen. Die Verfolgung bewirkte eine gemeinsame Erfahrung unter den Verfolgten. Die Grenze zwischen jenen, die die Verfolgung im Lager, im Versteck oder im Exil überlebt haben, und den nicht Verfolgten überlagert deshalb bis heute die traditionellen nationalen Grenzziehungen. Für viele Autoren wurde die aufgezwungene Zugehörigkeit wichtiger als die nationale. So spielt zum Beispiel im essayistischen Werk Jean Amérys seine österreichische Identität im Vergleich zu der durch die Nürnberger Rassengesetze geprägten Gruppenidentität eine eher nachgeordnete Rolle. Erfahrungen wie diese sollte die Forschung nicht revozieren, sondern in ihr Vorgehen kategorial einarbeiten.

Des Weiteren waren die Insassen der Konzentrations- und Todeslager mit dem dort herrschenden, oft als babylonisch empfundenen Sprachengemisch konfrontiert.[1] Internierte aus allen besetzten Ländern Europas waren versammelt und mussten miteinander kommunizieren, wenn sie überleben wollten. Deutsch, die Sprache der Unterdrücker, spielte dabei eine besondere, von den anderen Sprachen unterschiedene Rolle, da die Befehle häufig in dieser Sprache

---

1 Vgl. zum Beispiel Primo Levi: Ist das ein Mensch?, in: ders.: Ist das ein Mensch?, Die Atempause, München, Wien 1991, S. 7-165, S. 36.

erteilt wurden. Primo Levi überlebte nicht zuletzt, weil er ein wenig Deutsch sprach und deshalb im Labor in Monowitz als Chemiker arbeiten konnte. Der Zwang, sich in den unterschiedlichsten Sprachen verständigen zu müssen, führte einerseits zu Wortneuschöpfungen, die sich im Deutschen zu einer eigenen Sondersprache des Lagers verdichteten, sowie andererseits zur Multilingualität der individuellen Erinnerungen an das Lager.[2]

Die Transnationalität dieser Literatur geht außerdem aus den Flucht- und Exilbiografien der Verfolgten hervor. Viele Schriftsteller lernten aufgrund der Umstände die Sprache ihres Gastlandes. Manche verfassten Schriften in dieser neuen Sprache – Exilierte vor 1945, Überlebende erst danach. Das berühmteste Beispiel ist vermutlich *Das Tagebuch der Anne Frank*, das sie in Niederländisch führte. Einige Überlebende kehrten bewusst zu der zuvor gesprochenen Sprache zurück, obwohl sie sich inzwischen in der neuen Sprache problemlos ausdrücken konnten. So vollzog zum Beispiel Peter Weiss, der zunächst auch in Schwedisch geschrieben hatte, schon in den fünfziger Jahren eine Rückwendung zum Deutschen, und so wählte auch Ruth Klüger, die in den USA als Germanistin gearbeitet und publiziert hatte, für ihre Autobiografie *weiter leben* (1992) die deutsche Sprache. Die erste englische Ausgabe erschien erst 2001 nach dem Tod ihrer Mutter.[3] Bei einigen, wie Mascha Kaléko, findet sich »eine Mischung der Sprachen und Idiome als Ausdruck einer exilischen Kondition in Szene gesetzt«[4]. Welche Überwindung es manche Autoren kostete, die deutsche Sprache noch zu benutzen, kann an Soma Morgensterns jahrelangem Ringen um seinen Roman über die Shoah, den vierten Band der Tetralogie *Funken im Abgrund*, nachvollzogen werden. Er begann die Arbeit an der *Blutsäule* 1946, schrieb aber 1949, er habe sich dermaßen in die Deutschen »verhaßt, daß ich auch die deutsche Sprache nicht lieben kann«[5]. Nach mehreren verworfenen Manuskripten beendete er den Roman

---

2 So beschließt Levi sein zweites Buch mit der Aufzeichnung eines Traumes, der sich nach der Befreiung einstellte: »ich höre eine Stimme, wohlbekannt, ein einziges Wort, nicht befehlend, sondern kurz und gedämpft. Es ist das Morgenkommando von Auschwitz, ein fremdes Wort, gefürchtet und erwartet: Aufstehn, ›Wstawać‹« (Primo Levi: Die Atempause, in: ders.: Ist das ein Mensch?, Die Atempause, München, Wien 1991, S. 167-352, S. 352).
3 Vgl. Ruth Klüger: weiter leben, Göttingen 1992; vgl. dies.: Still Alive, New York 2001.
4 Doerte Bischoff, Susanne Komfort-Hein: Vom ›anderen Deutschland‹ zur Transnationalität. Diskurse des Nationalen in Exilliteratur und Exilforschung, in: Claus-Dieter Krohn, Lutz Winkler (Hg.): Exilforschung, Bd. 30: Exilforschungen im historischen Prozess, München 2012, S. 242-273, S. 246.
5 Soma Morgenstern, zit. n.: Ingolf Schulte: Nachwort des Herausgebers, in: Soma Morgenstern: Die Blutsäule. Zeichen und Wunder am Sereth, hg. v. Ingolf Schulte, Lüneburg 1997, S. 175-193, S. 177. Schulte arbeitet in seinem instruktiven Nachwort den Zusammenhang von Verfolgung, Verstummen und dem problematischen Gebrauch der deutschen Sprache heraus.

erst 1954. In vielen dieser außerhalb Deutschlands entstandenen deutschsprachigen Werke – zum Beispiel auch in den Roman *Die unsichtbare Wand* von H. G. Adler[6] – ist die Erfahrung der Transkulturalität inhaltlich eingewandert.

Das Zitat von Morgenstern verweist allerdings auch auf eine Asymmetrie innerhalb der transnationalen Erfahrung. Der Gebrauch der deutschen Sprache in der Literatur der Shoah ist, sowohl im Werk deutschsprachiger als auch in dem nicht deutschsprachiger Autoren, wie durch eine Schwelle von dem Gebrauch anderer Sprachen unterschieden, denn die deutsche Sprache wurde zwischen 1933 und 1945 zur Sprache der Mörder. Auf andere Art asymmetrisch zu den übrigen Sprachen steht nach 1945 die Verwendung des Jiddischen, denn es repräsentiert die durch die Shoah in Osteuropa ausgelöschte Lebenswelt. Die weiteren Sprachen blieben dagegen in den Herkunftsregionen der Autoren nach dem Krieg weiter lebendig, ohne dass sie von der Shoah wesentlich affiziert worden wären.[7] Die Rede von der Transnationalität der Shoah-Literatur soll also nicht die Gleichartigkeit der diversen Erfahrungen und Ausdrucksvaleurs behaupten. Vielmehr manifestierten sich die transnationalen Erfahrungen, je nach den individuellen und kulturellen Prägungen, denen die Autoren ausgesetzt waren, in unterschiedlichen Ausprägungen und Graden transnationaler Autorschaft.

Im bundesrepublikanischen Diskurs über die Shoah machte sich die transnationale Verfasstheit als Asymmetrie geltend, die einerseits bis heute eine Differenz im Bereich der Sprache umfasst; vor allem aber eröffnete sie andererseits einen der nichtdeutschen Literatur der Shoah immanenten, besonderen Blickwinkel. Die Erfahrungsdifferenz brachte eine Perspektive auf die Taten von außen mit sich, die nicht durch jene diskursiven Rituale und Rücksichten, die eine Kultur des Leugnens und Verschweigens nach 1945 produziert hatte, restringiert war, sondern der es immer wieder besser als der Binnensicht gelang, die Shoah und ihre Konsequenzen zu benennen. Die in der Bundesrepublik in Übersetzung erschienenen Werke der Literatur der Shoah hatten deshalb – wie übrigens auch die außerhalb der Bundesrepublik entstandenen Filme – nicht selten eine Schrittmacherfunktion für die Entwicklung der bundesrepublikanischen Debatten um die Shoah.[8] Sie waren, aufs Ganze gesehen, mindestens ebenso wichtig wie die auf Deutsch entstandenen.

---

6 H. G. Adler: Die unsichtbare Wand, Wien, Darmstadt 1989.
7 Das Hebräische hat ebenfalls besondere Relevanz – als die Sprache des Bundes und als die Sprache des neu gegründeten Staates Israel.
8 Ein Beispiel für den Import eines neuartigen literarischen Zugangs zur Shoah ist Art Spiegelmans Comic *Maus*, Reinbek, Teil 1: 1989, Teil 2: 1992.

Die nicht übersetzte Literatur der Shoah spielt im bundesdeutschen Diskurs nur eine marginale Rolle; sie wird lediglich von einigen Spezialisten wie Verlagslektoren, Wissenschaftlern oder ehemaligen Verfolgten wahrgenommen. Eine wichtige Frage lautet deshalb, warum bestimmte Werke übersetzt wurden, während andere unübersetzt blieben. Gab es, mit anderen Worten, tote Winkel in der bundesdeutschen Rezeption nicht deutschsprachiger Shoah-Literatur? Und: Wie wären sie zu erklären? Diese Fragen sind noch kaum erforscht worden. Antworten könnten zum Beispiel durch die Erschließung der erhalten gebliebenen Verlagsarchive gewonnen werden, in denen die Voten der Lektoren und die Stellungnahmen weiterer Entscheidungsträger zu finden sein dürften.[9]

Bei den übersetzten Werken gibt es Unterschiede in Bezug auf die zeitliche Nähe zum Erscheinen der Originalausgabe. Manchmal erfolgte die Übersetzung so schnell wie möglich, manchmal geschah dies mit charakteristischen Verzögerungen. Nicht unähnlich den Aufmerksamkeitszyklen in Bezug auf die deutschsprachige Literatur der Shoah existierte beim Publikum in manchen Phasen kaum Interesse für diese Texte, während es in anderen Phasen lebhaft war. Für die meisten Verlage spielte die Einschätzung der Nachfrage eine zentrale Rolle. Die Entscheidung für eine kostenaufwendige Übersetzung war meist korreliert mit der Erwartung eines zumindest die Kosten deckenden Verkaufserfolgs. Diese Konstellation verweist auf ein strukturelles Problem, denn der Blick von außen, der die nicht deutschsprachige Literatur der Shoah charakterisiert, und der in der Regel die Perspektive der Opfer repräsentiert, setzt eine Bereitschaft der deutschen Leser voraus, sich eben diese Perspektive anzueignen. Zwischen 1945 und 1960 war diese Bereitschaft kaum vorhanden, so dass die nicht deutschsprachige Literatur der Shoah erst danach in das Bewusstsein der Leser drang, die dann allerdings überwiegend der nachfolgenden Generation angehörten.

Eine Skizze dieser Literatur trifft auf dieselben Definitionsfragen wie die Literatur der Shoah insgesamt. Im Kernbereich handelt es sich um Zeugnisliteratur, die von den Verfolgten selbst verfasst wurde. Je nachdem, wann der Beginn der Shoah angesetzt wird, ob schon mit der Ausgrenzung deutscher Juden 1933 oder mit dem Beginn des systematischen Mords um 1941, verändert sich das Textkorpus. Auch die Frage nach den verfolgten Gruppen gehört hierher, denn neben den Juden richtete sich die genozidale Politik des Dritten Reichs auch auf Sinti und Roma, weshalb deren Literatur, die überwiegend

---

9 Für einen deutschsprachigen Text, nämlich Edgar Hilsenraths Roman *Nacht*, vgl. Ursula Hien: Schreiben gegen den Philosemitismus. Edgar Hilsenrath und die Rezeption von *Nacht* in Westdeutschland, in: Stephan Braese, Holger Gehle, Doron Kiesel, Hanno Loewy (Hg.): Deutsche Nachkriegsliteratur und der Holocaust, Frankfurt am Main, New York 1998, S. 229-244.

nicht auf Deutsch verfasst wurde, ebenfalls zur Literatur der Shoah – bzw. des Porajmos – gerechnet werden sollte. Die engste Verwendung des Begriffs bezeichnet jene Texte, die zeitgleich zur Verfolgung entstanden sind und von den Verfolgten selbst geschrieben wurden, also etwa die Tagebücher aus den Ghettos. Weiter gefasst, umspannt sie auch jene Texte Verfolgter, die keine Augen-, sondern Zeitzeugen waren, sowie die Literatur anderer Gruppen. Der weiteste Begriff umgreift schließlich alle Texte, die sich auf die Shoah beziehen. Er impliziert eine Ausweitung auf nicht verfolgte Gruppen, den Übergang von der Dokumentation zur Fiktion, sowie Texte aus der Kinder- und Enkelgeneration. Wenn im Folgenden an einige Autoren und Werke der in Übersetzung erschienenen Literatur der Shoah erinnert wird, soll damit exemplarisch deren für den bundesrepublikanischen Diskurs wichtige – manchmal zentrale – Bedeutung akzentuiert werden.[10]

Ein Großteil der bis 1945 entstandenen Literatur der Shoah wurde in den vom Deutschen Reich besetzten Gebieten niedergeschrieben, ein weiterer Teil im Exil. Die Ghetto- und KZ-Tagebücher gehören zu der seltenen Gruppe der Aufzeichnungen von Verfolgten, die in der Situation der Verfolgung selbst entstanden. Sie wurden gegen den Verfolgungsdruck der Nationalsozialisten überliefert. Viele dieser Texte sind bis heute noch nicht publiziert, geschweige denn übersetzt worden. Wichtige Dokumente, so zum Beispiel *Im Warschauer Getto. Das Tagebuch des Adam Czerniaków 1939-1942*, verfasst vom Vorsitzenden des Warschauer Judenrats, erschien erst 1986 auf Deutsch.[11] Czerniaków beschreibt detailliert die verzweifelte Lage innerhalb der Selbstverwaltung des Ghettos. Der Zwang, mit den Deutschen kooperieren zu müssen, stürzt die Repräsentanten der Gemeinde, weil die Forderungen der deutschen Besatzer immer groteskere Dimensionen annehmen, in moralisch unlösbare Entscheidungskonflikte. Als von Czerniaków während der beginnenden Räumung des Ghettos verlangt wird, er möge einen Kindertransport zur ›Aussiedlung nach Osten‹ zusammenstellen, schreibt er: »Damit ist mein bitterer Kelch bis zum Rand gefüllt, denn ich kann doch nicht wehrlose Kinder dem Tod ausliefern. Ich habe beschlossen abzutreten.«[12] Daraufhin tötet er sich.

---

10 Wegen der Vielzahl von Autoren, Sprachen und nationalen Kontexten kann hier keine vollständige Übersicht angestrebt werden.
11 Das Manuskript gelangte über Frankreich und Kanada nach Yad Vashem. Es erschien erstmals 1968 in Hebräisch, 1972 in Polnisch; vgl. Silke Lent: Vorbemerkung der Übersetzerin, in: Adam Czerniaków: Im Warschauer Getto. Das Tagebuch des Adam Czerniaków 1939-1942, München 1986, S. XXIV-XXV.
12 Adam Czerniaków: Im Warschauer Getto. Das Tagebuch des Adam Czerniaków 1939-1942, aus dem Poln. v. Silke Lent, München 1986, S. 285.

Als ein weiteres zentral wichtiges Ghettotagebuch soll hier das *Buch der Agonie. Das Warschauer Tagebuch des Chaim A. Kaplan*[13] genannt werden. Der hebräische Text wurde 1965 auf Englisch publiziert und erschien 1967 auf Deutsch. Von herausragender Wichtigkeit für Historiker ist ferner das Wirken Emanuel Ringelblums. Er führte selbst Tagebuch,[14] doch darüber hinaus motivierte er andere, dies ebenfalls zu tun. Ringelblum war Historiker und sah es als seine Aufgabe an, das Leben im Ghetto in allen seinen Facetten und in der ganzen Pluralität individueller Erfahrungen zu dokumentieren und der Nachwelt zu überliefern. Zahlreiche dieser Texte, die noch vor der Räumung und Zerstörung des Ghettos vergraben wurden, sind 1946 und 1950 wiedergefunden worden. Sie werden heute im Ringelblum Archiv des Warschauer Jüdischen Historischen Instituts aufbewahrt.[15]

Die Pluralität der Sichtweisen auf Seiten der Verfolgten spiegelt sich im Korpus des Ringelblum Archivs schon durch die verschiedenen Sprachen wider, die die Diaristen wählten. Dies trifft auch auf die genannten drei Autoren zu: Czerniaków schrieb auf Polnisch, Kaplan wählte Hebräisch, Ringelblum Jiddisch. Diese Diversität osteuropäischer Lebenswelt schwindet in der Übersetzung. Darin liegt ein weiteres Problem in der Rezeption nicht deutschsprachiger Literatur der Shoah. Indem die unterschiedliche Herkunft der Verfolgten und die Verschiedenartigkeit ihrer Erfahrungen den Lesern nur in einer Sprache – in Deutsch – erscheinen, besteht die Gefahr, dass die diversen Lebenswelten in der einen Kategorie des ›Opfers‹ zusammengefasst und damit nivelliert werden. Musste in der Bundesrepublik in den fünfzehn Jahren nach Kriegsende der Blick auf die Opfer überhaupt erst einmal mühsam etabliert und aus den Verwicklungen der Debatten über die Schuld der Deutschen an der Shoah sowie aus den frühen Debatten über Wiedergutmachung und Restitution gelöst werden, so wurde er, vor allem in der Historiografie, in den Jahrzehnten danach zunehmend diversifiziert. Die literaturwissenschaftliche Komparatistik hat dagegen die regionalen und nationalen Besonderheiten der Shoah-Literatur noch kaum systematisch in ihre Forschungen integriert.

In den späten vierziger Jahren wurden zahlreiche Augenzeugenberichte aus den Konzentrationslagern publiziert. Viele dieser Werke, wie der weit verbreitete, halbdokumentarische *Totenwald* von Ernst Wiechert, der 1946 in

---

13 Chaim A. Kaplan: Buch der Agonie. Das Warschauer Tagebuch des Chaim A. Kaplan, übers. von Harry Maor, Frankfurt am Main 1967.
14 Vgl. Emanuel Ringelblum: Ghetto Warschau. Tagebücher aus dem Chaos, Stuttgart 1967. Eine englische Ausgabe erschien 1958; in Polen erschien der Text bereits 1948.
15 Vgl. Samuel D. Kassow: Ringelblums Vermächtnis. Das geheime Archiv des Warschauer Ghettos, Reinbek 2010.

München, dann in Zürich und 1947 in Ostberlin verlegt wurde, spiegeln weniger die Perspektive der Opfer der Shoah wider als die Perspektive anderer von den Nationalsozialisten verfolgten Gruppen, hier zum Beispiel die eines Christen. Die im ostdeutschen Einflussbereich erschienenen Texte vermittelten meist die Sicht verfolgter Sozialisten. Verglichen mit der Zahl der deutschsprachigen Texte über die Konzentrationslager erschienen, quantitativ gesehen, nur wenige Holocaust-Texte in deutscher Übersetzung. Einige davon im ostdeutschen Einflussbereich,[16] so dass ihre Verbreitung im Westen behindert war. Zu ihnen gehören Robert Antelmes heute wieder gelesene Aufzeichnungen *Die Gattung Mensch*, die 1949 der Aufbau Verlag edierte.[17] Andere erschienen in der Schweiz.[18]

Generell wurde die Integration nichtdeutscher Stimmen in die westdeutsche Öffentlichkeit – neben den schwierigen logistischen und finanziellen Bedingungen, die die Edierung solcher Texte mit sich brachte – auch durch die als Aufklärungskampagne gedachte Informationspolitik der Amerikaner und der Briten erschwert. Die im Rahmen der Kollektivschuldthese 1945 und 1946 auf Flugzetteln, Plakaten und in Filmen erhobenen Vorwürfe gegen die Deutschen, die diese überwiegend als überzogen und ungerechtfertigt werteten, führten zur Zurückweisung jeglicher Einmischung von außen. Dass auch fortwirkende antisemitische Einstellungen die Rezeption der Shoah-Literatur behinderten, kann hier nur vermutet werden.

Fest steht allerdings, dass mit der Gründung der Bundesrepublik eine Phase des Schweigens einsetzte, die bis etwa 1960 andauerte. In dieser Zeit erschienen zwar einige Texte, doch auffallend weniger als in den Jahren davor und danach. Der zentrale Text der Holocaust-Literatur der fünfziger Jahre – nicht nur für die bundesdeutschen Debatten – ist zweifellos *Das Tagebuch der Anne Frank*.[19] Die erste Übersetzung erschien 1950, 1955 folgte das Taschen-

---

16 Vgl. Maria Zarebinska-Broniewska: Auschwitzer Erzählungen, Berlin (Ost) 1949; Wassilij Grossmann: Die Hölle von Treblinka, Moskau 1946.
17 Robert Antelme: Die Gattung Mensch, Berlin (Ost) 1949. 1947 auf Französisch erschienen, wurde das Buch später auf Deutsch unter dem Titel *Das Menschengeschlecht* verbreitet.
18 An einer bibliografischen Erfassung der frühen Texte der deutschsprachigen Shoah- und Lagerliteratur von 1933 bis 1949 arbeitet seit einiger Zeit das Forschungsprojekt »Frühe Texte der Holocaust- und Lagerliteratur« der Gießener Arbeitsstelle Holocaustliteratur, vgl. Arbeitsstelle Holocaustliteratur: Forschungsprojekt »Frühe Texte der Holocaust- und Lagerliteratur«, URL: https://www.holocaustliteratur.de/deutsch/Forschungsprojekt-Fruehe-Texte-der-Holocaust-und-Lagerliteratur-2485 (Abruf: 30.7.2019).
19 Das Tagebuch der Anne Frank, Heidelberg 1950. – Vgl. zu Anne Franks *Tagebuch* auch die Ausführungen im vorangegangenen Kapitel.

buch. Später kurbelten das Theaterstück und der Film den Erfolg weiter an.[20] Wie bereits erwähnt, gehört das *Tagebuch* nicht zur deutschsprachigen Literatur. Die 1929 geborene Anne kam 1934 nach Amsterdam und führte das Tagebuch seit 1942. Dieses jedoch nicht zur deutschen Literatur zu zählen hieße, Teile der Exilliteratur aus der deutschen Nationalliteratur auszugrenzen und damit die Ausgrenzungspolitik der Nationalsozialisten durch die eigenen Kategorisierungen zu wiederholen. Andererseits gehört der Text auch in die niederländische Literatur, so dass hier ein hervorragendes Beispiel für die Transnationalität des Genres vorliegt.

Für den Erfolg in Deutschland waren verschiedene Faktoren verantwortlich, vor allem aber die Abwesenheit jeglicher Schuldvorwürfe an die Deutschen in dem Text, was dem Publikum in Deutschland erstmals seit vielen Jahren wieder die positive emotionale Identifikation mit einer Jüdin ermöglichte. Herbeigeführt wurde diese Rezeption allerdings durch zum Teil sinnentstellende Eingriffe von Seiten des Herausgebers und der Übersetzer. Sie veränderten jene Passagen, die die universalisierenden Tendenzen des Textes konterkarierten und die Deutschen als die Täter benannten. George Stevens' Verfilmung schließt mit Annes versöhnlichen Worten: »Trotz allem glaube ich noch an das Gute im Menschen«. Diese in den frühen Bearbeitungen des *Tagebuchs* zu findende Universalisierung ermöglichte es dem deutschen Publikum, so Alvin Rosenfeld, aus dem Munde des Opfers moralische Vergebung zu erhalten.[21] Im Anschluss an Rosenfeld schreibt Hanno Loewy deshalb: »So ist die ›Universalisierung‹ der Anne Frank […] die Vollendung ihrer Vernichtung.«[22]

Konnte die Auseinandersetzung mit der deutschen Täterschaft in der Lektüre von Anne Franks *Tagebuch* noch abgewehrt werden, so änderte sich dies mit den seit 1960 erschienenen Büchern. Angekurbelt durch die Entführung Eichmanns im Mai dieses Jahres und dem darauf folgenden Prozess in Jerusalem, aber durchaus auch unabhängig von diesem viel beachteten Ereignis, nahmen in der Bundesrepublik nun einige Verlage Literatur der Shoah in ihr Programm auf. Neben den paradigmatischen deutschsprachigen Texten der sechziger Jahre – also vor allem Rolf Hochhuths *Der Stellvertreter* (1963) und

---

20 Zur Übersetzungs- und Verbreitungsgeschichte vgl. Gerrold van der Stroom: Die Tagebücher, »Het Achterhuis« und die Übersetzungen, in: Die Tagebücher der Anne Frank, hg. v. Niederländischen Staatlichen Institut für Kriegsdokumentation, Frankfurt am Main 1988, S. 67-89, bes. S. 82 ff.
21 Vgl. Hanno Loewy: Das gerettete Kind. Die »Universalisierung« der Anne Frank, in: Stephan Braese, Holger Gehle, Doron Kiesel, Hanno Loewy (Hg.): Deutsche Nachkriegsliteratur und der Holocaust, Frankfurt am Main 1998, S. 19-41, S. 36.
22 Ebd., S. 37.

Peter Weiss' *Die Ermittlung* (1965), aber auch der Lyrik von Nelly Sachs, die 1965 den Friedenspreis des deutschen Buchhandels und 1966 den Nobelpreis für Literatur erhielt – übte die übersetzte Literatur eine stetige Wirkung auf die westdeutsche Öffentlichkeit aus. So erschienen zum Beispiel von André Schwarz-Bart *Der Letzte der Gerechten* (aus dem Französischen, 1960)[23], von Tadeusz Borowski *Die steinerne Welt* (aus dem Polnischen, 1963)[24], von Jerzy N. Kosinski *Der bemalte Vogel* (aus dem Englischen, 1965)[25] sowie Tagebücher aus den Ghettos und autobiografische Aufzeichnungen über die Zeit der Verfolgung. Beginnend mit *Jakob, der Knecht* wurden seit 1965 die ursprünglich auf Jiddisch verfassten Werke Isaac Bashevis Singers, des Nobelpreisträgers für Literatur 1978, ins Deutsche übersetzt. Insbesondere *Feinde, die Geschichte einer Liebe*,[26] 1974 bei Hanser verlegt, bringt das Lebensgefühl der Überlebenden des Holocaust in der US-amerikanischen Diaspora auf den Punkt.

Drei Autoren, deren Werke seit den sechziger Jahren in der Bundesrepublik erschienen, wirkten während der folgenden Jahrzehnte besonders nachhaltig auf die Öffentlichkeit: Elie Wiesel, Jorge Semprún und Primo Levi. Von Wiesel erscheint 1962 *Die Nacht zu begraben, Elischa* (aus dem Französischen). Eng an seinen eigenen Erfahrungen entlang erzählt der spätere Friedensnobelpreisträger in dem weltweit berühmt gewordenen Teil *Nacht* dieser Trilogie von der Deportation des jugendlichen Protagonisten aus einem ungarisch-siebenbürgischen Dorf nach Auschwitz, vom Verlust seiner Angehörigen sowie den Lagern und Todesmärschen in Deutschland. Der überlebende Erzähler setzt sich mit dem durch Auschwitz verursachten Verlust seines Glaubens auseinander. Radikal wie sonst nur wenige fragt Wiesel nach der Legitimation Gottes in einer Welt, in der Auschwitz möglich war. Anders als der positivuniversalistische Ton, der das *Tagebuch der Anne Frank* sowie den zugehörigen Film und das Theaterstück charakterisieren, bleibt für Wiesel die Welt nach Auschwitz irreversibel versehrt. Die letzten Sätze von *Nacht* unterstreichen dies. Nach der Befreiung Buchenwalds sieht der Erzähler erstmals seit vielen Monaten wieder sein eigenes Bild: »Aus dem Spiegel blickte mich ein Leichnam an. Sein Blick verläßt mich nicht mehr.«[27]

Bis zu seinem Tod 2016 ist Wiesel sowohl mit seinen jeweils neuen Texten als auch durch zahlreiche Nachauflagen kontinuierlich im bundesdeutschen Diskurs über die Shoah präsent geblieben. Obwohl selbst Schriftsteller, hat er

---

23 André Schwarz-Bart: Der Letzte der Gerechten, Frankfurt am Main 1960.
24 Tadeusz Borowski: Die steinerne Welt, München 1963.
25 Jerzy N. Kosinski: Der bemalte Vogel, Bern 1965.
26 Isaac Bashevis Singer: Feinde, die Geschichte einer Liebe, München 1974.
27 Elie Wiesel: Die Nacht, 4. Aufl., Freiburg im Breisgau 1996, S. 153.

dennoch immer wieder auf der Unangemessenheit jeglicher literarischer Repräsentation von Auschwitz beharrt. Darüber hinaus verkörperte er seit dem Ende der sechziger Jahre eine neue Strömung innerhalb des Diskurses, die die Singularität des Verbrechens an den Juden hervorhob.[28] 1967 und 1973 befand sich Israel im Krieg mit seinen arabischen Nachbarn. Erstmals seit dem Ende des Zweiten Weltkriegs wurde wieder die physische Existenz der Juden bedroht. Diese politischen Entwicklungen führten vor allem in Nordamerika zu einer Betonung der Verantwortung für Israel und zu einer Anerkennung der besonderen Situation dieses Staates, dem seine Gegner die Existenzberechtigung absprachen. Diese und andere Faktoren – etwa die generell steigende Sensibilität für Minoritäten und für kulturelle Differenzen in den USA während der sechziger Jahre, die zum Beispiel durch die Bürgerrechtsbewegung der Afroamerikaner hervorgerufen wurde – führten in Bezug auf die Wahrnehmung der Shoah zu einem Paradigmenwechsel, in dessen Verlauf die Universalisierung des Holocausts hinter der nun häufiger postulierten Singularität des Ereignisses zurücktrat. In der Bundesrepublik wurde diese Phase erst mit der Ausstrahlung der TV-Serie *Holocaust* 1979 erreicht. In den USA setzte sie schon früher ein. Wiesel wurde zu einem Hauptvertreter dieser neuen Strömung.

Auch Jorge Sempruns Bücher erschienen seit den sechziger Jahren in deutscher Übersetzung. *Die große Reise* (1964)[29], *Was für ein schöner Sonntag!* (1981)[30] und *Schreiben oder Leben* (1995)[31] beziehen sich auf seine Inhaftierung in Buchenwald während des Nationalsozialismus; andere Texte setzen sich mit der Stellung des Einzelnen in der Kommunistischen Partei auseinander, denn bis er 1964 ausgeschlossen wurde, war Semprún in der unter Franco verbotenen, spanischen KP organisiert. Als Nichtjude wurde er kein Opfer der Shoah, sondern des nationalsozialistischen Antikommunismus. Insbesondere in den achtziger Jahren wurden Sempruns Romane in der Bundesrepublik

---

28 Vor einiger Zeit hat Jean-Michel Chaumont eine Konferenz im März 1967 in New York, an der neben Wiesel insbesondere auch Emil Fackenheim, Richard Popkin und George Steiner sprachen, als den Moment der Abkehr vom Paradigma der universalistischen Deutung und der Hinwendung zur These der Singularität von Auschwitz identifiziert (vgl. ders.: Die Konkurrenz der Opfer. Genozid, Identität und Anerkennung, Lüneburg 2001, S. 94 ff.). Ohne auf den generell problematischen Unterton in Chaumonts Buch hier eingehen zu können, scheint mir diese Datierung des Paradigmenwechsels zu eng gefasst zu sein. Peter Novick hat in den entsprechenden Kapiteln seiner Studie überzeugend den Prozesscharakter dieser Entwicklung hervorgehoben (vgl. ders.: Nach dem Holocaust. Der Umgang mit dem Massenmord, Rheda-Wiedenbrück, Gütersloh 2001).
29 Jorge Semprún: Die große Reise, Reinbek 1964.
30 Jorge Semprún: Was für ein schöner Sonntag!, Frankfurt am Main 1981.
31 Jorge Semprún: Schreiben oder Leben, Frankfurt am Main 1995.

als eine Hauptquelle für die authentische Darstellung der Konzentrationslager rezipiert. 1995 wurde diese hervorgehobene Stellung durch die Auszeichnung mit dem Friedenspreis des deutschen Buchhandels unterstrichen.

Semprúns Werke wurden als Dokumente der Shoah-Literatur gelesen, obwohl die Erfahrung der Shoah in ihnen nicht im Mittelpunkt steht. Trotz seines anders gearteten Verfolgungsschicksals gibt es allerdings auch gute Gründe dafür, Semprúns Prosa zur Literatur der Shoah zu rechnen – vor allem, weil er sich, gleichsam von einer anderen Seite her, auf sie bezieht. Dies wird an einem Gespräch deutlich, das er mit Wiesel geführt hat. Beide verbrachten die letzten Monate vor der Befreiung in Buchenwald. Doch während Semprún im Hauptlager interniert war, befand sich Wiesel im sogenannten Kleinen Lager, einem Lager im Lager, in dem hauptsächlich Juden untergebracht waren.[32] Aus dieser Konstellation, in der sich die unterschiedlichen Gründe für die Verfolgung spiegeln, ergeben sich unterschiedliche Verfolgungserfahrungen. Anders als Semprún war Wiesel dem rassistischen Vernichtungswillen der Nationalsozialisten ausgesetzt; Semprún erkennt dies an: »das ist der große Unterschied [...]. Die gräßliche Einzigartigkeit des nationalsozialistischen Systems [...] bestand in dieser kaltblütigen und systematisch, industriell und rationell umgesetzten Entscheidung, ein ganzes Volk auslöschen zu wollen. [...] das wurde natürlich auch unterschiedlich erlebt.«[33] Wo für Semprún die Auseinandersetzung mit der Résistance einen zentralen Platz in den Reflexionen einnimmt, steht bei Wiesel der individuelle Überlebenswille. In *Nacht* beschreibt er, wie dieser Wille im Lager gebrochen und ausgelöscht wurde.

Der vielleicht einflussreichste nicht deutschsprachige Autor im Holocaust-Diskurs der Bundesrepublik ist Primo Levi. Er kehrte im Oktober 1945 aus Auschwitz nach Italien zurück; schon Anfang 1946 begann er mit der Niederschrift von *Ist das ein Mensch?* Das Buch erschien 1947 in kleiner Auflage, wurde jedoch kaum rezipiert. Bis 1961 widmete sich Levi ganz seinem Beruf als Chemiker. Dann überzeugten Freunde ihn, dass er seine abenteuerliche Fahrt von Auschwitz nach Turin, die ihn durch halb Osteuropa führte, aufschreiben müsse. *Die Atempause* entstand. Inzwischen hatte der renommierte Verlag Einaudi sein erstes Buch wieder aufgelegt. Auch das neue nahm er 1963 ins Programm, und es wurde zu einem Publikumserfolg. In der Bundesrepublik

---

32 Vgl. Katrin Greiser: »Sie starben allein und ruhig, ohne zu schreien oder jemand zu rufen«. Das »Kleine Lager« im Konzentrationslager Buchenwald, in: Dachauer Hefte, Nr. 14, 1998, S. 102-124.
33 Jorge Semprún, Elie Wiesel: Schweigen ist unmöglich, Frankfurt am Main 1997, S. 12 f. Wiesel formuliert im Verlaufe des Gesprächs fast gleichlautend: »Die grundlegende Einzigartigkeit war der Plan, das Vorhaben des Feindes, ein ganzes Volk bis zum letzten Angehörigen auszulöschen« (ebd., S. 35).

erwarb der S. Fischer Verlag 1959 die Rechte an *Ist das ein Mensch?*, das er 1961 herausgab. Später erschienen in Übersetzung: *Atempause* (1964), *Wann, wenn nicht jetzt?* (1986), *Das periodische System* (1987) – das 1979 schon vom Aufbau Verlag in der DDR verlegt worden war –, *Die Untergegangenen und die Geretteten* (1990), *Die dritte Seite* (1992) sowie mehrere Schriften Levis, die sich nicht mit den Lagern auseinandersetzen.

Aus dem bürgerlichen Turin kommend, vertrat Levi zeitlebens aufgeklärt-universalistische Positionen. Ähnlich wie Jean Améry entstammte er dem weitgehend assimilierten Judentum, so dass die faschistische Stigmatisierung als Jude seiner Kindheitserfahrung zuwiderlief. Obwohl er die Menschen auch nach seiner Internierung in Auschwitz, dem humanistischen Postulat folgend, als grundsätzlich gleichartig ansah, kam er im Falle der Deutschen doch regelmäßig auf die Frage nach möglichen spezifischen Unterschieden zurück. Levi hat immer wieder die Differenz thematisiert, die ihn von den Deutschen trennte. Seine Beziehung zu Deutschland und den Deutschen blieb kompliziert und facettenreich. Innerhalb des bundesrepublikanischen Diskurses nahm er deshalb gewissermaßen eine exterritoriale Position ein. Eine Identifikation auf Seiten der Leser, wie sie im Falle Anne Franks stattgefunden hatte, ließ diese Position nicht zu.

Ein schon erwähnter Aspekt betrifft das Verhältnis zur deutschen Sprache. Für seine Chemiestudien hatte er ein wenig Deutsch gelernt. Im Lager wurde diese Fähigkeit entscheidend: »Deutsch zu können bedeutete zu leben«[34]. Levi sieht das Lagerdeutsch als eine barbarisierte Form des Deutschen an, die »mit der präzisen, schlichten Sprache meiner Chemie-Lehrbücher und der melodiösen, subtilen Sprache der Gedichte Heinrich Heines«[35] kaum noch etwas gemeinsam hatte. Allerdings spricht er den Deutschen, hierin wohl der Analyse Victor Klemperers folgend, auch ein schon vor dem Dritten Reich wirksames Bestreben zu, die Sprache von Fremdwörtern zu reinigen. Sein eigenes Deutsch sei vom Lagerjargon beeinflusst. Dies wurde ihm klar, als er nach dem Krieg seine Geschäftspartner einmal auf Deutsch angesprochen hatte und diese mit Befremden auf seine Ausdrucksweise reagierten. »Später habe ich entdeckt, daß auch meine Aussprache primitiv ist, aber ich habe es bewußt vermieden, sie zu verfeinern. Aus dem gleichen Motiv heraus habe ich mir auch niemals die Tätowierung am linken Arm entfernen lassen.«[36] Diese Haltung fasst die charakteristische Stellung Levis nicht nur zur deutschen Spra-

---

34 Primo Levi: Die Untergegangenen und die Geretteten, München, Wien 1990, S. 98.
35 Ebd., S. 100.
36 Ebd., S. 102.

che, sondern in Bezug auf die Konfrontation mit Deutschland und den Deutschen zusammen: Er legte jederzeit Wert auf die Kenntlichkeit seines Status als eines ehemaligen Häftlings aus Auschwitz. Mit schnellen Versöhnungs- oder gar Vergebungsgesten, oder mit der in der Regel von seinen deutschen Gesprächspartnern gewünschten Entlastung ihres Gewissens durch den Überlebenden, war er sehr zurückhaltend.

Nach dem Krieg standen für Levi bei dem Gedanken an die Deutschen zunächst starke Emotionen im Vordergrund. Als er erfuhr, dass sein erstes Buch ins Deutsche übersetzt werden sollte, reagierte er heftig: »Natürlich hatte ich das Buch auf italienisch geschrieben, für Italiener [...]. Aber die wirklichen Adressaten des Buchs waren sie, die Deutschen. Jetzt war die Waffe geladen. Zur Erinnerung: Seit Auschwitz waren erst fünfzehn Jahre vergangen. Die Deutschen, die mich lesen würden, waren ›jene‹, nicht ihre Erben. [...] Ich würde sie gefesselt vor einen Spiegel zerren. Jetzt war die Stunde der Abrechnung gekommen, der Augenblick, in dem die Karten auf den Tisch gelegt werden mußten.«[37] Den Impuls zur Rache hat er auch in *Wann, wenn nicht jetzt?* beschrieben: »War jene Rache gerecht? Gab es überhaupt gerechte Rache? Nein, es gab sie nicht. Aber du bist ein Mensch, und es ist dein Blut, das nach Rache schreit, und also läufst du hin und zerstörst und mordest. Wie sie, wie die Deutschen.«[38] Diesen Impuls, den Levi mitunter in sich spürte, teilt er seinen Lesern mit, doch sein Handeln hat dieser Impuls nie dominiert. Hier stehen vielmehr zwei andere Motive im Vordergrund: das Verstehenwollen und der Dialog.

Die Reserve, die Levi zeitlebens gegenüber den Deutschen empfand, hat ihre Ursache neben dem Faktum der deutschen Täterschaft auch in Levis fundamentalem Unverständnis in Bezug auf die Motive für das Handeln der Täter und Mitläufer. Rückblickend schreibt er 1986: »Rache interessierte mich nicht. [...] Ich [...] mußte sie verstehen. [...] das deutsche Volk, jene Deutschen, die ich aus der Nähe erlebt hatte, jene, unter denen die SS-Soldaten rekrutiert worden waren; aber auch die anderen, die, die geglaubt hatten, und all jene, die, obwohl sie nicht glaubten, gleichwohl geschwiegen und nicht einmal den bescheidenen Mut aufgebracht hatten, uns in die Augen zu sehen«[39]. Weil er verstehen wollte, suchte Levi den Dialog mit den Deutschen. Anstelle eines Vorworts enthielt schon die erste deutsche Ausgabe von *Ist das ein Mensch?* den Auszug eines Briefes, den Levi an seinen Übersetzer gerichtet hatte. Mit

---

37 Ebd., S. 176.
38 Primo Levi: Wann, wenn nicht jetzt, München, Wien 1986, S. 329.
39 Levi, Die Untergegangenen und die Geretteten, S. 176f.

ihm eröffnet er den Dialog: »ich kann nicht sagen, daß ich die Deutschen verstehe. Und was man nicht verstehen kann, bildet eine schmerzhafte Leere, ist ein Stachel, ein dauernder Drang, der Erfüllung fordert. Ich hoffe, daß dieses Buch einigen Widerhall in Deutschland findet«[40].

Etwa vierzig Briefe, auf die er zum Teil antwortete, gingen bei Levi ein.[41] Die meisten ›Erklärungen‹ konnten als Versuche der Entschuldigung gelesen werden; einige enthielten Formeln, mit denen das Verleugnen fortgeschrieben wurde. Sie waren nicht dazu angetan, Levis Unbehagen zu entkräften. Etwa zur selben Zeit hatte er es in einem Artikel für *La Stampa* folgendermaßen beschrieben: »Wie soll man über das deutsche Volk von heute sprechen? [...] Wer heute nach Deutschland reist, scheint dort Verhältnisse anzutreffen, wie man sie überall antrifft [...]. Und doch liegt etwas in der Luft, was man anderswo nicht findet. Wer ihnen die schrecklichen Tatsachen der jüngeren Geschichte vorhält, trifft ganz selten auf Reue oder auch nur auf kritisches Bewußtsein. Sehr viel häufiger begegnet er unschlüssigen Reaktionen, in die hinein sich Schuldgefühle, Revanchegelüste und eine hartnäckige und anmaßende Ignoranz vermengen.«[42] All diese Erfahrungen führen dazu, dass Levi, obwohl sich inzwischen im kulturellen Klima einiges geändert hatte, noch 1986 den Vorwurf einer bestimmten Art von Kollektivschuld an die Deutschen richtet: »da man nicht einfach voraussetzen kann, daß die Mehrheit der Deutschen die Massenvernichtung leichten Herzens hinnahm, muß in der nicht erfolgten Verbreitung der Wahrheit über die Konzentrationslager eine schwerwiegende Kollektivschuld des deutschen Volkes gesehen werden und der deutlichste Beweis für die Feigheit, auf die der Hitler-Terror es reduziert hatte«[43]. Unmissverständlich formuliert er: »Fast alle [...] waren taub, blind und stumm gewesen [...]. Fast alle [...] waren feige gewesen.«[44]

Es zeichnet Levi aus, dass er über den notwendig verallgemeinernden Aussagen die Einzelfälle nicht vergisst. Ohne Auslassungszeichen lautet der soeben zitierte Satz: »Fast alle, aber eben doch nicht alle, waren feige gewesen.«[45] Zu dem Übersetzer von *Ist das ein Mensch?*, Heinz Riedt, dem er zuerst mit Misstrauen begegnete, und zu einer Briefeschreiberin, die er Hety S. nennt, entwickelt er persönliche Beziehungen, in denen die Vorbehalte gegen die Deutschen kaum noch eine Rolle spielen. Während sie zu den Ausnahmen

---

40 Ebd., S. 183.
41 Vgl. ebd., S. 175-209, das Kapitel »Briefe von Deutschen«.
42 Primo Levi: Die dritte Seite, Basel 1992, S. 14f.
43 Levi, Die Untergegangenen und die Geretteten, S. 11, vgl. auch ebd., S. 191.
44 Ebd., S. 177.
45 Ebd.

zählen, bleibt zum Beispiel gegenüber dem Chemiker Dr. Lothar Müller, den er aus Auschwitz kannte und dem er im späteren Berufsleben wieder begegnete, eine grundlegende Ambivalenz bestehen.[46] Hatte Müller im Lager eine mitfühlende Frage an ihn gerichtet und sich dadurch von den meisten anderen Deutschen unterschieden, so mochte dies vielleicht nur eine gedankenlose Geste ohne weitergehende Implikationen gewesen sein.

Primo Levis Fall stellt insofern eine Besonderheit dar, als er seit seiner ersten Publikation auf Deutsch den Dialog mit seinen Lesern suchte. Dieses aktive Hineinwirken eines fremdsprachigen Autors in den bundesdeutschen Debattenraum war ansonsten, zumal in den sechziger Jahren, kaum vorhanden. Levis Texte trugen dazu bei, im Land der Täter die authentische Stimme eines Überlebenden, der den Entlastungs- und Verleugnungsdiskurs zurückwies, vernehmbar zu machen. Allerdings muss gesagt werden, dass Levi in der Bundesrepublik erst seit Mitte der achtziger Jahre intensiver gelesen wurde. Erst jetzt begann eine breitere Öffentlichkeit sich mit der Shoah auseinanderzusetzen. Während zu dieser Zeit der Historikerstreit ausgetragen wurde, stieg die Quantität der ins Deutsche übersetzten fremdsprachigen Holocaust-Literatur signifikant an. Wegen dieser Materialfülle bleibt die Würdigung der seit den achtziger Jahren erschienenen Literatur künftigen Forschungen aufgetragen. Im Folgenden müssen einige Schlaglichter genügen.

Die gestiegene Zahl von Übersetzungen seit den achtziger Jahren erhöhte die Visibilität einzelner Regionen. Während Texte aus Ländern wie Frankreich, zu denen es lang etablierte Beziehungen kulturellen Austauschs gab, in der Regel schon früh übersetzt wurden,[47] nahm man andere erst jetzt stärker wahr. Als Beispiel sei hier auf die Literatur der Shoah aus Israel verwiesen. Dass sich diese allerdings im ›toten Winkel‹ deutscher Aufmerksamkeit befunden habe, wäre eine zu drastische Formulierung, denn in Israel selbst hatte die Erinnerung an die Shoah bis zu dem Prozess gegen Eichmann einen schweren Stand.[48] Dennoch wurden viele jener Werke, die in den sechziger Jahren in Israel erschienen, entweder gar nicht oder mit einer charakteristischen Verzögerung ins Deutsche übersetzt. Dies betrifft zum Beispiel Aharon Appelfeld, der die Shoah als Kind überlebte und dessen Literatur in der Bundesrepublik erst nach dem Erfolg von *Badenheim* (hebräische EA 1975, Deutsch 1982)[49] entdeckt

---

46 Vgl. den Bericht in: Primo Levi: Das periodische System, München, Wien 1987, S. 227-240.
47 Judith Klein: Literatur und Genozid. Darstellungen der nationalsozialistischen Massenvernichtung in der französischen Literatur, Wien u. a. 1992.
48 Vgl. Hanna Yablonka: The Formation of Holocaust Consciousness in Israel, in: Efraim Sicher (Hg.): Breaking Crystal. Writing and Memory after Auschwitz, Urbana, Chicago 1998, S. 119-136.
49 Aharon Appelfeld: Badenheim, Berlin (West) 1982.

wurde. Ähnliches gilt für Yoram Kaniuk; seine Bücher erschienen seit 1984 auf Deutsch. Einen Durchbruch für die Literatur aus Israel bewirkte das erfolgreiche und viel diskutierte Theaterstück *Ghetto* (1984)[50] von Yehoshua Sobol. Autoren der nächsten Generation, wie David Grossman, wurden dann in der Regel schneller übersetzt. Neben dieser hebräischen Literatur wurde in Israel auch jiddische Literatur der Shoah publiziert. Als Sprache der Diaspora hatte es das Jiddische allerdings selbst in Israel nicht leicht. In der Bundesrepublik wurde vor allem Kazetnik 135633 (Karol Cetynski) bekannt, dessen erstes übersetztes Buch – *Höllenfahrt*[51] – 1980 erschien.

Während der neunziger Jahre, in denen sich die Implosion des Ostblocks und der Beitritt Ostdeutschlands zur BRD vollzogen, erreichte die Wahrnehmung der Shoah in der bundesdeutschen Öffentlichkeit ein bislang ungekanntes Ausmaß. War die Bundesrepublik im internationalen Vergleich schon immer ein übersetzungsfreudiger Literaturraum gewesen, so verbesserte sich die Lage in Bezug auf die Übersetzung von Shoah-Literatur im Laufe der Jahrzehnte stetig. In den neunziger Jahren darf sie als gut bezeichnet werden. Zum Teil wirkte die Aufmerksamkeit, die manche Autoren hier erlangten, zurück in ihre Heimatländer. Ein Beispiel hierfür ist Imre Kertész, der Nobelpreisträger des Jahres 2002. 1929 in Ungarn geboren, überlebte Kertész 1944 Auschwitz und Buchenwald. In seinem *Roman eines Schicksallosen* (Ungarisch 1975, Deutsch zuerst 1990, neu übersetzt 1996) thematisiert er die Deportation und die Lagererfahrung, während ihn in weiteren Büchern vor allem der Zustand des Überlebens beschäftigt.

Der *Roman eines Schicksallosen* begleitet einen heranwachsenden Jungen, aus dessen Binnenperspektive die Handlung erzählt wird, nach Auschwitz. Der Roman zwingt seine Leser in die Identifikation mit dem Protagonisten. Die intrikate Wendung, die Kertész der Geschichte gibt, hebt diesen bedeutenden Roman von vielen anderen Texten ab. Das moralische Empfinden des Jungen ist zur Zeit der Deportation noch nicht voll ausgebildet; die Internierung trägt im Gegenteil zu dessen Formung mit bei. Der Erzähler übernimmt deshalb zum Teil jenes menschenverachtende Wertesystem, das im Lager sein Überleben ermöglicht hatte: das Opfer internalisiert die Ideologie der Täter.[52] Die Identifikation mit dem Opfer ist bei Kertész ohne eine Identifikation mit diesen Einstellungen nicht zu haben. Damit verabschiedet seine Literatur im-

---

50 Yehoshua Sobol: Ghetto, Berlin (West) 1984.
51 Kazetnik 135633 (Karol Cetynski): Höllenfahrt, Gerlingen 1980.
52 Das hat Jan Philipp Reemtsma herausgearbeitet, vgl. ders.: Überleben als erzwungenes Einverständnis. Gedanken bei der Lektüre von Imre Kertész' *Roman eines Schicksallosen*, in: Wolfram Mauser, Carl Pietzcker (Hg.): Trauma, Würzburg 2000, S. 55-78.

plizit auch die Idee, dass nach der Befreiung ein moralisch integrer Zustand hergestellt werden könnte. Vielmehr zeigt der Autor, in welchem Maße die Modellierung der Persönlichkeit durch die Erfahrung von Auschwitz irreparabel ist und unweigerlich die Zukunft dieses Überlebenden beeinflussen wird.

Die von Levi so genannte ›Grauzone‹, in der die Opfer durch die Funktionsweise des Lagersystems partiell zu Tätern gemacht werden, wurde erst in den achtziger und neunziger Jahren genauer betrachtet. Der Serbe Aleksandar Tišma trug mit seinem meisterhaften Roman *Kapo* (Serbisch 1987, Deutsch 1997)[53] zu dieser Entwicklung bei. Bei Tišma misshandelt der Häftlingskapo aus eigenem Antrieb eine Mitgefangene und leidet nach der Befreiung unter der Zwangsvorstellung, dass diese Frau ihn aufspüren und zur Rechenschaft ziehen könnte. Die Täterschaft einiger Opfer in der ›Grauzone‹ konnte in der Bundesrepublik erst diskutiert werden, nachdem in den achtziger Jahren das Ausmaß der Shoah und die Täterschaft des deutschen Staates öffentlich anerkannt worden waren. Nicht nur in der Literatur, sondern auch in den Geisteswissenschaften wurde die Shoah nun zunehmend differenzierter wahrgenommen.

Obwohl manche Texte von Kertész schon vor dem Fall des Eisernen Vorhangs publiziert waren, wurden sie erst danach übersetzt.[54] Wie in diesem Fall hat die Implosion des Ostblocks den Blick auf die Literaturräume östlich der Elbe insgesamt revitalisiert. Zwar hatte die DDR sich schon früh – in der Regel früher als die Bundesrepublik – um die Literatur der Shoah aus dem Einflussbereich der Sowjetunion gekümmert, doch geschah dies immer selektiv unter Wahrung der politischen Leitsätze. Dennoch muss festgehalten werden, dass wichtige Texte, wie zum Beispiel Bogdan Wojdowskis Roman *Brot für die Toten* (Polnisch 1971, Deutsch 1974)[55] zuerst – oder überhaupt nur – in der DDR erschienen sind. Dass etwa Andrzej Szczypiorskis Roman *Die schöne Frau Seidenman* (Polnisch 1986, Deutsch 1988)[56] dort nicht erschien, dürfte damit zu tun haben, dass hier auch der polnische Antisemitismus des Jahres 1968, und damit die Missstände in der Volksrepublik Polen, benannt werden.[57]

---

53 Aleksandar Tišma: Kapo, München, Wien 1997.
54 Vgl. die wichtigsten Titel von Imre Kertész: Mensch ohne Schicksal, Berlin 1990. Neu übersetzt als: Roman eines Schicksallosen, Berlin 1996; Kaddisch für ein nicht geborenes Kind, Berlin 1992; Galeerentagebuch, Berlin 1993; Fiasko, Berlin 1999; Liquidation, Frankfurt am Main 2003.
55 Bogdan Wojdowski: Brot für die Toten, Berlin (Ost) 1974.
56 Andrzej Szczypiorski: Die schöne Frau Seidenman, Zürich 1988.
57 Im Kontext der Rezeption der polnischen Literatur in der Bundesrepublik muss auch Hanna Krall erwähnt werden. Schon 1979 erschienen von ihr: Dem Herrgott zuvorkommen, Berlin (Ost) 1979 bzw. Schneller als der liebe Gott, Frankfurt am Main 1980. Viel beachtet wurde: Existenzbeweise, Frankfurt am Main 1995.

Zwei genuine Entwicklungen der neunziger Jahre können an Kertészs Literatur verdeutlicht werden. Die erste Entwicklung, die die neu rezipierte, osteuropäische Literatur der Shoah befördert, ist die Tendenz zu einer Erneuerung der Totalitarismustheorie. Kertész geht es allerdings nicht um die während des bundesrepublikanischen Historikerstreits der achtziger Jahre zurückgewiesene These, dass Stalin, nicht Hitler, das moderne Lagersystem erfunden habe. Aber er lässt keinen Zweifel daran, dass das Sowjetsystem eine weitere Diktatur sei, die eine vergleichbare Zahl an Opfern und ähnliche Begleiterscheinungen produziert hat: »Terror, Lager, Genozid, vollständige[n] Niedergang des wirtschaftlichen, geistigen, seelischen und moralischen Lebens«[58]. Den Unterschied sieht er in der Motivation zum Massenmord, aber auch in der veränderten Rezeption beider möderischer Regime. Während die »Auschwitz-Erzählung« zu einem »Mythos«[59] geworden sei, müsse die Erzählung des Gulag ihren Platz erst noch etablieren.

Obwohl Kertész das Ausmaß der Shoah keinesfalls relativiert, produziert die Gegenüberstellung beider Diktaturen doch einen impliziten Einwand gegen die These von der Singularität von Auschwitz, die in der Bundesrepublik der achtziger und neunziger Jahre viel Zustimmung fand. Die Erweiterung des Blicks durch das osteuropäische Beharren auf der Erfahrung beider Diktaturen brachte eine zweite Entwicklung ins Spiel, die nach dem Ende des Kalten Krieges zentrale Bedeutung gewann: die geistige Auseinandersetzung mit Europa. In welchen Hinsichten muss die Shoah als ein spezifisch deutsches (und österreichisches) Phänomen angesehen werden und in welchen betrifft es darüber hinaus auch Europa? In der Historiografie ist diese Frage, die im Zusammenhang mit Daniel Goldhagens These – es gebe einen spezifisch deutschen, eliminatorischen Antisemitismus – Mitte der neunziger Jahre heftig diskutiert wurde, noch immer umstritten. Verkompliziert wird die Debatte dadurch, dass im Rahmen der deutschen Wiedervereinigung Tendenzen bestanden, die Shoah – gleichsam negativ – in eine gesamtdeutsche Identität zu integrieren. Die Shoah wird hier zur differentia specifica der Deutschen und somit aus dem europäischen Kontext herausgerückt.

Kertész hat sich einerseits als Essayist und andererseits als Romancier zur europäischen Dimension des Holocaust geäußert. Er weist selbst darauf hin, dass es einen Unterschied zwischen beiden geben könnte, »daß ich in meinen Essays etwas anderes sage als in meinen Romanen«[60]. In seinen Essays aus den

---

58 Imre Kertész: Die Unvergänglichkeit der Lager, in: ders.: Eine Gedankenlänge Stille, während das Erschießungskommando neu lädt, Reinbek 1999, S. 41-53, S. 47.
59 Ebd., S. 52.
60 Imre Kertész: Vorwort, in: ders.: Eine Gedankenlänge Stille, während das Erschießungskom-

neunziger Jahren betont er die europäische Dimension der Shoah. Dabei spricht er weniger über die Täterschaft, die den Deutschen zukommt, als vielmehr über die europäische Implikation der Erfahrung von Auschwitz, die eine Handlungsaufforderung für ganz Europa mit sich bringe: »wenn wir untersuchen, ob der Holocaust eine vitale Frage der europäischen Zivilisation, des europäischen Bewußtseins ist, so werden wir sehen, daß er dies unbedingt ist, denn er muß von derselben Zivilisation reflektiert werden, in deren Rahmen er sich vollzogen hat«[61]. Kertész fragt dann: »Kann der Holocaust Werte schaffen?«[62] Indem er diese Frage bejaht, fordert er die Entscheidung für ein Werturteil als Konsequenz aus Auschwitz ein. Den Ungarn etwa ruft er anlässlich des bevorstehenden Beitritts zur Europäischen Union zu, »daß Europa nicht nur gemeinsamer Markt und Zollunion, sondern auch gemeinsamer Geist und Mentalität bedeutet. Und die an diesem Geist teilhaben wollen, müssen neben vielem anderen auch durch die Feuerprobe der moralisch-existentiellen Auseinandersetzung mit dem Holocaust gehen.«[63] Ähnlich wie in der Erklärung von Jürgen Habermas und Jacques Derrida[64] grundiert die Shoah in Kertészs Essays die Ausarbeitung einer zukünftigen gesamteuropäischen Werteorientierung.

Diese zukunftsweisende Perspektive findet sich in Kertészs erzählender Literatur kaum einmal. Die Überlebenden sind irreparabel versehrt. Nach Auschwitz kann das Glück nur als Deformation gedacht werden, etwa wenn der Überlebende im *Roman eines Schicksallosen* an einer Stelle vom »Glück der Konzentrationslager«[65] spricht. In *Kaddisch für ein nicht geborenes Kind* entscheidet sich der Überlebende gegen die Fortpflanzung der eigenen Familienlinie. Diese Romane dienen keinem politisch-moralischen Zweck. Damit dekonstruieren sie aber die Perspektive der Essays. Obwohl beide Äußerungen in einem gewissen Widerspruch zueinander stehen, sollte der Unterschied zwischen ihnen nicht dialektisch nivelliert werden. Denkbar wäre dagegen eine Lektüre, die die Literatur der Shoah als eine notwendige Ergänzung aller politischen Holocaust-Rhetorik begreift. Das Gewahrwerden der Differenz zwischen den beiden Diskursen produzierte dann jenen Bruch, der unabding-

---

mando neu lädt, Reinbek 1999, S. 9-13, S. 9.
61 Imre Kertész: Der Holocaust als Kultur, in: ders.: Eine Gedankenlänge Stille, während das Erschießungskommando neu lädt, Reinbek 1999, S. 54-69, S. 66f.
62 Ebd., S. 68.
63 Imre Kertész: Ein langer, dunkler Schatten, in: ders.: Eine Gedankenlänge Stille, während das Erschießungskommando neu lädt, Reinbek 1999, S. 84-92, S. 92.
64 Vgl. Jacques Derrida, Jürgen Habermas: Unsere Erneuerung. Nach dem Krieg: Die Wiedergeburt Europas, in: Frankfurter Allgemeine Zeitung, Nr. 125, 31.5.2003, S. 33.
65 Kertész, Roman eines Schicksallosen, S. 287.

bar für jede nicht verharmlosende, nicht revisionistische Aneignung der Shoah ist. Durch ihre bloße Existenz begleitete diese Literatur das europäische Projekt als mahnende Instanz.

Die Frage, welchen Ort die Erinnerung an die Shoah im zusammenwachsenden Europa einnehmen sollte, wird auf der politischen Tagesordnung bleiben. Dass die *Erfahrung* der Shoah eine gesamteuropäische Dimension hat, dokumentiert unterdessen schon seit den vierziger Jahren die Shoah-Literatur. Die Erfahrung der Shoah teilen darüber hinaus auch viele außereuropäische Länder, insbesondere jene der westlichen Welt. Sie begründete einen internationalen Diskurs, der in den nationalen Kontexten charakteristische Ausprägungen annahm und im Laufe der Jahrzehnte erheblichen Transformationen unterworfen war. Das bundesdeutsche Segment dieses Debattenraums steht wegen des Erbes der Täterschaft asymmetrisch zu anderen Debattenräumen. Dies betrifft unterschiedliche Bereiche, etwa die Sprache und die Familiengeschichten der Leser. Deshalb übernahm die ins Deutsche übersetzte Literatur der Shoah nicht selten die Funktion einer Konfrontation mit dem Blick von außen. Dokumentiert schon die deutschsprachige Literatur der Shoah, die ja häufig außerhalb Deutschlands verfasst wurde, die Alterität der Opfererfahrung, so steigert der nichtdeutsche Blick auf die Bundesrepublik die Fremdheit zusätzlich. Die transnationale Dimension der fremdsprachigen Literatur der Shoah liegt deshalb vor allem in der Übermittlung dieses in Westdeutschland zunächst abgewiesenen, später zögerlich rezipierten, bis in die achtziger Jahre hinein insgesamt nur selten vertretenen, mittlerweile aber im literarischen Raum der Berliner Republik etablierten Blicks von außen.

Tabuschwellen in literarischen Diskursen über den Nationalsozialismus und die Shoah

1997 unternahm das Orchester der Berliner Deutschen Oper eine Konzerttournee nach Israel. In Tel Aviv hielten sich einige Mitglieder bis nach Mitternacht privat in der Hotelbar auf. Als es ans Zahlen ging, unterschrieb der Erste Bassist die Rechnung. Der Kellner verständigte daraufhin die Hotelleitung und die Medien: Die eigenhändige Unterschrift des Musikers lautete auf »Adolf Hitler«. Seine Beteuerung, er sei betrunken gewesen, half ihm nicht: Er verlor seinen Job. Wochenlang beschäftigte das Thema daraufhin die internationale Presse.

Zwei Überlegungen scheinen mir im Anschluss an diese Begebenheit weiterführend zu sein. Erstens ist die Übertretung einer Art von Verbot involviert, das im Zusammenhang mit dem Nachleben des Nationalsozialismus und der Shoah steht. Dieses Verbot ist nicht kodifiziert, es wird nirgends direkt ausgesprochen, ihm kommt aber, wie unschwer an der Reaktion abzulesen ist, – zumindest im westlich geprägten Kulturraum – eine allgemeine Gültigkeit zu. Dieses unausgesprochene Verbot grenzt einen rechten Umgang mit dem Nationalsozialismus und der Shoah von einem unrechten ab.

Zweitens wirft der Vorfall die Frage nach der Rationalität des Handelns auf. Der Musiker beabsichtigte mit seiner falschen, jedoch nicht gefälschten Unterschrift keinesfalls einen Betrug. Der Zweck der Handlung bleibt aber unklar, und auch die Vorsätzlichkeit des Handelns scheint, noch jenseits des Umstands, ob Alkohol im Spiel war, nicht vollständig gegeben gewesen zu sein. Deshalb darf die Frage gestellt werden: Wer führte dem Signierenden die Hand, wenn es nicht sein freier Wille war? Wer oder was machte sich in der Unterschrift geltend? Einen deutlichen Hinweis gibt die Wahl des Namens, die für einen Moment angenommene Identität.

Die beiden erwähnten Themen – also die Dynamik von Verbot und Verbotsübertretung einerseits und die Frage nach dem Unbewussten andererseits – sollen den Leitfaden der folgenden Ausführungen bilden. Unterstellt wird dabei, dass sich in den Diskursen über den Nationalsozialismus und die Shoah bis heute unterschiedliche Verbote geltend machen. Sie unterscheiden sich einerseits hinsichtlich des Grades ihrer Kodifikation. Die gesetzlich geregelten Verbote befinden sich am einen Ende des Spektrums, die unausgesprochenen und vielleicht gar nicht gewussten am anderen. Diese Auffächerung spiegelt zugleich die vielfältige Präsenz des Antisemitismus. Darüber hinaus machen die Verbote unterschiedliche Stadien durch, sie verändern sich mit der Zeit, werden verschärft oder gelockert, treten in das Bewusstsein ein usw. Ferner betreffen sie unterschiedliche Gruppen in unterschiedlicher Weise. Der Vorfall von Tel Aviv zeigt, dass hierbei die Täter-Opfer-Unterscheidung zentral ist, dass aber auch länderspezifische, generationenspezifische, geschlechtsspezifische und andere Unterschiede in Betracht gezogen werden müssen.

Der Fokus der folgenden Überlegungen liegt auf dem bundesdeutschen Diskurs der Jahre bis zur – und um die – Jahrtausendwende. Seine Spezifika werden anhand von literarischen Werken, eines Films sowie eines außerkünstlerischen Dokuments umrissen. Dabei zeigt sich, dass der literarische Diskurs nicht trennscharf vom gesamtgesellschaftlichen abgegrenzt werden kann. Um diese Verflechtungen fassen zu können, werden die unterschiedlichen Kunstwerke zunächst gegeneinander akzentuiert, um dabei den begrifflichen und thematischen Rahmen auszudifferenzieren, der für die Erörterung der oben genannten Fragen wichtig ist.

Kurze Zeit nach dem Vorfall in Tel Aviv publizierte Friedrich Christian Delius 1999 seine Erzählung *Die Flatterzunge*, in der ein Posaunist in Israel eine ähnliche Unterschrift leistet wie der erwähnte Bassist. Hannes, dessen Nachnamen wir nicht erfahren, steht ein Arbeitsgerichtsverfahren bevor, in dem über seinen Fall geurteilt werden wird. In Vorbereitung darauf legt er ein Notizbuch an, dessen Inhalt die Erzählung bildet. Die Leser steigen also in die – von Delius fiktional entworfene, aus der Ich-Perspektive geschilderte – Psyche dieses Menschen ein. Hannes repräsentiert eine deutsche Durchschnittsexistenz. Delius schildert eine Figur mit zum Teil merkwürdigen Vorlieben und Verhaltensweisen, die jedoch insgesamt im Rahmen der akzeptierten Normalität bleiben. Weder begegnen wir einem Psychopathen noch einem Neonazi.

Neonazis planen ihre Handlungen und platzieren sie im öffentlich-politischen Raum. Dabei übertreten sie ganz bewusst Verbote. Einige von diesen sind in Deutschland gesetzlich verankert; das Zuwiderhandeln ist justiziabel. Die Täter wissen also, dass die Übertretung geahndet werden wird. In den Paragraphen 84-86 a des Strafgesetzbuchs finden sich die entsprechenden Regelungen, zum Beispiel über die Fortführung einer für verfassungswidrig erklärten Partei (§ 84), über den Verstoß gegen ein Vereinigungsverbot (§ 85), über das Verbreiten von Propagandamitteln verfassungswidriger Organisationen (§ 86) und über das Verwenden von Kennzeichen solcher Organisationen (§ 86 a). Dazu gehören: »Fahnen, Abzeichen, Uniformstücke, Parolen und

Grußformen«[1]. Die Verbotsübertretung geschieht in diesen Zusammenhängen meist in Verbindung mit einer politischen Eskalationsstrategie, die unter veränderten Vorzeichen auch von linken und ganz anderen politischen Bewegungen benutzt wird. Verbotsübertretungen generieren Aufmerksamkeit, und Medienpräsenz ist im Medienzeitalter ein Erfolgsfaktor im politischen Ringen um Akzeptanz, Zustimmung und Meinungsführerschaft. Gerade die populistischen Bewegungen der letzten Jahre – Brexit, Trump, AfD – spielen auf der Klaviatur der gezielten Provokation, bleiben aber in der Regel diesseits der Gesetzesübertretung.

Delius' Protagonist Hannes, der Posaunist, fällt nicht in diese Kategorie. Er übertritt eine andere Art von Verbot, ein nicht kodifiziertes, und er übertritt es nicht aufgrund einer bewusst gefällten Entscheidung. Auch bei Delius entzieht sich die zentrale Handlung, die Tat, einer eindeutigen Erklärung. Natürlich bildet die Frage, warum ein fest angestellter Musiker sich so etwas erlaubt, den inhaltlichen Fluchtpunkt der Erzählung. Seine Handlung bleibt dem Protagonisten aber selbst rätselhaft: »Ich habe keine einfachen Deutungen für mein Verbrechen. Meine Gegner haben eine einzige Erklärung: Nazi. Meine Verteidiger auch nur eine: Alkohol. Alle suchen eine Formel«[2]. Delius verweigert diese Formel. Stattdessen lädt er die Handlung mit unterschiedlichen Bedeutungen auf.

So charakterisiert der Musiker sie nacheinander als sein »Verbrechen«[3], als seine »Untat«[4], als ein »Unglück«[5] und als seinen »große[n] Coup«[6]. Mal nennt er sich einen Verbrecher, mal behauptet er: »ich war ja selber das Opfer«[7], denn der Barkeeper habe schlampig gearbeitet. Auch als »das jüngste Opfer dieser Scheiß-Nazis«[8] sieht er sich. Mal distanziert er sich von der Handlung – »Wer bin ich? Dies Fragezeichen ging einem ja in all den israelischen Tagen nicht aus dem Kopf. Jeder gibt seine Antwort. Ich hab eine gegeben, die nicht meine war, ich Trottel«[9] – mal verteidigt er sie: »Ich habe in diesem blöden Augenblick in Tel Aviv die Wahrheit gesagt, glaube ich.«[10]

---

1 Strafgesetzbuch (StGB), § 86a, Abs. 2, in: Heinrich Schönfelder (Hg.): Deutsche Gesetze, München, EL 168, Mai 2017. – Die genannten Vorschriften galten bereits in den neunziger Jahren.
2 Friedrich Christian Delius: Die Flatterzunge, Reinbek 1999, S. 15.
3 Vgl. auch ebd., S. 13, 47, 70, 97.
4 Ebd., S. 79, 97.
5 Ebd., S. 97.
6 Ebd., S. 17.
7 Ebd., S. 56.
8 Ebd., S. 82.
9 Ebd., S. 37.
10 Ebd., S. 76.

Hannes kann also weder seine Handlung noch seine spätere Haltung zu dieser Handlung widerspruchsfrei erläutern. Die Unterschrift entsprang einem unkontrollierbaren, momentanen Impuls, in dem sich unbewusste Antriebe geltend machten. Auch die Übertretung des Verbots geschieht in diesem unausgesprochenen, jedenfalls nicht gesetzlich geregelten, das Handeln aber dennoch regulierenden Bezirk. Delius versetzt seinen Protagonisten damit in ein maßgeblich von Sigmund Freuds Psychoanalyse geprägtes Terrain. Dieser hatte bekanntlich den nichtrationalen Bestandteilen des Seelenlebens großen Einfluss auf unser Denken, Handeln und Fühlen eingeräumt. Das Verschreiben zum Beispiel kann als eine Kompromissbildung zwischen den Ansprüchen des Ichs und anderer, unbewusster Instanzen des psychischen Apparats angesehen werden.[11] Neben dem berühmten Freud'schen Versprecher dürfen auch das Vergreifen und das Verlesen als Symptome ähnlicher psychischer Prozesse verstanden werden. Wenn Hannes also notiert: »›Metzger Dachbau‹, die Schrift auf einem LKW, ich las: Metzger Dachau«[12], so signalisiert Delius hier, dass er die zentrale Handlung der Erzählung, die falsche Unterschrift, durchaus in dem von Freud bereitgestellten Rahmen ansiedelt.

In *Totem und Tabu* stellt Freud das Verbot in einen Zusammenhang mit dem Tabu. Letzteres äußere sich zwar unter anderem in Einschränkungen und Verboten, müsse aber dennoch vom Verbot unterschieden werden: »Die Tabubeschränkungen sind etwas anderes als die religiösen oder moralischen Verbote. Sie [...] verbieten sich [...] von selbst [...]. Die Tabuverbote entbehren jeder Begründung«[13]. Entscheidend ist die Einwirkung des Unbewussten bei der Aufrichtung des Tabuverbots. Nach Freud entspringt das Tabu einem unbewussten Begehren, einer Lust, die nicht zugelassen werden kann. Die von Freud so bezeichneten Tabuvölker »haben also zu ihren Tabuverboten eine *ambivalente Einstellung*; sie möchten im Unbewußten nichts lieber als sie übertreten, aber sie fürchten sich auch davor; sie fürchten sich gerade darum, weil sie es möchten, und die Furcht ist stärker als die Lust.«[14] Das Tabu kann also bestimmt werden als »das Kompromißsymptom des Ambivalenzkonfliktes«[15]. Die unbewussten Neigungen werden mit Hilfe des Mechanismus der Projektion auf äußere Personen oder Begebenheiten übertragen, umgewertet,

---

11 Vgl. Sigmund Freud: Zur Psychopathologie des Alltagslebens, in: ders.: Gesammelte Werke, chronologisch geordnet, hg. v. Anna Freud, 4. Bd., London 1941, insbesondere Kapitel VI B.
12 Delius, Die Flatterzunge, S. 114.
13 Sigmund Freud: Totem und Tabu [1912/13], in: ders.: Studienausgabe, hg. v. Alexander Mitscherlich, Angela Richards und James Strachey, Bd. IX, Frankfurt am Main 1982, S. 287-444, S. 311.
14 Ebd., S. 323.
15 Ebd., 356 (im Or. kursiv).

und erscheinen dann zum Beispiel als Angst einflößende dämonische Mächte, die bekämpft werden dürfen.[16] Wer das Tabu übertreten hat, wird, so Freud, selbst tabu, denn sein Beispiel wirkt verlockend und muss deshalb abgewehrt und ausgegrenzt werden. Ferner sei »eine äußere Strafandrohung« gegen das Tabuisierte »überflüssig, weil eine innere Sicherheit (ein Gewissen) besteht, die Übertretung werde zu einem unerträglichen Unheil führen.«[17] Das Tabu ist »ein Gewissensgebot, seine Verletzung läßt ein entsetzliches Schuldgefühl entstehen«[18]. Diese Faktoren gelten auch noch in der modernen Gesellschaft, wo das Tabu, so Freud, »seiner psychologischen Natur nach doch nichts anderes« sei, »als der ›kategorische Imperativ‹ Kants, der zwangsartig wirken will und jede bewußte Motivierung ablehnt.«[19]

Der Philosoph Christoph Türcke macht in diesem Zusammenhang geltend, dass das Tabu in den modernen Gesellschaften eine Wandlung erfahren habe. Die Berührungsangst, die einst mit dem Tabu verbunden war, sei geschwunden. Dafür sei es in den Diskurs eingewandert. Rationalisierungen und Argumentationspartikel wurden in das Tabu eingearbeitet: »keines, das nicht schon durch den Wolf des Diskurses gedreht, das nicht schon mit Gründen durchlöchert wäre, dessen Löcher sich nicht mit Vorwänden gestopft fänden«[20]. In dieser Gestalt lebe es fort, doch sei es schwierig, seinen genauen Umriss zu bestimmen: »Weil moderne Tabus bis zur Selbstverleugnung mit Gedanken durchsetzt und gepolstert sind, ist unsicher geworden, wo denn nun wirklich die Nervenpunkte liegen, die dem, was ursprünglich Tabu hieß, noch am ähnlichsten sind.«[21] Obgleich also die modernen Tabus nicht mehr den von Freud für die vormodernen Gesellschaften beschriebenen Stellenwert haben, bilden sie wegen ihres Ambivalenzcharakters auch heute noch einen eigenen Modus des Verbots und der Verbotsübertretung, der sich deutlich von den gesetzlich erlassenen Verboten abhebt.

Diese Überlegungen lassen sich auf die Erzählung von Delius anwenden. Von der Ambivalenz des Musikers gegenüber der von ihm geleisteten Unterschrift war schon die Rede. Dass er in den Kellner Gedanken projiziert, die unbewusst in ihm selbst rumoren, liegt nahe. Nach der Übertretung des Tabus

---

16 Vgl.: »Die Feindseligkeit, von der man nichts weiß und auch weiter nichts wissen will, wird aus der inneren Wahrnehmung in die Außenwelt geworfen, dabei von der eigenen Person gelöst und der anderen zugeschoben« (ebd., S. 353).
17 Ebd., S. 319.
18 Ebd., S. 358.
19 Ebd., S. 292.
20 Christoph Türcke: Religionswende, Lüneburg 1995, S. 52.
21 Ebd.

wird auch er ausgegrenzt, und dass seine Aufzeichnungen sich von der Verteidigungsrede wegbewegen und langsam in einen Dialog mit sich selbst übergehen, spricht dafür, dass hier das Gewissen Arbeit verrichtet. Kurzum, Delius' Geschichte kann am Reißbrett der Gedanken Freuds interpretiert werden. Dann aber wäre die Unterschrift zu deuten als eine Übertretung des Tabus, das auf der Ermordung der Juden liegt, und als ein Symptom für die weiter bestehenden Mordphantasien und Tötungswünsche gegen diese Gruppe.

Delius legt seinem Antihelden diese antisemitischen Anklänge selbst in den Mund: »steckt nicht in jedem von uns [...] der Bruchbruchteil eines Nazis, auch wenn wir noch so demokratisch, noch so prosemitisch, noch so aufgeklärt sind?«[22] Später lässt der Autor ihn phantasieren: »Immer wieder der verlockende Gedanke: ein richtiger Täter werden«[23]. Im diskurspolitischen Umfeld der Berliner Republik schaffen solche Passagen Distanz zu der Figur. Dies verstärkt Delius noch durch Dialoge, in denen Hannes' Gesprächspartnerin Marlene O. darauf beharrt, dass er sich nach dem Vorfall wenigstens hätte entschuldigen müssen. Letztlich sind es diese von Delius in den Text gewobenen immanenten Distanzierungen von der Hauptfigur, die die Erzählung in den Mainstream des politisch korrekten Gedenkens versetzen.

Delius schreibt also über eine Tabuverletzung, ohne selbst eine zu praktizieren. Dieses Phänomen einer politisch korrekten Darstellung des Nationalsozialismus und der Shoah kommt in der neueren deutschen Literatur häufiger vor. Günter Grass' Novelle *Im Krebsgang* darf auch zu dieser Spielart gerechnet werden. Nun gibt es aber Werke, die die Überschreitung des Tabuverbots nicht nur registrieren, sondern die selbst eine solche vollziehen. Nicht immer kann dabei trennscharf bestimmt werden, ob es sich um eine intendierte Überschreitung oder um ein Werk handelt, dem erst in der Rezeption eine Überschreitung zugemessen wurde. Dies hat auch einen Grund in der Sache, denn die Grenzen zur Verbotsübertretung sind veränderlich. Erst rekursiv, im Rückblick auf die Reaktionen der Öffentlichkeit, kann festgestellt werden, wo eine solche Grenze jeweils gelegen hat.

Eine kalkulierte Verbotsüberschreitung vollzieht zweifellos der Neonazi Ewald Althans in dem Dokumentarfilm *Beruf Neonazi* (D 1993) von Wilfried Bonengel. Auf dem Gelände des Vernichtungslagers Auschwitz verwickelt er Besucher in ein Streitgespräch und leugnet dabei den Mord an den Juden. Der Rechtsstaat reagierte, indem er Althans verurteilte. Der Dritte Strafsenat des Bundesgerichtshofs entschied, Althans habe sich »durch grob herabwürdi-

---

22 Delius, Die Flatterzunge, S. 76.
23 Ebd., S. 111.

gende Erklärungen auf dem Gelände des ehemaligen Konzentrationslagers Auschwitz, mit denen er den Holocaust am jüdischen Volk leugnete und als reine Propagandalüge der Juden darstellte, der Volksverhetzung, der Verunglimpfung des Andenkens Verstorbener und der Beleidigung schuldig gemacht«[24]. Solche eindeutigen Fälle sind in den fiktionalen Künsten kaum zu finden. Bei Delius zum Beispiel tritt nicht der reale Musiker, sondern eine fiktive Figur auf. Während die Tatsache der Verbotsüberscheitung in Bezug auf Althans' Handeln – der »keine Hemmungen hat, jedes Tabu zu brechen«[25] – nicht bestritten werden kann, darf daraus keineswegs geschlossen werden, dass der Film, der diese Handlung aufzeichnet, ebenfalls ein Tabuverbot verletzt. Genau darüber wurde diskutiert: Einige bezeichneten den Film als antisemitisch, weil er dem dokumentierten neonazistischen Handeln nichts entgegengesetzt habe.[26]

Kritisch befragt wurde die Nähe, die der Regisseur zu dem von ihm porträtierten Neonazi aufgebaut hat. Zwei Bereiche müssen dabei unterschieden werden: die Dreharbeiten und der Schnitt. Bonengel verweist mit Bezug auf die Dreharbeiten darauf, dass er mit Althans habe kooperieren müssen, um den Film drehen zu können.[27] Seine filmische Methode ist dem dokumentarischen Ethos des Direct Cinema verpflichtet, welches weitgehend auf die Kommentierung der abgefilmten Vorgänge verzichtet, um ein nicht manipuliertes Bild der Wirklichkeit einzufangen.[28] Diese Methode bringt es mit sich, dass der Porträtierte sein Weltbild ausbreiten kann. Bonengels Kalkül zielt jedoch auf die Selbstdemontage des Porträtierten ab, dessen Äußerungen die Absurdität seines Weltbildes entlarven sollen. Hinsichtlich der Repräsentation des Neonazis durch Kameraführung, Kommentierung, Schnitt und andere Formelemente des Dokumentarfilms wäre eine Detailanalyse des Films nötig, um zu einem abgewogenen Urteil zu kommen. Dabei müsste zum Beispiel auch berücksichtigt werden, dass der Film der Kritik an Althans gerade im An-

---

24 Bundesgerichtshof (BGH) v. 14.6.1996, Az. 3 StR 110/96, in: Neue Juristische Wochenschrift (NJW), Jg. 49 (1996), S. 2585.
25 Hans-Dieter König: »Auschwitz als Amusement. Tiefenhermeneutische Rekonstruktion der umstrittensten Szenensequenz des Bonengel-Films ›Beruf Neonazi‹ und ihre sozialisationstheoretische Relevanz«, in: Zeitschrift für Politische Psychologie, Jg. 3 (1995), H. 1/2, S. 87-118, S. 105.
26 Vgl. ebd., S. 111.
27 Vgl. *Spiegel TV Special*. Dokumentation und Diskussion um den Film *Beruf Neonazi*, gesendet auf Vox am 19.2.1994.
28 Vgl. Wilhelm Roth: Der Dokumentarfilm seit 1960, München, Luzern 1982, S. 8-16. Vgl. weiter Monika Beyerle: Authentisierungsstrategien im Dokumentarfilm. Das amerikanische Direct Cinema der 60er Jahre, Trier 1997, bes. S. 82 ff.

schluss an die Einstellungen in der Gaskammer Raum gibt, wo ein Besucher dem rechten Aktivisten dessen unhaltbares Geschichtsbild vorwirft.

Zur Beantwortung der Frage, ob der Film an der Tabuverletzung teilhat, scheint mir ein Blick auf die Funktion der Kamera während des Drehs zentral zu sein. Die Präsenz der Kamera, der »Realität Film«[29], verändert nämlich die Situation in der Gedenkstätte Auschwitz entscheidend. Althans ist sich jederzeit der Kamera als eines Mediums, das seine Weltsicht und seine Handlungen verbreiten kann, bewusst. Bietet ihm also der Filmemacher ein Forum, das er sonst nicht gehabt hätte? Die von Althans beabsichtigte Verbotsübertretung in Auschwitz wäre ohne die Kamera womöglich gar nicht zustande gekommen. Dann aber müsste eine Komplizenschaft des Mediums Film mit der Tat in Rechnung gestellt werden, obwohl die Intention des Regisseurs auf eine Bloßstellung des Neonazis abzielte. Trägt der Film also in gewisser Weise allererst zur Herbeiführung der Handlung bei, so mutiert er in der nachfilmischen Realität zum corpus delicti. In dem Urteil des Bundesgerichtshofs heißt es über die zitierte sowie eine weitere Handlung Althans': »Die Begehung beider Taten wurde gefilmt und ist [...] im Film ›Beruf Neonazi‹ dokumentiert.«[30] Pointiert formuliert, hat der Film die Straftat allererst herbeigeführt, für die er dann selbst als Beweismaterial zur Verurteilung des Täters herangezogen wurde. Als treffender Begriff für dieses Verhältnis steht derjenige der Ambivalenz zur Verfügung. Deshalb darf dem Film in Bezug auf die Artikulation der revisionistisch-neonazistischen Theorien ein durchaus ambivalentes Verhältnis zugesprochen werden.[31]

Auch Martin Walser hat die Grenze zum Tabuverbot – wenngleich auf andere Weise – mehrfach überschritten: 1998 mit seiner Rede zur Verleihung des Friedenspreises des deutschen Buchhandels und abermals 2002 mit dem Roman *Tod eines Kritikers*. In diesem Buch lässt der Autor die Leser über weite Strecken in dem Glauben, dass der jüdische Literaturkritiker André Ehrl-König ermordet worden sei und präsentiert zusätzlich die Tötungswünsche und Mordphantasien des mutmaßlichen Täters, des Schriftstellers Hans Lach. Am Ende stellt sich jedoch heraus, dass Ehrl-König gar nicht tot ist, sondern sich lediglich mit einer Freundin eine Zeitlang aus der Öffentlichkeit zurückgezogen hatte. Nachdrücklicher als bei Delius wird hier die Täterschaft, näm-

---

29 Eva Hohenberger: Die Wirklichkeit des Films, Hildesheim 1988, S. 38.
30 BGH, Az. 3 StR 110/96, S. 2585.
31 Zur Stellung bundesdeutscher Filme in Bezug auf das Handeln der politischen Rechten vgl. jetzt umfassend Julia Stegmann: Denn die Geschichten der Opfer sind das Wichtigste. Rassismus-kritische Analysen zu rechter Gewalt im deutschen Spiel- und Dokumentarfilm 1992-2012, Göttingen 2019.

lich die Ermordung eines Juden, imaginiert.[32] Walser, der gerade eine Debatte mit dem 1999 verstorbenen Ignaz Bubis, des damaligen Präsidenten des Zentralrats der Juden in Deutschland, hinter sich hatte, gibt in seinem Roman selbst einen Hinweis darauf, dass er mit dem Skandal rechnete und ihn also in Kauf nahm. Da heißt es mit Bezug auf die Medien: »Das Thema war jetzt, daß Hans Lach einen Juden getötet hatte.«[33] Eben dieses Thema motivierte Frank Schirrmacher, den Vorabdruck des Romans in der *Frankfurter Allgemeinen Zeitung* nicht zuzulassen.[34]

Aufschlussreich ist der Vergleich mit der bereits erwähnten Novelle von Grass, die ebenfalls 2002 erschien. Konrad Pokriefke erschießt dort David Stremplin, einen Jugendlichen in seinem Alter. Wie bei Walser werden die Leser in dem Glauben gelassen, es werde ein Jude getötet. Hier ist es aber nicht, wie dort, der mutmaßliche Mord an einem Juden, der ausphantasiert wird, sondern der Mord an einem mutmaßlichen Juden. David hatte nämlich die jüdische Identität nur angenommen, hatte seinen Gegner, der zu seinem Mörder wurde, in dem Glauben gelassen, er sei ein Jude. In Wahrheit heißt er Wolfgang und hat keine jüdischen Verwandten. Hinsichtlich des Vergleichs zwischen Walser und Grass liegt die Frage nahe, warum die Öffentlichkeit den imaginierten Mord an Ehrl-König als einen Tabubruch wertete, während sie den fiktionalen Mord an Stremplin nicht beanstandete.

Mehrere Faktoren spielen eine Rolle. Erstens konnte Walsers Roman in weiten Teilen als ein Schlüsselroman gelesen werden, in dem die Figur Ehrl-König für Marcel Reich-Ranicki stand. Überdeutliche Textsignale, wie die überzeichnende Nachahmung des polnischen Akzents und die Hinweise auf die Fernsehsendung des Kritikers, die unschwer als das *Literarische Quartett* identifiziert werden konnten, ließen im deutschen Sprachraum keine andere Lektüre zu. Der Subtext der literarischen Mordphantasie bezog sich somit auf eine lebendige Person; er wurde zu einem aggressiven Akt gegen diese. Schirrmacher warf Walser deshalb zweideutig eine »Exekution«[35] vor. Er benannte den zentralen Punkt: »Es geht um den Mord an einem Juden.«[36]

---

32 Zunächst spielt die Herkunft Ehrl-Königs keine Rolle, dann aber wird die Familiengeschichte recherchiert und »in wenigen Tagen war aus Vermutbarem Tatsache geworden« (Martin Walser: Tod eines Kritikers [2002], München, Zürich 2003, S. 144).
33 Ebd.
34 Frank Schirrmacher: »Offener Brief an Martin Walser«, in: Frankfurter Allgemeine Zeitung, 29.5.2002, S. 49.
35 Ebd.
36 Ebd.

Zweitens zeichnet Walser den Juden Ehrl-König als eine narzisstische, den Kulturbetrieb dominierende, übermächtige Person, deren Urteilshandeln über die Karrieren der kritisierten Schriftsteller entscheidet. Dadurch verleiht er der jüdischen Figur Attribute, die auf die Stereotypenbildungen der Nationalsozialisten verweisen und gefährlich an antisemitische Klischees rühren.[37] Diese Stereotypen zu wiederholen, ohne sich zugleich von ihnen zu distanzieren, steht im deutschen Nachkriegsdiskurs unter einem Tabuverbot. Der Skandal um Rainer Werner Fassbinders Theaterstück *Der Müll, die Stadt und der Tod* und die Diskussion um dessen impliziten Antisemitismus hatte dies in den siebziger und achtziger Jahren schon einmal gezeigt.

Fassbinder hatte den Bodenspekulanten in einer fiktiven Großstadt als einen reichen, mächtigen und skrupellosen Juden dargestellt. Auf das Stück eingehend schreibt Michael Töteberg, Fassbinder habe diese Figur »einer Typisierung unterworfen: Der reiche Jude ist eine Projektionsfigur sozialer Stereotype, die, obwohl aus dem offiziellen Sprachgebrauch getilgt, in den Köpfen weiterleben. [...] Deutscher Müll wird auf der Bühne ausgekippt: ›Er saugt uns aus, der Jud.‹ ›Sie haben vergessen, ihn zu vergasen.‹ In solchen Sätzen [...] liegt die Obszönität dieses Theatertextes«[38]. Demonstranten, darunter zahlreiche Angehörige der Jüdischen Gemeinde Frankfurts, verhinderten am 31. Oktober 1985 die Aufführung des Stücks durch eine Bühnenbesetzung.[39] Bis heute wurde es, obwohl es in zahlreichen Ländern, einschließlich Israels, gezeigt wurde, in Deutschland nicht aufgeführt. Später, im Jahre 2003, urteilte Töteberg im Rückblick auf die Ereignisse: »Fassbinder war in eine Tabuzone eingebrochen. An seinem Stück entluden sich Emotionen, die über den Anlass hinaus auf Verdrängtes wiesen, auf Ängste und Ressentiments, die bislang unter der Decke von Heuchelei und hohlen Versöhnungsgesten verborgen

---

37 Vgl. Matthias N. Lorenz: »Auschwitz drängt uns auf einen Fleck«. Judendarstellung und Auschwitzdiskurs bei Martin Walser, Stuttgart, Weimar 2005, S. 79 ff.
38 Michael Töteberg: »Rainer Werner Fassbinder«, in: Kritisches Lexikon zur deutschsprachigen Gegenwartsliteratur, hg. v. Heinz Ludwig Arnold, 73. Nlg., München 2003, S. 19.
39 Eine Durcharbeitung der Kontroversen von 1976, 1984 und 1985/86 unternimmt Janusz Bodek (vgl. ders.: Die Fassbinder-Kontroversen: Entstehung und Wirkung eines literarischen Textes, Frankfurt am Main u. a. 1991, bes. S. 233-331). Bodek interpretiert Fassbinders reichen Juden als »eine Figur aus den Bauelementen des Schuldabwehrantisemitismus« (ebd., S. 164) und erläutert: »Drei Elemente machen den Schuldabwehrantisemitismus aus: a) die Schuldkontenbegleichung; b) die Konstruktion des ›schuldigen Opfers‹, die sich von dem Urbild des ›schuldigen Juden‹ ableitet; c) die Projektion der ›jüdischen Rache‹ wegen [des] Holocaust[s]« (ebd., S. 335). – Vgl. auch die Dokumentationen: Heiner Lichtenstein: Die Fassbinder-Kontroverse oder Das Ende der Schonzeit, Königstein/Ts. 1986; Intendanz Schauspiel Frankfurt (Hg.): Der Fall Fassbinder. Dokumentation des Streits um ›Der Müll, die Stadt und der Tod‹ in Frankfurt, Frankfurt am Main 1987.

waren«⁴⁰. Diese Lesart hatte Fassbinder selbst vorbereitet. 1976, nach den ersten Protesten, legte er in einer Presseerklärung seine Sicht der Dinge dar, wobei er auch auf reale Frankfurter Immobilienmakler und Bauunternehmer einging, die mit Grundstücken spekulierten: »Die Stadt läßt die vermeintlich notwendige Dreckarbeit von einem, und das ist besonders infam, tabuisierten Juden tun, und die Juden sind seit 1945 in Deutschland tabuisiert, was am Ende zurückschlagen muß, denn Tabus, darüber sind doch wohl alle einig, führen dazu, daß der Tabuisierte, Dunkle, Geheimnisvolle Angst macht und endlich Gegner findet«⁴¹. Fassbinders Rezept gegen das Tabu impliziert also, dass die Überschreitung des Tabuverbots auf der Seite der Aufklärung stehe, und dass die Künstler ebenso wie die Gesellschaft Tabus auflösen sollten. Wenn also das Bild des reichen Juden in der Bundesrepublik tabuisiert ist, weil es die Nazis zur Vorbereitung und zur Legitimation des Völkermords benutzt hatten, so wäre dieses Bild – gemäß der diesem Argument immanenten Logik – wieder in den Nachkriegsdiskurs einzuführen, um über reiche Juden ebenso wie über reiche Nichtjuden reden zu dürfen. Damit würde die diskursive Sonderstellung dieser Gruppe aufgehoben und ein Stück Normalität hergestellt werden. Und davon profitierte zuallererst diese Gruppe selbst.

Eine andere Konsequenz ergibt sich allerdings, wenn der Gedanke von Freud berücksichtigt wird, dass das Tabuverbot eine Reaktion auf unbewusste Wünsche sei. Die Lust, es zu übertreten, schreibt Freud, bestehe im Unbewussten fort.⁴² Übertretungen müssten gesühnt werden, damit andere Mitglieder der Gemeinschaft nicht durch das verlockende Beispiel in Versuchung gebracht werden könnten. Das Gewissen bekomme die Aufgabe zugewiesen, den Verzicht schon im Vorfeld durchzusetzen, denn: »Gewissen ist die innere Wahrnehmung von der Verwerfung bestimmter in uns bestehender Wunschregungen«⁴³. Das Tabu sieht Freud als ein »Gewissensgebot«⁴⁴, dessen Verletzung ein Schuldgefühl produziere. Der wichtigste Punkt in Bezug auf die

---

40 Töteberg, Rainer Werner Fassbinder, S. 19.
41 Fassbinder, zit. n.: Töteberg, Rainer Werner Fassbinder, S. 20. – Ähnlich argumentiert Fassbinder in einem Interview: »Ich meine, daß die ständige Tabuisierung von Juden, die es seit 1945 in Deutschland gibt, gerade bei jungen Leuten, die keine direkten Erfahrungen mit Juden gemacht haben, zu einer Gegnerschaft gegen Juden führen kann. Mir ist als Kind, wenn ich Juden begegnet bin, hinter vorgehaltener Hand gesagt worden: Das ist ein Jude, benimm dich artig, sei freundlich« (Rainer Werner Fassbinder: »Philosemiten sind Antisemiten«. Interview vom 9.4.1976, in: Heiner Lichtenstein: Die Fassbinder-Kontroverse oder Das Ende der Schonzeit, Königstein/Ts. 1986, S. 43-45, S. 43).
42 Vgl. Freud, Totem und Tabu, S. 326.
43 Ebd., S. 358.
44 Ebd.

Argumentation von Fassbinder dürfte hier der Gedanke sein, dass die Wiederholung des tabuisierten Stereotyps vom reichen Juden einen unbewussten Wunsch befriedigt. Der antiautoritäre Gestus, alle Tabus niederzureißen, rechnet nicht mit der Destruktivität und Asozialität einiger Wünsche, sondern postuliert, dass erst das Verbot asoziale Wirkungen freisetze. Folgt man jedoch der Logik von Freuds Argument, so käme die Liberalisierung bzw. Außerkraftsetzung des Verbots einer Lizenz zur unablässigen Wiederholung der antisemitischen Demütigung gleich. Und als genau diese Demütigung wurde die Figur des reichen Juden von den Protestierenden empfunden.

Während Walser sich mit dem Gestus des tabubrechenden Aufklärers, wie Fassbinder, in die Nähe nazistischer Stereotype begibt, bleibt Grass, wie Delius, peinlich darauf bedacht, jeden Nazi-Anklang in seinen Texten mit der politisch korrekten Antwort zu versehen. In der Erzählung von Grass wird kein Jude umgebracht und der Mörder des mutmaßlichen Juden wird eindeutig in das neonazistische Umfeld versetzt.[45] Die moralische Welt ist bei Grass in Ordnung, die Täter und die Täterphantasien finden sich bei ihm am rechten Rand der Gesellschaft, von dem die Distanzierung leicht fällt. Mit der Figur des Vaters, der die Geschichte erzählt, und der die Handlung seines Sohnes nicht begreift, schafft Grass eine politisch einigermaßen integre Identifikationsinstanz. Damit mag die Tatsache, dass der Judenmord in dieser Erzählung nicht als Tabuverstoß rezipiert wurde, erklärbar sein.

Wichtige Teile der Medien sahen in ihr allerdings einen anderen Tabubruch, nämlich einen auf Flucht und Vertreibung bezogenen.[46] Der Autor hatte ihn bereits vorbereitet, indem er im Modus der Erzählerrede über das von den Alliierten torpedierte Flüchtlingsschiff *Wilhelm Gustloff* verlautbaren ließ: »Die *Gustloff* und ihre verfluchte Geschichte waren jahrzehntelang tabu, gesamtdeutsch sozusagen.«[47] Die damit verbundene Täter-Opfer-Umkehrung und die Neukalibrierung des Verhältnisses der Diskurse über Auschwitz einerseits und über Flucht und Vertreibung andererseits soll hier nur angedeutet

---

45 Klaus Briegleb führt Yoram Kaniuk an, der meint, Grass »habe nur jüdische Kunstfiguren, keine ›Juden‹ in seine Bücher hineingelassen« (ders.: Mißachtung und Tabu. Eine Streitschrift zur Frage: »Wie antisemitisch war die Gruppe 47?«, Berlin, Wien 2003, S. 35). Für Briegleb steht die Verweigerung der Auseinandersetzung mit der ›anderen Erinnerung‹ (Stephan Braese) der Juden in Deutschland bei Grass in der Tradition der Gruppe 47, die sich diesem Thema systematisch entzogen habe.
46 Vgl. Herman Beyersdorf: »Günter Grass' ›Im Krebsgang‹ und die Vertreibungsdebatte im Spiegel der Presse«, in: Barbara Beßlich, Katharina Grätz, Olaf Hildebrand (Hg.): Wende des Erinnerns? Geschichtskonstruktionen in der deutschen Literatur nach 1989, Berlin 2006, S. 157-167.
47 Günter Grass: Im Krebsgang, Göttingen 2002, S. 31.

werden. Dass Grass in dem autobiografischen Werk *Beim Häuten der Zwiebel* (2006) dann doch noch eine diskurspolitisch von ihm nicht mehr zu kontrollierende Grenzüberschreitung unterlief, indem er seine Mitgliedschaft in der SS zu Protokoll gab,[48] darf als ein weiterer Beleg dafür gelesen werden, dass es neben einer sprachformelhaft kodifizierten Rede über den Nationalsozialismus und die Shoah in Deutschland einen Bereich gibt, in dem die sprachpolitischen Einhegungen und Kontrollmaßnahmen bis heute versagen. Im Fall Grass hat dieser Diskursunfall zuletzt auch auf das übrige Werk des Autors übergegriffen und noch dessen politisch korrekte Schreibweise in eine dubiose Beleuchtung versetzt.

Die angesprochenen Texte stellen nur einen kleinen Ausschnitt aus der Literatur der Jahre um 2000 dar, die auf das Nachleben der Shoah in Deutschland bezogen werden kann. Sie repräsentieren auch nur eine bestimmte Gruppe von Autoren, nämlich, ältere, männliche, nichtjüdische Deutsche. Mit einer Binnendifferenzierung müssen dann noch jene, die das Dritte Reich bewusst erlebt haben, von den anderen, die zur Nachfolgegeneration zählen, unterschieden werden. Doch belegen schon diese wenigen Beispiele, dass das gesamte Diskursgelände, das mit der Shoah und mit dem Nationalsozialismus in Verbindung steht, tabudurchsetzt ist.

Die Literatur kann Verbote und Verbotsübertretungen im Rahmen der von ihr erzählten Geschichten darstellen. Ferner können Autoren Verbotsübertretungen intendieren. Doch beide Male handelt es sich gleichsam nur um Hypothesen. Wann ein Tabu berührt wird, zeigt erst die Konfrontation des Textes und des Autors mit der Öffentlichkeit. Dies liegt in der Natur des Tabus als einer sozialen Praxis, das bestimmte Aspekte des Verhaltens des Einzelnen in Bezug auf die Gemeinschaft regelt. Das Inzesttabu zum Beispiel zielt, so Freud, auf eine Einschränkung der Partnerwahl, um bestimmte Arten der Fortpflanzung zu verhindern. Die Tabuverbote sind bekannt, doch entscheidend für die Wirkungsweise des Tabus ist nach Freud nicht, ob eine Übertretung bewusst oder unbewusst zustande kam, sondern ausschließlich, ob sie stattfand: »Es liegen zuverlässige Berichte vor, daß die unwissentliche Übertretung eines solchen Verbotes sich tatsächlich automatisch gestraft hat. Der unschuldige Missetäter, der z. B. von einem ihm verbotenen Tier gegessen hat, wird tief deprimiert, erwartet seinen Tod und stirbt dann in allem Ernst.«[49] Obgleich sich diese Dimension der Sühne in modernen Gesellschaften nicht mehr findet, zieht doch die Übertretung des Tabuverbots auch heute noch

---

48 Vgl. Günter Grass: Beim Häuten der Zwiebel, Göttingen 2006, S. 126 f.
49 Freud, Totem und Tabu, S. 314.

Sanktionen nach sich, und zwar von Seiten des eigenen Gewissens und von Seiten des Kollektivs.

Wenn es stimmt, dass die deutsche Literatur, wann immer der Nationalsozialismus und die Shoah berührt werden, in einem tabudurchsetzten Gelände operiert, dann können die Heftigkeit der Reaktionen und die Dauer der Debatten als Artikulationen des Tabus und als ein Indiz für den Grad des Involviertseins gelten. Auch hier spielt es keine Rolle, ob ein Autor die Übertretung intendierte oder nicht; die Reaktion entzündet sich an dem Faktum der Übertretung.

Um dies zu illustrieren, kann an ein Beispiel aus dem politischen Gedenken erinnert werden, in dem allerdings mit einer für die Literatur zentralen Verfahrensweise operiert wurde, nämlich mit der Konstruktion einer Figurenperspektive, die sich von der Sprache und den Ansichten des Autors unterscheidet. Philipp Jenninger, der damalige Bundestagspräsident, hatte in der offiziellen Feierstunde des Parlaments zum 9. November 1988 phasenweise eine von ihm imaginierte Perspektive der Deutschen im Jahre 1938 eingenommen und gesagt: »Hitlers Erfolge diskreditierten nachträglich vor allem das parlamentarisch verfaßte, freiheitliche System, die Demokratie von Weimar selbst. Da stellte sich für sehr viele Deutsche nicht einmal mehr die Frage, welches System vorzuziehen sei. Man genoß vielleicht in einzelnen Lebensbereichen weniger individuelle Freiheiten; aber es ging einem persönlich doch besser als zuvor, und das Reich war doch unbezweifelbar wieder groß, ja, größer und mächtiger als je zuvor. – Hatten nicht eben erst die Führer Großbritanniens, Frankreichs und Italiens Hitler in München ihre Aufwartung gemacht und ihm zu einem weiteren dieser nicht für möglich gehaltenen Erfolge verholfen? / Und was die Juden anging: Hatten sie sich nicht in der Vergangenheit doch eine Rolle angemaßt – so hieß es damals –, die ihnen nicht zukam? Mußten sie nicht endlich einmal Einschränkungen in Kauf nehmen? Hatten sie es nicht vielleicht sogar verdient, in ihre Schranken gewiesen zu werden? Und vor allem: Entsprach die Propaganda – abgesehen von wilden, nicht ernstzunehmenden Übertreibungen – nicht doch in wesentlichen Punkten eigenen Mutmaßungen und Überzeugungen?«[50]

Jenningers Äußerungen wurden von vielen als ungeheuerlich angesehen. Schon am Tag nach der Rede musste er sein Amt niederlegen. Welches war sein Vergehen? Auf einer technisch-redaktionellen Ebene war es vielleicht das

---

50 Philipp Jenninger: Rede vor dem Deutschen Bundestag am 10. November 1988, in: Deutscher Bundestag (Hg.): Verhandlungen des Deutschen Bundestages, 11. Wahlperiode, Stenographische Berichte, Bd. 146, Bonn 1988, S. 7270-7276, S. 7272.

ungenügende Kenntlichmachen einer lediglich referierten Ansicht. Niemand unterstellte ihm, dass er die von ihm wiedergegebenen Ansichten der Deutschen von 1938 im Jahre 1988 teilte. Er war ohne Absicht in das verbotene Diskursgelände geraten; es war offensichtlich ein Fehler. Doch das half ihm nicht mehr. Er hatte die Tabugrenze überschritten, hatte die Unterstützung großer Teile der deutschen Bevölkerung in Bezug auf die Judenverfolgung plastisch vergegenwärtigt. Wie Fassbinder artikulierte auch Jenninger antisemitische Stereotype. Anders als Fassbinder, wendete er sie aber zurück auf jene, die sich mit ihnen identifiziert hatten. Nicht um die Nürnberger Kriegsverbrecher ging es ihm, sondern um die eigenen Väter und Mütter, Großväter und Großmütter, also um die Mehrheit der Bevölkerung. Dies war auch der Kern der Debatten, die sich an Daniel Goldhagens These vom eliminatorischen Antisemitismus der Deutschen sowie um das Bild der Wehrmacht in der Ausstellung des Hamburger Instituts für Sozialforschung entzündeten. ›Wir‹, nicht die Führer, nicht die SS, sollen für den Mord an den Juden mitverantwortlich gemacht werden? Die Abwehr dieses Gedankens präsentiert eine weitere Variation des alten ›Wir haben doch nichts gewusst‹-Themas, das offensichtlich auch im Jahr 1988 noch lebendig war.

Die Jenninger-Rede stellt nur einen kurzen Moment in einer langen Reihe von Debatten, Skandalen und anderen öffentlichen Auseinandersetzungen der letzten Jahrzehnte dar.[51] Eine kurze Besinnung auf die Inhalte der Feuilleton-Debatten während dieses Zeitraums zeigt, dass das Nachleben des Dritten Reiches immer eine Sonderstellung innehatte. Kein anderes Thema wurde ähnlich dauerhaft und mit vergleichbarer Breitenwirksamkeit behandelt, an keinem anderen entzündeten sich ähnlich starke Emotionen. Vor Grass' SS-Bekenntnis war es Walsers Kritiker-Roman, davor die Walser-Bubis-Debatte, die monatelang die Feuilletons beschäftigte. Die Debatte um die Wehrmachts-Ausstellung, um das Holocaust-Denkmal in Berlin, um Filme wie *Schindlers Liste* (1993) oder *Der Untergang* (2004) – immer wieder scheint sich das Thema zu erneuern. Und dabei sind dies nur einige schnell zusammengesuchte, bekanntere Beispiele. Wer kennt noch alle jene Auseinandersetzungen, die um das nämliche Thema vor Jahrzehnten geführt wurden? Zum Beispiel um das angesprochene Stück von Fassbinder, um die *Ermittlung* von Peter Weiss usf.?

Alle diese Debatten verbindet der Bezug auf das eine Thema, aber jede einzelne bezieht sich etwas anders auf es. Kaum merklich verschieben sich die Debattenlinien. Diese Transformationen deuten auf die jeweils aktuellen

---

51 Vgl. die Zusammenstellung in Torben Fischer, Matthias Lorenz (Hg.): Lexikon der »Vergangenheitsbewältigung« in Deutschland. Debatten- und Diskursgeschichte des Nationalsozialismus nach 1945, 3., überarb. u. erw. Aufl., Bielefeld 2015.

Umrisse des Tabus. Und sie antworten auf veränderte gesellschaftliche Konstellationen, in die das Tabu eingelassen ist. In einer zunehmend globalisierten Welt hat sich die deutsche Erinnerung an den Nationalsozialismus und an die Shoah den internationalen Standards angenähert. Der 8. Mai gilt heute als ein Tag der Befreiung, nicht mehr der Niederlage und des Zusammenbruchs. Die Generalversammlung der Vereinten Nationen hat den 27. Januar, den Tag der Befreiung des Lagers Auschwitz, als Gedenktag eingerichtet, um die Opfer des Holocausts zu ehren und an sie zu erinnern.

Ob durch solche Modifikationen der Diskursregeln allerdings das Tabu verschwindet, darf bezweifelt werden. Denn die zugrunde liegende Ambivalenz berühren diese Veränderungen nicht. Freud bemerkt an einer Stelle: »Die Trieblust verschiebt sich beständig, um der Absperrung, in der sie sich befindet, zu entgehen, und sucht Surrogate für das Verbotene – Ersatzobjekte und Ersatzhandlungen – zu gewinnen.«[52] Erst wenn die Ambivalenz verschwunden sei, könne sich das Tabu lösen. Freud verknüpft damit eine Hoffnung auf die Zivilisation. Mit Bezug auf die Veränderung der Tabus gegenüber den Toten durch den zivilisatorischen Fortschritt schreibt er: »Mit der Abnahme dieser Ambivalenz schwand auch langsam das Tabu, das Kompromißsymptom des Ambivalenzkonfliktes«[53]. Mag es hinsichtlich dieses bestimmten Tabus eine gewisse Lösung gegeben haben, so lässt Freud doch keinen Zweifel darüber, dass der Mechanismus des Tabus »noch in unserer Mitte fortbesteht«[54].

Rufen wir uns die besprochenen Verbotsübertretungen noch einmal ins Gedächtnis, so geht es in ihnen offensichtlich um ein ambivalentes Verhältnis zum Bild des Juden, zur Ermordung der Juden und zum Selbstbild des Durchschnittsdeutschen im Zusammenhang mit der Shoah. Wenn dieser Befund stimmt, so ergänzt er auf vielleicht überraschende und auch unheimliche Weise das Bild von den Deutschen als den Vorreitern im Erinnern, Wiederholen und Durcharbeiten der Jahre zwischen 1933 und 1945. Es weist im Gegenteil auf einen fortbestehenden, latenten Antisemitismus, mit dem die verdrängten Wünsche unheilvoll zusammenhängen, und der sich indirekt, unkenntlich gemacht, dennoch artikuliert. Solange die Ambivalenz weiter besteht, so bleibt zu prognostizieren, wird das Thema Emotionen mobilisieren und auf der Tagesordnung unserer öffentlichen Debatten stehen. Die Aufgabe künftiger diskursgeschichtlicher Studien läge zunächst darin, die wechselnden Umrisse der Tabuverbote an den Texten sowie an den zahlreichen Debatten, die sie

---

52 Freud, Totem und Tabu, S. 322.
53 Ebd., S. 356 (im Or. kursiv).
54 Ebd., S. 292.

auslösten, abzulesen. Denn nicht zuletzt im Bewusstwerden dieser Zusammenhänge liegt die Hoffnung auf die gelingende Überwindung des Antisemitismus.

Diktatur und Sprache
Konstellationen in den vierziger Jahren und darüber hinaus

Sprachen der Dichtung (Fried)
1981, noch während des Kalten Krieges, auf dem Höhepunkt der Nachrüstungsdebatte über die Bewaffnung Europas mit sowjetischen SS-20 und US-amerikanischen Pershing Mittelstreckenraketen, und nach einem Jahrzehnt des bewaffneten Kampfes der Roten Armee Fraktion gegen den bundesdeutschen Staat sowie dieses Staates gegen den Terrorismus, publizierte einer der meistgelesenen politischen Lyriker seiner Zeit, Erich Fried, das folgende Gedicht[1]:

Sehnsucht nach Worten

Kommt
ihr guten
ihr wenig brauchbaren Worte

Ihr taugt zu keiner Losung
ihr schillert in keinen Farben
zu denen man sich bekennt

Ihr eignet euch für kein Kampflied
Ihr laßt euch auf keine
Fahnen schreiben

Auch nicht auf Fahnen
gegen Fahnen
von Feinden

---

1 Erich Fried: Sehnsucht nach Worten, in: ders.: Gesammelte Werke: Gedichte 2, hg. v. Volker Kaukoreit und Klaus Wagenbach, Berlin 2006, S. 513 f.

Das Gedicht spricht von einer Welt, in der es Feinde gibt. In dieser Welt tritt die Sprache in Form von Losungen, Kampfliedern und beschriebenen Fahnen auf. Die Sprache wird somit zu einem Teil des Kampfes gegen die Feinde. Sie ist brauchbar, sie wird benutzt. Herbeigesehnt und – im Imperativ »Kommt« – auch herbeigerufen werden andere Worte, nämlich die »wenig brauchbaren«. Das lyrische Ich wertet sie höher als die brauchbaren, denn die wenig brauchbaren sind die »guten« Worte, gegen die die anderen stehen. Die guten Worte, die, auf die die Sehnsucht zielt, entziehen sich den Mechanismen der Gegnerschaft und der Feindschaft, sie sind für den Kampf untauglich, weil mit ihnen keine Gefolgschaft organisiert, keine Parteilichkeit begründet werden kann. Aber welchen Stellenwert haben diese Worte in einer Welt, in der es Feinde gibt?

An diese Frage könnte eine Reflexion auf den Doppelsinn des Verbs ›brauchen‹ antworten. ›Brauchen‹ bedeutet nicht nur benutzen, im Sinne von instrumentalisieren, sondern auch benötigen. Ist die häufig gebrauchte, polarisierende Sprache also eine zugerichtete, für den Kampfzweck modellierte, und *zugleich*, gerade in dieser Eigenschaft, eine benötigte? Ist sie eine ebenso ungeliebte wie unverzichtbare? Das Gedicht lässt diese zweite Bedeutung der Brauchbarkeit offen, denn es spricht nur in Negationen von der gebrauchten Sprache und ihren Worten. Verwiesen wird dadurch aber auf eine verborgene, vielleicht auch versteckte – eine schamvoll in den Negationen versteckte – Schicht des Gedichts, mit der sich der folgende Gedanke aufdrängt: Dass es einen Wunsch nach der guten Sprache gibt, muss nicht bedeuten, dass die im Kampf gegen den Feind gebrauchte Sprache obsolet ist und abzuschaffen wäre. Vielleicht müssen entgegen aller Sehnsucht beizeiten sogar schlechte Worte benutzt werden.

Aber darf die Literatur sich einen solchen Gedanken zu eigen machen? Kann eine Literatur überhaupt verteidigt werden, die Partei im Kampf ergriffe und die schlechten Worte wider die Feinde gebrauchte? Sollte sie nicht vielmehr endlich die guten Worte ausbuchstabieren? Also jene, mit denen keine Feindschaft begründet werden kann? Frieds Gedicht ruft beide Sprachverwendungen auf und platziert sie in Spannung zueinander, ohne eine Lösung zu formulieren. Und in der Tat scheint die Sprache unter den Bedingungen realer Feindschaft in einen unauflöslichen Widerspruch verwickelt zu sein: Entzieht sie sich der polarisierenden Eigenlogik des Kampfes, so kann sie nicht in diesen eingreifen und wird wehrlos. Betreibt sie hingegen den Kampf, so verrät sie die eigenen Ideale und macht sich gemein mit dem Feind, also mit jener Macht, gegen die sie kämpft. Die Worte *dieser* Sprache können gleichermaßen auf den eigenen wie auf den feindlichen Fahnen stehen. Das Gedicht ruft den Widerspruch auf, ohne ihn lösen zu können. Es spricht gewissermaßen beide Sprachen.

Das Problem der brauchbaren und gebrauchten Sprache, also der benötigten und zugleich instrumentalisierten, das Erich Fried unter den Bedingungen der Demokratie herausgearbeitet hat, betrifft in besonderer Weise jene Schriftsteller, deren Werk im Kontakt mit Diktaturen entsteht. Zu ihnen zählte auch Fried: 1921 in Wien geboren, 1938 vor den Nazis nach England geflohen und seither im Exil geblieben, kannte er die Zwangsmechanismen der nationalsozialistischen Diktatur aus eigener Lebenserfahrung. Wenn vorausgesetzt werden darf, dass Diktatoren zur Sprachlenkung tendieren und die Sprache in diesem Sinne instrumentalisieren, so ist die Frage, wie die Diktaturgegner unter den Schriftstellern und den Intellektuellen zur gebrauchten Sprache stehen, nicht vereinheitlichend zu beantworten, sondern nur mit Blick auf die vielen unterschiedlichen Sprachverwendungen. Dies soll nun für den Nationalsozialismus der vierziger Jahren geschehen, und zwar in drei Hinsichten, die zugleich unterschiedliche Positionierungen zur gebrauchten Sprache anzeigen: *erstens* hinsichtlich der Exilpublizistik, *zweitens* der Sprachkritik und *drittens* des literarischen Schreibens im engeren Sinne. Dabei kann es nicht um einen literaturgeschichtlichen Überblick gehen, der sehr viel umfangreicher ausfallen müsste als es hier geleistet werden kann. Vielmehr werde ich mit Blick auf das Problem der gebrauchten Sprache einige aussagekräftige Beispiele typologisch voneinander abgrenzen und deren Funktionsweisen gegeneinander akzentuieren. Herausgearbeitet werden soll dabei insbesondere, was sich mit Frieds Gedicht ankündigt: dass in der Literatur Positionierungen gegenüber der gebrauchten Sprache möglich werden, die den anderen Sprachverwendungen aufgrund der in ihnen herrschenden Binnenlogiken entgegenstehen.

Exilpublizistik im Kriege (Brecht, Feuchtwanger, Thomas und Heinrich Mann)

Am 19. März 1942, wenige Monate nach dem Eintritt der USA in den Zweiten Weltkrieg, erschien in den New Yorker *Intercontinent News* ein Aufruf, den Heinrich Mann, Lion Feuchtwanger und Bertolt Brecht unterzeichnet hatten. Brecht hielt sich seit Juni 1941 in Santa Monica auf. Heinrich Mann war schon 1940 dort angekommen, und auch Lion Feuchtwanger gelang 1941 die Flucht nach Los Angeles. In dem Artikel heißt es: »Deutsche! [...] Ihr habt die Welt und euch selbst in ein Unglück gestürzt: es überschreitet jedes Maß. [...] Ihr allein könnt den verderblichsten und sinnlosesten aller Kriege abbrechen. [...] Überwältigt euren Führer [...]. Vollbringt in der äußersten Stunde das einzige, was euch freisteht, um die Menschheit [...] vielleicht zu versöhnen; das einzige, was Deutschland retten kann.«[2] Dieser Aufruf steht in einer langen Reihe von politischen Interventionen, die die genannten Schriftsteller seit dem Machtantritt Adolf Hitlers im Januar 1933 unermüdlich lancierten. Als politischer Text kennt er keine Zweideutigkeit. Auf seiner Fahne steht geschrieben: »Überwältigt euren Führer«. Daraus spricht die unmissverständliche, kompromisslose Gegnerschaft ebenso wie die aufgezeigte Handlungsorientierung. Die Schriftsteller bedienen sich hier – in Zeiten des Krieges – jener brauchbaren Sprache, um die es in Frieds Gedicht geht. Alle drei haben während der langen Jahre des Exils bedeutende literarische Werke verfasst, in denen auch die Mehrdeutigkeit einen Platz hat. Hier aber sprechen sie anders als in ihren literarischen Texten. Sie verbinden ihren Namen mit einer politischen Position, um in der Öffentlichkeit etwas zu bewirken. Sie sprechen zunächst als Staatsbürger, erst danach als Schriftsteller.

Das gilt für viele Autoren im Exil, so auch für den Nobelpreisträger Thomas Mann, den ebenfalls die USA aufgenommen hatten. Zwischen 1940 und 1945 verfasste er regelmäßig Rundfunkansprachen, die von der BBC ins Deutsche Reich ausgestrahlt wurden. Auch er formulierte eindeutig. So nennt er die Nazis einen »Raub-Pöbel«[3] und ein »Halunken-Regiment«[4], und er legt den Deutschen den Umsturz nahe.[5] Thomas und Heinrich Mann, Feuchtwanger und Brecht waren zuerst aus Deutschland und später aus Europa geflohen. Sie hatten sich dem wachsenden Einflussbereich der nationalsozialistischen Diktatur entzogen und waren nun nicht mehr an Leib und Leben bedroht. Darüber hinaus konnten sie – sogar als Ausländer – Freiheitsrechte der Demokratie in Anspruch nehmen, etwa das für Schriftsteller essenzielle Recht auf freie Meinungsäußerung. Das Exil brachte aber insofern eine für jeden dieser Schriftsteller schwierige Lage mit sich, als die Exilautoren von ihren deutschsprachigen Lesern weitgehend abgeschnitten waren. Thomas Manns Radioreden sind die Ausnahme von der Regel, weil sie ein deutsches Publikum fanden.[6] Die Aufrufe und politischen Interventionen anderer Schriftsteller

---

2 Heinrich Mann, Lion Feuchtwanger, Bertolt Brecht: Deutsche!, in: Werner Hecht (Hg.): Bertolt Brecht, Große kommentierte Berliner und Frankfurter Ausgabe, Bd. 23, Schriften 3, Berlin u. a. 1993, S. 423.
3 Thomas Mann: Deutsche Hörer! Radiosendungen nach Deutschland 1940-1945, hg. v. der Europäischen Kulturgesellschaft Venedig, Darmstadt 1986, S. 67 (Rede vom April 1942).
4 Ebd., S. 68 (Rede vom Mai 1942).
5 Vgl. ebd., S. 67f.
6 Zusätzlich erschienen sie 1945 im Druck, vgl. Thomas Mann: Deutsche Hörer! 55 Radiosendungen nach Deutschland, 2. erweiterte Auflage, Stockholm 1945.

gelangten dagegen nur sehr selten in den Machtbereich des Nationalsozialismus. Auch der Gedanke an eine direkte politische Einflussnahme mit Hilfe von Prosa, Dramatik oder Lyrik war also schon wegen der fehlenden Leserschaft wenig realistisch. – Hinzu kamen die vielen verschiedenen Auffassungen davon, was Literatur überhaupt in politischer Hinsicht leisten könne, denen hier aber nicht nachgegangen werden kann.

Spielräume des Schreibens in der Diktatur
Jede Diktatur grenzt einen Teil ihrer eigenen Bevölkerung aus, sei es aus sogenannten rassischen Gründen (wie der Nationalsozialismus die Juden) oder aus politischen Gründen (wie der Stalinismus in seinen verschiedenen Säuberungswellen). Die Ausgegrenzten werden bestenfalls marginalisiert, meist aber verfolgt und im äußersten Fall ermordet. Sie werden als Feinde im Inneren behandelt, nicht als Diskutanten im Streit der Meinungen. Von ihnen erwarten die Diktatoren Unterordnung, von den übrigen – auch von den Intellektuellen – erwarten sie Unterstützung oder zumindest Konformismus. Moderne Diktaturen sind immer auch »Gesinnungsdiktaturen«[7]. In sprachlicher Hinsicht bedeutet dies, dass die Diktatoren das freie Wort unterdrücken und verlangen, dass die Bevölkerung das Sprachregime der Diktatur übernimmt. Zuwiderhandlungen werden sanktioniert, wofür die Polizei, insbesondere die in allen Diktaturen eingerichtete Politische Polizei, zuständig ist.

Autoren, die sich als Gegner der Diktatur in deren Machtbereich aufhalten, stehen deutlich geringere Möglichkeiten der Meinungsäußerung offen als den exilierten.[8] Je nachdem, ob es sich um eine aggressivere Diktatur handelt, wie etwa den Nationalsozialismus, der eine eliminatorische Politik gegenüber allen Juden und eine mörderische gegenüber allen Systemgegnern betrieb, oder um eine mildere Spielart, wie sie etwa unter Walter Ulbricht und Erich Honecker in der DDR praktiziert wurde, müssen die Autoren zunächst um ihre körperliche Unversehrtheit sowie gegebenenfalls sogar um Leib und Leben fürchten. In diesen Fällen steht nicht nur die Publikation der eigenen Texte

---

7 Eberhard Lämmert: Beherrschte Literatur. Vom Elend des Schreibens unter Diktaturen, in: Günther Rüther (Hg.): Literatur in der Diktatur. Schreiben im Nationalsozialismus und DDR-Sozialismus, Paderborn u. a. 1997, S. 15-37, S. 17.
8 Lämmert zeichnet diese Spielräume für die sogenannte innere Emigration während des Nationalsozialismus sowie für die Opposition in der DDR nach (vgl. Lämmert, Beherrschte Literatur). – H. G. Adler erinnert daran, dass Internierte unter den härtesten Bedingungen der Verfolgung künstlerisch tätig waren: »Selbst noch in Einzelhaft und Todeszellen, in schlimmen Konzentrationslagern, nicht einmal Auschwitz ausgeschlossen, wurde geschrieben« (ders.: Dichtung in der Gefangenschaft als inneres Exil [1981], in: ders.: Orthodoxie des Herzens. Ausgewählte Essays zu Literatur, Judentum und Politik, hg. v. Peter Filkins, Konstanz 2014, S. 93-103, S. 97).

außer Frage, sondern schon das Schreiben selbst ist gefährlich. Manche Autoren entscheiden sich für das Schreiben im Verborgenen. Wo die Verfolgung einen geringeren Grad erreicht und sich mitunter sogar Publikationsspielräume eröffnen, wie in der DDR, beginnt das lange Ringen mit der Zensur.

Sprachkritik (Klemperer)

Die Sprachkritik hat eine lange Tradition – auch im deutschen Sprachraum.[9] In der Literatur darf Karl Kraus als einer ihrer hervorragenden Vertreter genannt werden. Darüber hinaus gibt es philosophisch und sprachwissenschaftlich akzentuierte Strömungen der Sprachkritik. Mit Bezug auf die Sprachkritik des Nationalsozialismus muss das Werk Victor Klemperers genannt werden. Je nachdem, ob man die Diaristik als eine Form der Literatur akzeptiert, kann dessen Sprachkritik zur Literatur hinzugerechnet werden oder nicht. Wichtiger als diese Rubrizierung ist hier allerdings die Position der Sprachkritik als einer Kritik der gebrauchten Sprache.[10] Während die Exilpublizistik sich dieser Sprache bedient, um ihre politische Kritik zu platzieren, stellt sich die Sprachkritik gegen die Instrumentalisierung der Sprache.

Klemperer war 1881 als Jude geboren worden und konvertierte 1912 zum Protestantismus. Er wurde in Dresden Professor für Romanistik. Die Nationalsozialisten stuften ihn als Juden ein; da er aber mit einer sogenannten Arierin verheiratet war, wurde er nicht sogleich deportiert. Klemperer erhielt Berufsverbot und musste mit seiner Frau in ein Judenhaus umziehen, von wo aus beiden im Anschluss an die Bombardierung Dresdens im Februar 1945 die Flucht gelang. Während der Jahre der Verfolgung führte er ein geheimes Tagebuch, das ihn, wäre es bei einer Razzia entdeckt worden, wahrscheinlich das Leben gekostet hätte. Da er zuletzt nur noch Schriften und Zeitungsartikel der Nationalsozialisten lesen durfte, entschied er sich, der Analyse ihrer Sprache viel Zeit zu widmen. Nach der Befreiung wertete er 1946 seine Beobachtungen aus und verfasste das Buch *LTI*, das 1947 erschien.

LTI, *Lingua Tertii Imperii*, nennt Klemperer ironisch die Sprache des von Hitler ausgerufenen Dritten Reichs, die er an vielen Einzelbeispielen untersucht. Diese Sprache sieht er weniger als eine Neuschöpfung an, in der auf der

---

9 Vgl. zum Beispiel Jürgen Schiewe: Die Macht der Sprache. Eine Geschichte der Sprachkritik von der Antike bis zur Gegenwart, München 1998.
10 Karl-Heinz Siehr stellt den Konnex zwischen Klemperers Sprachkritik und literaturwissenschaftlichen Untersuchungen der nationalsozialistischen Sprache her, vgl. ders.: Victor Klemperers Sprachkritik im Lichte integrativer Bemühungen von Sprach- und Literaturwissenschaft, in: Michael Hoffmann, Christine Keßler (Hg.): Berührungsbeziehungen zwischen Linguistik und Literaturwissenschaft, Frankfurt am Main 2003, S. 93-109.

Wortebene mit Neologismen gearbeitet werden würde, sondern seine These lautet: »Die nazistische Sprache [...] ändert Wortwerte und Worthäufigkeiten, [...] sie beschlagnahmt für die Partei, was früher Allgemeingut war, und in alledem durchtränkt sie Worte und Wortgruppen und Satzformen mit ihrem Gift, macht sie die Sprache ihrem fürchterlichen System dienstbar, gewinnt sie an der Sprache ihr stärkstes, ihr öffentlichstes und geheimstes Werbemittel.«[11] Der Wortwert bezeichnet die Semantik, also die Wortbedeutung. Die Worthäufigkeit zielt auf den politisch-propagandistischen Aspekt der institutionellen Sprachlenkung und Sprachnormierung, die vor allem Joseph Goebbels in seinem Ministerium für Volksaufklärung und Propaganda betrieb.[12] In weiteren Abschnitten geht Klemperer auch auf die Sprachverwendung und somit auf den kommunikativen und performativen Aspekt des sprachlichen Handelns ein. Den Gesamteffekt der Veränderung begreift er als ein Einwandern des nationalsozialistischen politischen Systems in die Sprache. Die Sprache wird zu einem Durchsetzungsinstrument für die politisch-ideologische Position der Nationalsozialisten, deren Weltauffassung der Allgemeinheit unter anderem sprachlich aufgezwungen werde.[13]

Um ein Beispiel zu geben: Allen Individuen innerhalb des nationalsozialistischen Machtbereichs wurde die Unterscheidung zwischen Juden und Deutschen aufgezwungen. Klemperer selbst wurde als Jude klassifiziert, während man ihm zugleich sein Deutschsein absprach. Für ihn sei es eine Qual, dass er, wie er schreibt, sich »ständig mit diesem Irrsinn des Rassenunterschiedes zwischen Ariern und Semiten beschäftigen muß, daß ich die ganze grauenhafte Verfinsterung und Versklavung Deutschlands immer wieder unter dem einen Gesichtspunkt des Jüdischen betrachten muß. Mir erscheint das wie ein über mich persönlich errungener Sieg der Hitlerei.«[14] Die Nationalsozialisten haben diese ideologische Unterscheidung sprachlich durchgesetzt, indem zum Beispiel die als Juden Klassifizierten ihrem Namen »ein ›Israel‹ oder ›Sara‹ beizufügen«[15] hatten und nur mit dem Zusatz »Jude« angesprochen wurden: »Wenn von mir amtlich die Rede ist, heißt es immer ›der Jude Klemperer‹«[16].

---

11 Victor Klemperer: LTI. Notizbuch eines Philologen [1947], 23. Aufl., Stuttgart 2009, S. 27.
12 Vgl. »der Nazismus glitt in Fleisch und Blut der Menge über durch die Einzelworte, die Redewendungen, die Satzformen, die er ihr in millionenfachen Wiederholungen aufzwang und die mechanisch und unbewußt übernommen wurden« (Klemperer, LTI, S. 26).
13 Siegfried Jäger sieht Klemperer deshalb als einen Vorläufer Foucaults, vgl. ders.: Sprache – Wissen – Macht. Victor Klemperers Beitrag zur Analyse von Sprache und Ideologie des Faschismus, in: Muttersprache, Jg. 109 (1999), H. 1, S. 1-18, S. 6.
14 Klemperer, LTI, S. 45.
15 Ebd., S. 106.
16 Ebd. – Vgl. auch ebd., S. 261.

Klemperer resümiert: »ein Wort oder eine bestimmte Wortfärbung oder -wertung [...] sind erst da wirklich existent, wo sie in den Sprachgebrauch einer Gruppe oder Allgemeinheit eingehen und sich eine Zeitlang darin behaupten.«[17] Genau das sei in Bezug auf die Sprache des Nationalsozialismus während dessen zwölfjähriger Dauer der Fall gewesen.

Klemperer betreibt einerseits noch während des Faschismus die Analyse der LTI, andererseits möchte er im Nachkriegsdeutschland aufklären und helfen, die noch bestehenden Reste der nazistischen Sprache zu beseitigen. Dazu nimmt er die Position des Sprachkritikers ein, die bei ihm zuinnerst mit der des Moralisten verbunden ist. Das schlägt sich einerseits in seinen Argumentationen nieder, andererseits in seinem eigenen Umgang mit der Sprache. An Dutzenden von Beispielen zeigt er, wie sich die Nationalsozialisten eines Wortes bedienen und es im Sinne ihrer Ideologie semantisch aufladen: »Sippe, ein neutrales Wort der älteren Sprache für Verwandtschaft, für Familie im weiteren Sinn« sei einerseits zum Pejorativ herabgesunken, wo es um sogenannte jüdische Versippung geht, andererseits – in der sogenannten Sippenforschung – »zu feierlicher Würde«[18] gelangt. Klemperer argumentiert, dass die Wortbedeutungen wieder von der nazistischen Bedeutung befreit werden müssten. Als engagierter Sprachkritiker greift er dabei selbst zur Metaphorik. So formuliert er, die einem persönlichen, fachwissenschaftlichen oder Gruppensprachgebrauch entlehnten Worte und Wendungen seien »ins Allgemeine übernommen und ganz durchgiftet worden mit nazistischer Grundtendenz«[19]. Wie hier wählt er durchgängig die Metapher des Gifts, um das Wirken der LTI zu beschreiben. Diese Sprache sei »aus giftigen Elementen gebildet« und »zur Trägerin von Giftstoffen gemacht worden«[20]. Seinen »erzieherischen«[21] Auftrag sieht Klemperer darin, das »Gift der LTI deutlich zu machen und vor ihm zu warnen«[22] sowie die Sprache zu reinigen, wo es geht. Dort aber, wo dies nicht möglich sei, drängt er darauf, »viele Worte des nazistischen Sprachgebrauchs für lange Zeit, und einige für immer«[23] abzulegen. Erst das Verblassen dieser nazistischen Worte zeige die gelungene Befreiung von der Ideologie des Nationalsozialismus an.

17 Ebd., S. 68.
18 Ebd., S. 109.
19 Ebd., S. 233.
20 Ebd., S. 26.
21 Ebd., S. 25.
22 Ebd., S. 27.
23 Klemperer formuliert wörtlich: »Man sollte viele Worte des nazistischen Sprachgebrauchs für lange Zeit, und einige für immer, ins Massengrab legen« (Klemperer, LTI, S. 27).

Klemperers Entgiftungsprogramm durch aufklärende Sprachkritik war 1946 eine verdienstvolle Pionierarbeit, neben der noch die etwas später erschienene Artikelserie *Aus dem Wörterbuch des Unmenschen* von Dolf Sternberger und anderen genannt werden könnte.[24] Inwiefern Klemperers Sprachkritik noch heute wegweisend für die Forschung sein kann, ist umstritten. Einige problematische Elemente seiner Herangehensweise sollten nicht verschwiegen werden. So vertritt er einen positiven Begriff des Deutschtums[25] im Sinne des Volksgedankens und verwendet trotz aller Kritik selbst Sprachbestände des Nationalsozialismus. Als Beispiel kann das Wort ›Entartung‹ angeführt werden, etwa in der Formulierung, der Nationalsozialismus müsse als eine »Entartung des deutschen Wesens«[26] begriffen werden. Problematisch ist auch die Hauptstoßrichtung seiner Kritik, die die vergiftete, nazistische Sprache säuberlich von der gereinigten scheiden möchte. In einigen wichtigen Passagen überschreitet Klemperer allerdings seine pädagogisierende Schwarz-Weiß-Kritik, etwa wenn er feststellt, dass er, obwohl er bestrebt war, während des Dritten Reichs »ungefärbt neutral«[27] zu sprechen, doch Elemente der von ihm so genannten »Judensondersprache«[28] und sogar der LTI selbst verwendet hat. Zu seiner Entschuldigung bringt er vor, der Einzelne könne sich dem Feinddruck, der aus der eigenen Lage hervorgehe, »nicht entziehen«[29]; er passe sich unweigerlich an. Hier klingt die Grenze der Sprachkritik an, denn wo diese ansonsten einen Standpunkt außerhalb der kritisierten Sprache bezieht, stellt sich nun der Gedanke ein, dass noch der Sprachgebrauch des Kritikers notwendig in die kritisierte Sprache eingewoben bleibt.

Der Linguist Siegfried Jäger betont gerade diesen Aspekt in Klemperers Werk und sieht den Autor deshalb als den Vorläufer einer diskursanalytischen Sprachtheorie des Nationalsozialismus. Klemperers Verdienst sei es, die Zusammengehörigkeit von Sprache und Gesellschaft systematisch bedacht zu haben. Im Sinne von Foucault begreife er die Sprache in der Diktatur als ein diskursives Netz, das alle Bereiche der Gesellschaft durchdringe, weshalb man sich ihr nur schwer entziehen könne: »Mehr oder minder alle sind in den faschistischen Diskurs verstrickt«[30]. Die Aufgabe des Sprachkritikers sei es

---

24 Vgl. Dolf Sternberger, Gerhard Storz, Wilhelm E. Süskind: Aus dem Wörterbuch des Unmenschen, Hamburg 1957.
25 Vgl. den Abschnitt »Zion« in: Klemperer, LTI, S. 270-288.
26 Ebd., S. 179.
27 Ebd., S. 245.
28 Ebd.
29 Ebd.
30 Jäger, Sprache – Wissen – Macht, S. 9.

nun, trotz dieses Determinismus einen Standpunkt für die Kritik zu finden, »indem man sich diesen Diskursen [...] nicht selbstverständlich und unbewusst überlässt, sondern sich kritisch und bewusst damit auseinander setzt«[31].

Für das Thema der gebrauchten Sprache sind diese Überlegungen zum systematischen Ort des Sprachkritikers zentral. Denn ob man Klemperer eher als den Sprachreiniger oder als den Diskurstheoretiker liest – in beiden Fällen verlangt die Sprachkritik einen Ort der Kritik, der sich vom Eingebundensein in die Sprache der Diktatur abhebt. Sie muss sich der gebrauchten Sprache mehr oder weniger entgegensetzen, um sie kritisieren zu können. Gerade diese Überlegungen zum Grad der Verstricktheit des Sprachkritikers in die kritisierte Sprache der Diktatur werden in einigen zeitgenössischen literarischen Werken thematisiert und in ihrem künstlerischen Verfahren radikalisiert. Beispielhaft dafür soll hier abschließend noch einmal auf H. G. Adlers Roman *Eine Reise* eingegangen werden.

Diktatur und Sprache in der Literatur (Adler)

Die Nationalsozialisten verfolgten Adler wegen seines Judentums und sperrten ihn in verschiedene Arbeits-, Konzentrations- und Vernichtungslager, darunter Theresienstadt und Auschwitz.[32] Er überlebte nur knapp und emigrierte 1947 nach London, wo er mit Franz Baermann Steiner und Elias Canetti einen Dichterkreis gründete, zu dem auch Erich Fried gehörte. Noch während der Internierung sammelte er in Theresienstadt Dokumente und verfasste Gedichte. Nach der Befreiung entstanden historisch-theoretische sowie literarische Werke. 1955 erschien seine Monografie *Theresienstadt 1941-1945*. In den vierziger und fünfziger Jahren verfasste er außerdem mehrere Romane, darunter *Eine Reise*; der Text wurde 1962 erstmals publiziert.

Mit der Sprache – auch mit dem Problem der gebrauchten Sprache – setzte sich Adler sowohl während des Nationalsozialismus als auch nach dessen Ende auseinander. So stellt er dem Theresienstadtbuch eine zwanzig Seiten lange Auflistung des besonderen Sprachgebrauchs in diesem Lager voran. Das erläutert er mit den Worten: »Obwohl ich mich bemühe, dieses Buch in unverdorbenem Deutsch zu schreiben, brachte es das Thema [...] mit sich, daß sich im Text der Sprachverfall im Zeitalter des mechanischen Materialismus im allgemeinen, so wie die gestaltlos krampfhafte Sprache des Nationalsozialismus und die Umgangs- und Schriftsprache in Theresienstadt im besonderen spiegeln und oft geradezu aufdrängen mußte. Gewiß jedoch sollte der Ungeist,

---

31 Ebd., S. 10.
32 Vgl. dazu ausführlicher die ersten drei Studien in diesem Band.

der dieses Lager schuf und vegetieren ließ, auch sprachlich überwunden werden.«[33] Wie Klemperer spricht also auch Adler von der Notwendigkeit einer Überwindung der nationalsozialistischen Sprache. Hier macht sich die sprachkritische Schicht geltend, die in seinem Werk durchgängig zu finden ist. Lynn L. Wolff hat Adlers sprachtheoretische Aufsätze durchgesehen und sein normatives Sprachverständnis rekonstruiert.[34] Anders als Klemperer tritt Adler dabei nicht für eine sprachlenkende Dekontaminierung des nationalsozialistisches Spracherbes ein, sondern lediglich für einen anderen Gebrauch der Sprache – einen, der im Zeichen der Humanität der angemessene wäre.[35] Jeder gedankenlose Gebrauch der Sprache könne dagegen gefährlich werden: »speakers need to be aware of the danger in using language in an uncritical or unreflected manner; the dangerous potential of language lies in the unreflected use of it.«[36]

Solch eine gedankenlose Übernahme von Wörtern und Wendungen geschah während des Nationalsozialismus, insbesondere durch die systematisch verhüllende Benennung der Verfolgungs- und Mordpraktiken durch die Täter. Allerdings sieht Adler eine Gedankenlosigkeit auch weit darüber hinaus am Werke. Der Hinweis auf seine Theorie des mechanischen Materialismus indiziert bereits, dass er die nationalsozialistische Sprache nur als eine besonders radikale Manifestation innerhalb einer umfassenderen gesellschaftlichen Veränderung begreift, in die die Sprache insgesamt eingebunden sei.[37] Ein Grundgedanke von Adlers kultur- und gesellschaftskritischem Impetus ist die These, dass schon das moderne Verständnis vom Menschen als dem Bestandteil einer Masse problematisch sei, weil hier das individuelle Leben einer Gruppenzuschreibung untergeordnet werde. Das habe der Nationalsozialismus auf die Spitze getrieben: »Der Nationalsozialismus verwandelte den Menschen aus einer zur Autonomie berufenen oder berufbaren Persönlichkeit bedenkenlos in einen behandelten Gegenstand. Darin war die nationalsozialistische Herrscherklasse unbedingte Anhängerin ihrer materialistisch denkenden und emp-

---

33 H. G. Adler: Theresienstadt 1941-1945. Das Antlitz einer Zwangsgemeinschaft [1955], 2. verb. u. erg. Aufl., Tübingen 1960, S. XXV.
34 Vgl. Lynn L. Wolff: »Die Grenzen des Sagbaren«. Toward a Political Philology in H. G. Adler's Reflections on Language, in: Julia Creet, Sara R. Horowitz, Amira Bojadzija-Dan (Hg.): H. G. Adler. Life, Literature, Legacy, Evanston, IL 2016, S. 273-301.
35 Vgl. ebd., S. 279.
36 Ebd., S. 283.
37 Thomas Krämer hat Adlers Begriff des mechanischen Materialismus rekonstruiert, vgl. ders.: Die Poetik des Gedenkens. Zu den autobiographischen Romanen H. G. Adlers, Würzburg 2012, S. 61-65.

findenden Zeit, die schon vorher und auch außerhalb dieses Machtbereiches von Menschen und Völkern mit einem pseudokollektivistischen Ausdruck als von ›Masse‹ zu reden wagte.«[38] Der Nationalsozialismus habe diese Tendenz der Instrumentalisierung der Menschen ins Extrem gesteigert, indem er jeden Einzelnen zu einer Nummer gemacht hätte, »die ein ›Stück‹ bezeichnet«[39]. In äußerster Konsequenz münde dieses mechanische Verständnis vom Menschen in den Massenmord.

Wenn sich schon die Mehrheit der Bevölkerung in den modernen Staaten, einschließlich der Juden,[40] nicht vom mechanischen Materialismus freimachen könne, so steigere sich, nach Adler, die Infiltration »mit totalitärem Denken«[41] in den Lagern ins Übermächtige: »Überall hielt die herrschende Ideologie ihren verderblichen Einzug und vergiftete sogar noch den Protest, der ihr zu widersprechen wagte.«[42] Sich diesem Druck gänzlich zu entziehen, war ausgeschlossen. Adler resümiert: »Ein absolutes Nichtmitwirken war unmöglich.«[43] Wie Klemperer sieht auch Adler die Nötigung der Unterdrückten und Verfolgten zur praktischen Teilhabe an der Weltdeutung der Nationalsozialisten in der *Reise* als unvermeidlich an. Einen Standpunkt, der sich von diesem Zwang partiell absetzen könnte, erkennt er im Theresienstadtbuch einzig in der Position des Beobachters, in dem Vermögen, »sich die Fähigkeit des Zuschauens zu bewahren«[44]. Inmitten des nahezu unvermeidlichen Mitmachens könne auf diese Art zumindest eine Distanz zum eigenen Verstricktsein aufrechterhalten werden.[45] *Eine Reise* setzt das Verstricktsein durch die literarische Komposition ins Werk. Damit stellt sich nicht zuletzt die von Wolff aufgeworfenen Frage nach dem Umgang mit der Sprache in den verschiedenen Teilen des Adler'schen Werks.[46] Liegt sein normativer Sprachbegriff auch sei-

38 Adler, Theresienstadt, S. 631.
39 Ebd., S. 634.
40 Vgl. »Die Mehrzahl war gemeinsam mit ihrer Umwelt dem mechanischen Materialismus verfallen und hatte dem Zerfall der Werte nicht widerstanden« (ebd., S. 653).
41 Ebd., S. 644.
42 Ebd.
43 Ebd., S. 660.
44 Ebd.
45 In einem Vortrag aus dem Jahre 1971 arbeitet Adler diese Position für den Standort des Schriftstellers aus, vgl. ders.: Der Autor zwischen Literatur und Politik, in: ders.: Orthodoxie des Herzens. Ausgewählte Essays zu Literatur, Judentum und Politik, hg. v. Peter Filkins, Konstanz 2014, S. 13-25. Vgl. dazu auch Lynn L. Wolff: ›Der Autor zwischen Literatur und Politik‹. H. G. Adler's ›Engagement‹ and W. G. Sebald's ›Restitution‹, in: Helen Finch, Lynn L. Wolff (Hg.): Witnessing, Memory, Poetics. H. G. Adler and W. G. Sebald, Rochester, New York 2014, S. 137-156.
46 Sie spricht von einer »interesting tension«, in der seine »distinctly modernist literary experimentation« (Wolff, »Die Grenzen des Sagbaren«, S. 281) in den Romanen zu seinen konservativen

ner literarischen Produktion zugrunde? Oder arbeitet Adler in einer anderen Logik, sobald er das Register wechselt und von der Sprachkritik zur Literatur übergeht? Auch das soll an der *Reise* geprüft werden.

Adler schildert in dem Roman die Deportation und weitgehende Auslöschung einer jüdischen Familie in den nationalsozialistischen Lagern, die nur der Protagonist namens Paul Lustig überlebt. Schon diese Zusammenfassung des Inhalts verstößt allerdings gegen ein Hauptkompositionsprinzip des Buches, denn Adler nennt keine historischen Gruppierungen oder Parteien, keine Ortsnamen und gibt keine Jahreszahlen an.[47] Bei ihm ist also gar nicht von Nationalsozialisten und Juden die Rede. Diese programmatische Entscheidung zeigt an, dass es dem Autor nicht um die Abgrenzung der Opfer oder eine Identifikation bestimmter Täter geht. Während die Exilpublizistik gerade letzteres unternimmt und während die Sprachkritik das verhüllende, euphemistische Sprechen der Nationalsozialisten entlarvt, begibt sich Adler mitten in die Sprachwelten der in dem Text geschilderten Gruppen und Akteure hinein. Dabei trennt er ihr Sprechen nicht in zwei Lager auf, er sucht nicht die Polarisierung, die im Deutschland des Nationalsozialismus so verhängnisvoll gewirkt hat, sondern er geht umgekehrt vor: In seiner Prosa verwebt er die unterschiedlichen Sprachwelten in einem »polymorphe[n] Bewußtseinsstrom« miteinander, der »uns unaufhörlich von einer Perspektive in die nächste«[48] führt, so dass oft unklar ist, wer überhaupt spricht.[49]

Dieser unsichere Standort, an dem der Leser absichtlich positioniert wird, kann beispielhaft unter Rückgriff auf das oben ausführlicher analysierte Motiv des Abfalls erläutert werden.[50] Adler verwendet zunächst zwei lexikalische Hauptbedeutungen des Wortes: Erstens im Sinne von ›Müll‹ und ›Ausschuss‹, in der Bedeutung von ›Unrat‹ oder ›Dreck‹, zweitens im Sinne des Abfalls von einer Idee oder einem Glauben. Besonders die erste Hauptbedeu-

---

sprachtheoretischen Positionen stehe und empfiehlt weitere Forschungen, um Fragen wie diese zu klären (vgl. ebd., S. 291).

47 Krämer hat eindrücklich auf die eine, allerdings entscheidende Ausnahme aufmerksam gemacht: Das Geburtsdatum der Figur Ida (1.6.1882) wird im Zusammenhang mit ihrem 60. Geburtstag erwähnt, so dass der Zeitpunkt der Handlung in das Jahr 1942 fällt (vgl. Krämer, Die Poetik des Gedenkens, S. 174).

48 Jeremy Adler: Nur wer die Reise wagt, findet nach Hause, in: H. G. Adler: Eine Reise, Wien 1999, S. 307-315, S. 311.

49 Das zeigt Julia Creet auf der grammatisch-textuellen Ebene, vgl. dies.: A Dialectic of the Deictic: Pronouns and Persons in H. G. Adler's *The Journey*, in: dies., Sara R. Horowitz, Amira Bojadzija-Dan (Hg.): H. G. Adler. Life, Literature, Legacy, Evanston, IL 2016, S. 205-227.

50 Vgl. das Kapitel »*Die Sprache gehört uns nicht mehr*«. H. G. Adlers Deportations- und Lagerroman »*Eine Reise*« in diesem Band.

tung wird in vielen Passagen geradezu mikrologisch ausdifferenziert. Peter Filkins spricht in diesem Zusammenhang treffend von der musikalischen Natur des Textes, in dem wie in einer Partitur alle Einzelteile miteinander verbunden seien – durch die thematische Arbeit, strukturelle Entsprechungen, starke Kontraste usw.[51] Mit dem unablässig modulierten Motiv des Abfalls komponiert Adler eine dieser Verbindungen aus. Insbesondere auf die Überlagerung unterschiedlicher Bedeutungsschichten soll im Folgenden hingewiesen werden.

Die erste dieser Schichten findet sich in Textstellen wie er folgenden, in der es zunächst scheinbar ganz eindeutig heißt: »den Abfall muß man fortschaffen [...]. Der Schmutzeimer in der Wohnung ist zu klein; wie leicht könnte er überfüllt werden.«[52] Im Alltag landet der häusliche Abfall der Familie Lustig, die hier porträtiert wird, ganz selbstverständlich in den Müllbehältern auf dem Hof, die Adler ebenfalls erwähnt. Die alltägliche Szene steht aber im Zusammenhang mit der Aufforderung, die Wohnung zu verlassen. Es heißt, man solle auf eine Reise gehen. Wie sich bald herausstellt, ist das die euphemistische Umschreibung für die Deportation, die allerdings nicht beim Namen genannt wird. Die benachrichtigten Menschen können die existenzielle Reichweite der erhaltenen Aufforderung noch nicht einordnen. Da bei Adler aber immer die Stimme eines Erzählers mit in die Schilderung der Situation hineinspricht, fließt die Ahnung von der drohenden Katastrophe schon mit in die Passage ein. Die eingefügte Reflexion auf die Sprache betrifft deshalb auch das Motiv des Abfalls: »die Sprache gehört uns nicht mehr; fremd entringt sie sich dem, der anhebt zu reden. Aber dann rinnen die Worte fort, sie scheinen noch vertraut. Liebe Worte, fortgeschwommene Worte, meine Worte, deine Worte, sie reißen Wände ein und richten sie auf« (ER 11).

›Abfall‹ erhält nun sukzessive Bedeutungen, die die vertraute Sprache fremd erscheinen lassen.[53] Bei der Deportation muss zum Beispiel ein Musikinstrument zurückgelassen werden, es heißt, »die Laute sei doch kein Abfall«, woraufhin die eingetretene Bedeutungsverschiebung ausdrücklich bestätigt wird: »Jetzt aber war sie es« (ER 13). In dem fiktiven Ort Ruhenthal, das Adler nach dem Lager Theresienstadt modelliert hat, bezieht er das Motiv des Abfalls dann auf Menschen, womit eine weitere – entscheidende – Verschiebung der Bedeutung eingeleitet wird. Zunächst wird geschildert, wie Häftlinge, die »Abfallgreise« (ER 85) genannt werden, die Abfallbeseitigung mit Hilfe von Leiterwagen bewerkstelligen. Schon hier kippt die Bedeutung von der

---

51 Vgl. Peter Filkins: Introduction, in: H. G. Adler: The Journey, New York 2008, S. IX-XXVI, S. XIII.
52 H. G. Adler: Eine Reise, Wien 1999, S. 11. Im Folgenden ausgewiesen mit der Sigle ER.
53 Krämer schreibt deshalb, das Motiv könne als ein »›Superzeichen‹ des *Mechanischen Materialismus* gewertet werden« (Krämer, Die Poetik des Gedenkens, S. 204).

Bezeichnung der Tätigkeit der Greise, also der Abfallbeseitigung, in die Richtung einer Bezeichnung für sie selbst. Zunächst fallen die drohenden, noch nicht auf ein eindeutiges Objekt bezogenen Worte: »wehe dem Abfall! Und wehe dem, was noch nicht Abfall ist! Niedergetreten muß es werden« (ER 87). Schließlich treffen solche Zuschreibungen eindeutig die Deportierten, die nun selbst zum Abfall erklärt werden: »Unnütz ist, was sich mit Abfall abgibt, elende Gesinnung, die nicht mehr die Kraft aufbringt, ein Werk zu vollbringen. Darum ist es gerechtfertigt, daß man euch mit Zwang verwaltet, solange euer verworfenes Dasein noch zugelassen wird. [...] so hat man euch abgesondert [...]. Abfall seid ihr« (ER 91). Gemäß der Hauptbedeutung muss Abfall beseitigt werden, so dass die Anwendung des Terminus auf eine Gruppe von Menschen in die Imagination ihrer Vernichtung mündet: »Zuschütten sollte man euch [...]. Es wäre [...] Erbarmen« (ER 92), heißt es, und ein Anwohner meint, dem »luftige[n] Gesindel aus Ruhenthal« solle man »Schrot in den Unterleib pfeffern«, dann »würden die stummen Geister [...] schnell verrecken [...] man müßte die Überbleibsel [...] anzünden, ein großes hygienisches Feuer. Dann bleibt nur Asche übrig, die kann man verschütten« (ER 100). Die Nationalsozialisten haben in den Todeslagern genau diese Phantasie in die Tat umgesetzt.

In der Nachkriegszeit, die Adler ebenfalls schildert, wird das Motiv weiter modifiziert. Am Ende des Romans ruft er auch die entscheidende zweite Hauptbedeutung auf: der Abfall wird nun als ein Abweichen vom Grundbestand der eigenen Person gedeutet. In einem Dialog, den Paul, der Überlebende, mit einem Herrn Brantel führt, der nicht zu den Verfolgten gehört, aber mit Hitlers Politik nicht einverstanden war, entwickeln beide – symphilosophisch – die zentralen Gedankengänge in einer gemeinsamen Anstrengung. Herr Brantel formuliert: »Man muß eine Mitte haben, einen unbewegten Ursprungsort der Ruhe, an dem man mutig festhält, auch wenn man auf die Reise zieht, die unvermeidliche Reise..., einen untrübbaren Sinn, von dem es keinen Abfall gibt, nicht links, nicht rechts, nur Mitte, ein Bestand, der nicht verwandelt wird« (ER 301). Und Paul unterstreicht: »Keinen Abfall. Ich stimme bei. Der Abfall ist Verzweiflung. [...] Die Mitte [...] kann man uns nicht nehmen. Sie reist mit uns und hebt uns aus dem Abfall auf« (ER 301). Diese Überlegungen entwickeln die beiden weiter, indem sie auch den Schöpfungsgedanken und den der Gnade mit einbeziehen. Die Reise, die dem Buch den Namen gibt und die euphemistisch die Deportation bezeichnet, gewinnt nun eine weitere Bedeutung; sie wird zur Lebensreise.[54] Auch in die-

---

54 Vgl. ebd., S. 169.

sem Sinne sollte der letzte Satz des Romans gelesen werden. Nachdem Paul einen Zug bestiegen hat, sieht er die umstehenden Menschen winken: »Er glaubt, sie winken ihm zu einer guten Reise, weil der Abfall überwunden ist« (ER 304). Das freundliche Winken und die Überwindung des Abfalls bedeuten einerseits, dass der soeben noch Verfolgte, zum Abzuschaffenden Erklärte, nun wieder als Mensch angesehen wird, es bedeutet im Lichte der vorherigen Konversation aber auch, dass er trotz allem, was ihm genommen wurde, seine Mitte gefunden hat und sie nicht mehr hergeben wird.

Die Bedeutungswandlung, die das Motiv des Abfalls im Laufe des Romans erfährt, reichert alle einzelnen Wortverwendungen mit den Konnotationen der Parallelstellen an. Anstatt also die Worte im Sinne einer Vereinheitlichung zu gebrauchen, wie in der Exilpublizistik, oder sie von einer ihnen äußerlichen Position aus zu kritisieren, wie in der Sprachkritik, vervielfältigt Adler ihren Gebrauch, so dass sie mehrere Bedeutungsschichten zugleich aufrufen. Die Literatur simuliert auf diese Weise die Verstrickung in die Sprache. Sprachreinigung hilft hier nicht weiter, denn mag – und muss – auch der Gedanke, dass Menschen zu Abfall erklärt werden, sehr zu Recht kritisiert werden, so sehr ist er doch wirkmächtig gewesen und somit im Gedächtnis der Sprache aufbewahrt. Noch an der sprachlich artikulierten Idee, nicht abzufallen von der eigenen Humanität, kleben somit die übrigen, inhumanen Verwendungsweisen des Wortes Abfall. Indem Adler alle Bedeutungen in seiner Motivarbeit ineinanderwebt, ruft er sie – in unterschiedlichen Graden und mit unterschiedlicher Akzentuierung – jeweils miteinander auf. Und erst in diesem komplexen Miteinander drängen sich dann die brisanten Fragen auf, die in den Lektüren einzelner Leser je unterschiedlich formuliert werden, zum Beispiel: Wie ist im Zeichen des Wortes ›Abfall‹ das Aufeinander-Verwiesensein von genozidalen Dispositionen und der Bewahrung des Humanen zu denken? Wie kann in einer Diktatur, die schon sprachlich die Ausgrenzung einer Bevölkerungsgruppe praktiziert, dieser Praxis widerstanden werden? Kann Pauls Versuch, einen zentralen Terminus aus der Sprache der Verfolger mit einer Bedeutungsverschiebung zu konterkarieren, einen Vorbildcharakter für den Umgang mit der Sprache der Diktatur nach ihrem Ende haben? – Literatur provoziert solche Fragen, sie ist aber der falsche Ort, um sie zu lösen. Das bleibt den Leserinnen und Lesern aufgegeben, die in ihren Lebenszusammenhängen praktische Entscheidungen treffen müssen.

Während Adler in seinen sprachtheoretischen Aufsätzen normativ unterfütterte Sprachkritik am konkreten Phänomen betreibt, arbeitet er in seiner literarischen Prosa im Material der entmenschlichten Sprache. Hier nimmt er die gebrauchte Sprache in den eigenen Sprachkörper hinein. Sie wird ihm zum

Thema, aber vor allem geht sie vielen seiner Protagonisten in dem Sinne in Fleisch und Blut über, in dem Sprache, Denken und Habitus miteinander verbunden sind. Und obwohl bei Adler die gebrauchte Sprache nicht das letzte Wort behält, weil er sie mit gegenläufigen Verwendungsweisen konfrontiert, präsentiert er dennoch keine gereinigte Sprache. In diesem Zusammenhang kann nun der Bogen zurück geschlagen werden zu Frieds Gedicht, und zwar mit der Frage, was in Adlers Roman aus jener gegenläufigen Sprache wurde, auf die Fried in seinem Gedicht verweist? Aus jenen ersehnten, guten Worten, die er nur in Verneinungen aufruft? Während die genannten Beispiele aus der Exilpublizistik sich der Sprache bedienen, um einen politischen Inhalt zu kommunizieren, und während die Sprachkritik mit den Ideen der Entgiftung und der Sprachreinigung eine Stellung bezeichnet, von der aus sie die guten Worte zumindest anvisiert – wenn nicht der Sprachkritiker sie sogar für seinen eigenen Sprachgebrauch in Anspruch nimmt, wie etwa Karl Kraus, – so scheinen in Adlers Roman die guten Worte zu fehlen.

Wie bei Fried kommt auch bei Adler dem Fehlen selbst Bedeutsamkeit zu, indem es auch bei ihm einen Mangel anzeigt: die guten Worte werden vermisst, sie erscheinen nur negativ, als Idee. Da Sprache gesellschaftlich amalgamiert ist, kann sie die Spuren der Verhältnisse, die sie an sich trägt, nicht abstreifen. Noch in der Idylle, noch in der Sprache der Liebe und in anderen Sprachverwendungen, von denen oft angenommen wird, dass sie den guten Worten, der guten Sprache, nahekämen, wirken die Zwangsverhältnisse weiter. Kann eine Sprache, die über dieses Faktum hinwegsieht, überhaupt als gute Sprache gedacht werden? Schließt also die Sehnsucht nach den guten Worten in einem gewissen Grad auch die nach guten Verhältnissen ein? Gerade Diktatoren nutzen gerne idyllisierende Darstellungen der eigenen Gruppe als identifikationsstiftende Bilder, also als rhetorische Mittel, um Einverständnis oder Gefolgschaft herbeizuführen. Dem treten sowohl die politische als auch die Sprachkritik entgegen, die beide auf unterschiedliche Art zeigen, warum das als gut Präsentierte den Kriterien des Guten nicht standhält. Weil also keiner sprachlichen Äußerung, die sich unter den Bedingungen der Herrschaft als eine gute aufspielt, getraut werden kann, verweist die Literatur allenfalls auf die gute Sprache, ohne sie selbst auszubuchstabieren.

Im Kontext der Diktatur und unter der besonderen Berücksichtigung des Themas der gebrauchten Sprache haben alle drei vorgestellten Verwendungsweisen ihre spezifische Berechtigung. Manchmal wird die Sprache gebraucht, um eindeutig Stellung zu beziehen. Manchmal wird die missbrauchte Sprache unzweideutig kritisiert. Und manchmal benötigen wir die komplexe, vieldeutige Form, um darauf aufmerksam zu werden, dass die gebrauchte Sprache zugleich kritisiert und in Anspruch genommen werden kann. Dass die Rede vom Abfall gerade wegen ihrer nicht weiter problematisierten Alltagsbedeutung einen Evidenzbonus mitführt, der in einigen Wortverwendungen stillschweigend auf anderes übergeht. Dass schließlich und zuletzt also nicht wir die Sprache beherrschen, so sehr wir sie auch gebrauchen, sondern dass es genau umgekehrt ist. Und diese umgekehrte Optik, die unterstellt, dass die Sprache zuerst uns spricht, bevor wir sie sprechen, ist es, die geradewegs in die Literatur führt. Das gibt uns keine Waffe gegen die Diktatur in die Hand, aber es sensibilisiert vielleicht für die besonderen Funktionsweisen diktatorischer Herrschaft.

Literatur- und Quellenangaben

A. T.: »Ich selbst und kein Engel«. Uraufführung in der Kongreßhalle, in: Die Welt vom 17.11.1958.

Adler, H. G.: Der verwaltete Mensch. Studien zur Deportation der Juden aus Deutschland, Tübingen 1974.

Adler, H. G.: Wörterverzeichnis, in: ders.: Theresienstadt 1941-1945 [1955], 2. Aufl., Tübingen 1960, S. XXIX-LIX.

Adler, H. G., Bettina Gross: Briefwechsel 1945-1947, aufbewahrt in: Deutsches Literaturarchiv Marbach, Nachlass H. G. Adler, Signatur A I 3-4, unpubliziert.

Adler, H. G.: Andere Wege. Gesammelte Gedichte, hg. von Katrin Kohl und Franz Hocheneder, Klagenfurt, Celovec, Wien, Dunaj 2010.

Adler, H. G.: Aufzeichnung einer Displaced Person, in: ders.: Ereignisse. Erzählungen, Olten 1969, S. 9-25.

Adler, H. G.: Der Autor zwischen Literatur und Politik, in: ders.: Orthodoxie des Herzens. Ausgewählte Essays zu Literatur, Judentum und Politik, hg. v. Peter Filkins, Konstanz 2014, S. 13-25.

Adler, H. G.: Dichtung in der Gefangenschaft als inneres Exil, in: ders.: Orthodoxie des Herzens. Ausgewählte Essays zu Literatur, Judentum und Politik, hg. v. Peter Filkins, Konstanz 2014, S. 93-103.

Adler, H. G.: Die Geschichte des Prager Jüdischen Museums, in: Monatshefte, Jg. 103 (2011), H. 2, S. 161-172.

Adler, H. G.: Die unsichtbare Wand. Roman, Nachwort von Jürgen Serke, Wien, Darmstadt 1989.

Adler, H. G.: Eine Reise. Roman, Nachwort von Jeremy Adler, Wien 1999.

Adler, H. G.: Es gäbe viel Merkwürdiges zu berichten. Interview mit Hans Christoph Knebusch, in: ders.: Der Wahrheit verpflichtet. Interviews, Gedichte, Essay, hg. v. Jeremy Adler, Gerlingen 1998, S. 32-60.

Adler, H. G.: Panorama. Roman in zehn Bildern, Nachwort von Peter Demetz, München 1988.

Adler, H. G.: Theresienstadt 1941-1945. Das Antlitz einer Zwangsgemeinschaft [1955], 2. verb. u. erg. Aufl., Tübingen 1960.

Adler, H. G.: Theresienstädter Bilderbogen 1942, in: ders.: Andere Wege. Gesammelte Gedichte, hg. v. Katrin Kohl und Franz Hocheneder, Klagenfurt u. a. 2010, S. 157-175.

Adler, Jeremy: »Die Macht des Guten im Rachen des Bösen«. H. G. Adler, T. W. Adorno und die Darstellung der Shoah, in: Merkur. Deutsche Zeitschrift für europäisches Denken, Jg. 54 (2000), H. 6, S. 475-486.

Adler, Jeremy: »Mensch oder Masse?« H. G. Adler, Elias Canetti and the Crowd, in: ders., Gesa Dane (Hg.): Literatur und Anthropologie. H. G. Adler, Elias Canetti und Franz Baermann Steiner in London, Göttingen 2014, S. 176-196.

Adler, Jeremy: Nachwort, in: H. G. Adler: Theresienstadt 1941-1945. Das Antlitz einer Zwangsgemeinschaft, Göttingen 2012, S. 895-926.

Adler, Jeremy: Nur wer die Reise wagt, findet nach Hause, in: H. G. Adler: Eine Reise. Roman, Wien 1999, S. 307-315.

Adorno, Theodor W.: Negative Dialektik, in: ders.: Gesammelte Schriften, hg. von Rolf Tiedemann, Bd. 6, Frankfurt a. M. 1973, S. 7-412.

Ainsztein, Reuben: Jewish Resistance in Nazi-Occupied Eastern Europe. With a Historical Survey of the Jew as Fighter and Soldier in the Diaspora, London 1974 (dt. 1993).

Améry, Jean: Über Zwang und Unmöglichkeit, Jude zu sein, in: ders.: Werke, Bd. 2: Jenseits von Schuld und Sühne. Unmeisterliche Wanderjahre. Örtlichkeiten, hg. v. Irene Heidelberger-Leonard, Stuttgart 2002, S. 149-177.

Andrzejewski, Jerzy: Die Karwoche. Erzählung, Wien 1948, sowie, mit einem Vorwort von Stephan Hermlin, Berlin (Ost) 1950.

Antelme, Robert: Die Gattung Mensch, Berlin (Ost) 1949.

Appelfeld, Aharon: Badenheim, Berlin (West) 1982.

Arbeitsstelle Holocaustliteratur: Forschungsprojekt »Frühe Texte der Holocaust- und Lagerliteratur«, URL: https://www.holocaustliteratur.de/deutsch/Forschungsprojekt-Fruehe-Texte-der-Holocaust-und-Lagerliteratur-2485 (Abruf: 30.7.2019).

Assmann, Aleida: Das neue Unbehagen an der Erinnerungskultur. Eine Intervention, München 2013.

Atze, Marcel (Hg.): »Ortlose Botschaft«. Der Freundeskreis H. G. Adler, Elias Canetti und Franz Baermann Steiner im englischen Exil, Marbach a. N. 1998 (Marbacher Magazin Nr. 84).

Baasner, Rainer: Stimme oder Schrift. Materialität und Medialität des Briefes, in: Detlev Schöttker (Hg.): Adressat: Nachwelt. Briefkultur und Ruhmbildung, München 2008, S. 53-69.

Bach, Janina: Erinnerungsspuren an den Holocaust in der deutschen Nachkriegsliteratur, Wrocław, Dresden 2007.

Bachmann-Medick, Doris: Transnationale Kulturwissenschaften. Ein Übersetzungskonzept, in: René Dietrich, Daniel Smilovski, Ansgar Nünning (Hg.): Lost or Found in Translation? Interkulturelle/Internationale Perspektiven der Geistes- und Kulturwissenschaften, Trier 2011, S. 53-72.

Bacon, Yehuda: Ein israelischer Maler aus Mährisch Ostrau, in: Pavel Kohn: Schlösser der Hoffnung. Die geretteten Kinder des Přemysl Pitter erinnern sich, München 2001, S. 117-133.

Bannasch, Bettina: Peter Weiss: Die Ästhetik des Widerstands, in: dies., Christiane Holm (Hg.): Erinnern und Erzählen. Der Spanische Bürgerkrieg in der deutschen und spanischen Literatur und in den Bildmedien, Tübingen 2005, S. 471-483.

Berghahn, Klaus L.: »Ordentliche Regulierung des Außerordentlichen«. Beobachtungen zu H. G. Adlers *Eine Reise*, in: Monatshefte, Jg. 103 (2011), H. 2, S. 213-227.

Beyerle, Monika: Authentisierungsstrategien im Dokumentarfilm. Das amerikanische Direct Cinema der 60er Jahre, Trier 1997.

Beyersdorf, Herman: »Günter Grass' ›Im Krebsgang‹ und die Vertreibungsdebatte im Spiegel der Presse«, in: Barbara Beßlich, Katharina Grätz, Olaf Hildebrand (Hg.): Wende des Erinnerns? Geschichtskonstruktionen in der deutschen Literatur nach 1989, Berlin 2006, S. 157-167.

Bindernagel, Jeanne: Handeln und Behandelt-werden. Zu Verfahren der Beglaubigung von nationalsozialistischer Täter- und Opferschaft im filmischen und dramatischen Werk Thomas Harlans, in: Jesko Jockenhövel, Michael Wedel (Hg.): »So etwas Ähnliches wie die Wahrheit«. Zugänge zu Thomas Harlan, München 2017, S. 155-168.

Bischoff, Doerte, Susanne Komfort-Hein: Vom anderen Deutschland zur Transnationalität. Diskurse des Nationalen in Exilliteratur und Exilforschung, in: Claus-Dieter Krohn, Erwin Rotermund, Lutz Winckler (Hg.): Exilforschung, Bd. 30: Exilforschungen im historischen Prozess, München 2012, S. 242-273.

Bodek, Janusz: Die Fassbinder-Kontroversen: Entstehung und Wirkung eines literarischen Textes, Frankfurt am Main u. a. 1991.

Bohleber, Werner: Die Entwicklung der Traumatheorie in der Psychoanalyse, in: Psyche, Jg. 54 (2000), H. 9-10, S. 797-839.

Bohrer, Karl Heinz: Der romantische Brief. Die Entstehung ästhetischer Subjektivität, München, Wien 1987.

Borowski, Tadeusz: Die steinerne Welt, München 1963.
Braese, Stephan, Holger Gehle, Doron Kiesel, Hanno Loewy (Hg.): Deutsche Nachkriegsliteratur und der Holocaust, Frankfurt am Main, New York 1998.
Braese, Stephan: Die andere Erinnerung. Jüdische Autoren in der westdeutschen Nachkriegsliteratur, 2. Aufl., München 2010.
Brandstädter, Mathias: Folgeschäden. Kontext, narrative Strukturen und Verlaufsformen der Väterliteratur 1960-2008. Bestimmung eines Genres, Würzburg 2010.
Brecher, Daniel Cil: Der David. Der Westen und sein Traum von Israel, Köln 2011.
Breuer, Ingo: Der Jude Marat. Identifikationsprobleme bei Peter Weiss, in: Irene Heidelberger-Leonard (Hg.): Peter Weiss. Neue Fragen an alten Texte, Opladen 1994, S. 64-76.
Breysach, Barbara: Schauplatz und Gedächtnisraum Polen. Die Vernichtung der Juden in der deutschen und polnischen Literatur, Göttingen 2005.
Briegleb, Klaus: Mißachtung und Tabu. Eine Streitschrift zur Frage: »Wie antisemitisch war die Gruppe 47?«, Berlin, Wien 2003.
Briegleb, Klaus: Widerstand als tätige Erinnerung: Uwe Johnson und Peter Weiss, in: Das Argument, Nr. 192, Jg. 34 (1992), H. 2, S. 205-218.
Broszat, Martin, Saul Friedländer: Um die »Historisierung des Nationalsozialismus«. Ein Briefwechsel, in: Vierteljahrshefte für Zeitgeschichte, Jg. 36 (1988), H. 2, S. 339-372.
Buchenhorst, Ralph: Das Element des Nachlebens. Zur Frage der Darstellbarkeit der Shoah in Philosophie, Kulturtheorie und Kunst, München 2011.
Butzer, Günter: Fehlende Trauer. Verfahren epischen Erinnerns in der deutschsprachigen Gegenwartsliteratur, München 1998, S. 160-213.
Campe, Joachim: Der Standpunkt der Verfolgten. Über den Historiker und Erzähler H. G. Adler, in: Zu Hause im Exil. Zu Werk und Person H. G. Adlers, hg. v. Heinrich Hubmann und Alfred O. Lanz, Stuttgart 1987, S. 80-88.
Canetti, Elias: Jenseits von Groll und Bitterkeit, in: Willehad P. Eckert, Wilhelm Unger (Hg.): H. G. Adler. Buch der Freunde, Köln 1975, S. 72-73.
Canetti, Elias: Masse und Macht, Düsseldorf 1960.
Chaumont, Jean-Michel: Die Konkurrenz der Opfer. Genozid, Identität und Anerkennung, Lüneburg 2001.
Cosgrove, Mary: Melancholy Traditions in Postwar German Literature, Rochester, Woodbridge 2014.

Creet, Julia: A Dialectic of the Deictic: Pronouns and Persons in H. G. Adler's *The Journey*, in: dies., Sara R. Horowitz, Amira Bojadzija-Dan (Hg.): H. G. Adler. Life, Literature, Legacy, Evanston, IL 2016, S. 205-227.

Croscurth, Steffen: Fluchtpunkte widerständiger Ästhetik. Zur Entstehung von Peter Weiss' ästhetischer Theorie, Berlin, Boston 2014.

Das Tagebuch der Anne Frank, Heidelberg 1950.

Delius, Friedrich Christian: Die Flatterzunge, Reinbek 1999.

Derrida, Jacques, Jürgen Habermas: Unsere Erneuerung. Nach dem Krieg: Die Wiedergeburt Europas, in: Frankfurter Allgemeine Zeitung, Nr. 125, 31.5.2003, S. 33.

Diner, Dan (Hg.): Zivilisationsbruch. Denken nach Auschwitz, Frankfurt am Main 1988.

Diner, Dan: Negative Symbiose. Deutsche und Juden nach Auschwitz, in: ders. (Hg.): Ist der Nationalsozialismus Geschichte? Zu Historisierung und Historikerstreit, Frankfurt am Main 1987, S. 185-197.

Dunker, Axel: Die anwesende Abwesenheit. Literatur im Schatten von Auschwitz, München 2003.

Ebbrecht-Hartmann, Tobias: »Aufenthalt in etwas Unmöglichem«. Splitter und Spuren einer Reise nach Israel (1953), in: Jesko Jockenhövel, Michael Wedel (Hg.): »So etwas Ähnliches wie die Wahrheit«. Zugänge zu Thomas Harlan, München 2017, S. 39-55.

Edelman, Marek: Das Ghetto kämpft, Berlin 1993 [polnische EA 1945].

Engelking, Barbara, Jacek Leociak: The Warsaw Ghetto. A Guide to the Perished City, New Haven, London 2009 [polnische EA 2001].

Ernst, Wolfgang: Leere, unauslöschlich. Der Holocaust als Dekonstruktion des Museums, in: Elisabeth Weber, Georg Christoph Tholen (Hg.): Das Vergessen(e). Anamnesen des Undarstellbaren, Wien 1997, S. 258-271.

Fassbinder, Rainer Werner: »Philosemiten sind Antisemiten«. Interview vom 9.4.1976, in: Heiner Lichtenstein: Die Fassbinder-Kontroverse oder Das Ende der Schonzeit, Königstein i. Ts. 1986, S. 43-45.

Filkins, Peter: H. G. Adler. A Life in Many Worlds, New York City 2018.

Filkins, Peter: Introduction, in: H. G. Adler: The Journey, New York 2008, S. IX-XXVI.

Fischer, Gottfried, Peter Riedesser: Lehrbuch der Psychotraumatologie, 4., aktual. u. erw. Aufl., München, Basel 2009.

Fischer, Torben, Matthias Lorenz (Hg.): Lexikon der »Vergangenheitsbewältigung« in Deutschland. Debatten- und Diskursgeschichte des Nationalsozialismus nach 1945, 3., überarb. u. erw. Aufl., Bielefeld 2015.

Fischer, Torben: »Keine Sommerfrische«. Das Bild der ›Reise‹ in der europäischen Holocaust-Literatur, in: Oliver Ruf (Hg.): Ästhetik der Ausschließung. Ausnahmezustände in Geschichte, Theorie, Medien und literarischer Fiktion, Würzburg 2009, S. 241-256.

Flanzbaum, Hilene (Hg.): The Americanization of the Holocaust, Baltimore, MD 1999.

Freud, Sigmund: Totem und Tabu, in: ders.: Studienausgabe, hg. v. Alexander Mitscherlich, Angela Richards und James Strachey, Bd. IX, Frankfurt am Main 1982, S. 287-444.

Freud, Sigmund: Zur Psychopathologie des Alltagslebens, in: ders.: Gesammelte Werke, chronologisch geordnet, hg. v. Anna Freud, 4. Bd., London 1941.

Fried, Erich: Sehnsucht nach Worten, in: ders.: Gesammelte Werke: Gedichte 2, hg. v. Volker Kaukoreit und Klaus Wagenbach, Berlin 2006, S. 513-514.

Friedländer, Saul: Kitsch und Tod. Der Widerschein des Nazismus, München, Wien 1984.

Gfrereis, Heike: Die Runzeln Corneilles. Nonverbale Konstruktionsverfahren von Autorschaft in Briefen, in: Detlev Schöttker (Hg.): Adressat: Nachwelt. Briefkultur und Ruhmbildung, München 2008, S. 71-86.

Goldstein, Bernard: Die Sterne sind Zeugen, Hamburg 1950; 2., ungekürzte Ausgabe, München 1965. Englische EA: The Stars Bear Witness, New York 1949.

Görner, Rüdiger: Zwischen Freiheit und Fremdbestimmung. Überlegungen zu H. G. Adlers ontologischer Panoramatik, in: Monatshefte, Jg. 103 (2011), H. 2, S. 173-184.

Grass, Günter: Beim Häuten der Zwiebel, Göttingen 2006.

Grass, Günter: Im Krebsgang, Göttingen 2002.

Greiser, Katrin: »Sie starben allein und ruhig, ohne zu schreien oder jemand zu rufen«. Das »Kleine Lager« im Konzentrationslager Buchenwald, in: Dachauer Hefte, Nr. 14, 1998, S. 102-124.

Grossmann, Wassilij: Die Hölle von Treblinka, Moskau 1946.

Gudehus, Christian, Ariane Eichenberg, Harald Welzer (Hg.): Gedächtnis und Erinnerung. Ein interdisziplinäres Handbuch, Stuttgart 2010.

Gwyer, Kirstin: Encrypting the Past. The German-Jewish Holocaust-Novel of the First Generation, Oxford 2014.

Hackett, David A. (Hg.): Der Buchenwald-Report, München 1996.

Halbwachs, Maurice: Das kollektive Gedächtnis, Stuttgart 1967.

Hanika, Iris: Das Eigentliche, Graz, Wien 2010.

Häntzschel, Hiltrud: Der Brief – Lebenszeichen, Liebespfand, Medium und Kassiber, in: dies., Sylvia Asmus, Germaine Goetzinger, Inge Hansen-Schaberg (Hg.): Auf unsicherem Terrain. Briefeschreiben im Exil, München 2013, S. 19-32.

Harlan, Thomas Christoph: Ich selbst und kein Engel. Dramatische Chronik aus dem Warschauer Ghetto, Berlin (Ost) 1961.

Harlan, Thomas: Das Gesicht deines Feindes. Ein deutsches Leben, Frankfurt am Main 2007.

Harlan, Thomas: Heldenfriedhof. Roman, Frankfurt am Main 2006.

Harlan, Thomas: Hitler war meine Mitgift. Ein Gespräch mit Jean-Pierre Stephan, Reinbek 2011.

Harlan, Thomas: Rosa. Roman, Frankfurt am Main 2000.

Harlan, Thomas: Veit, Reinbek 2011.

Heberer, Patricia: Eine Kontinuität der Tötungsoperationen. T4-Täter und die »Aktion Reinhard«, in: Bogdan Musial (Hg.): »Aktion Reinhardt«. Der Völkermord an den Juden im Generalgouvernement 1941-1944, Osnabrück 2004, S. 285-308.

Heidelberger-Leonard, Irene: Jüdisches Bewußtsein im Werk von Peter Weiss, in: Michael Hofmann (Hg.): Literatur, Ästhetik, Geschichte. Neue Zugänge zu Peter Weiss, St. Ingbert 1992, S. 49-64.

Hell, Julia: From Laokoon to Ge: Resistance to Jewish Authorship in Peter Weiss' *Ästhetik des Widerstands*, in: Jost Hermand, Marc Silberman (Hg.): Rethinking Peter Weiss, New York u. a. 2000, S. 21-41.

Hermann, Iris: *Ohnehin Gebürtig Andernorts*. Zur Diversität von Erinnerung und Identität bei Doron Rabinovici und Robert Schindel, in: Torben Fischer, Philipp Hammermeister, Sven Kramer (Hg.): Der Nationalsozialismus und die Shoah in der deutschsprachigen Gegenwartsliteratur, Amsterdam, New York 2014, S. 133-148.

Hermlin, Stephan: Die Taube in Warschau, in: Die Sache des Friedens, Berlin (Ost) 1953 [EA 1950], S. 353-368.

Hermlin, Stephan: Die Zeit der Gemeinsamkeit, in: ders.: Die Zeit der Gemeinsamkeit. Erzählungen, Berlin (Ost) 1956 [EA 1949], S. 74-160.

Herwig, Malte: Die Flakhelfer. Wie aus Hitlers jüngsten Parteimitgliedern Deutschlands führende Demokraten wurden, München 2013.

Hien, Ursula: Schreiben gegen den Philosemitismus. Edgar Hilsenrath und die Rezeption von *Nacht* in Westdeutschland, in: Stephan Braese, Holger Gehle, Doron Kiesel, Hanno Loewy (Hg.): Deutsche Nachkriegsliteratur und der Holocaust, Frankfurt am Main, New York 1998, S. 229-244.

Hilberg, Raul: Die Vernichtung der europäischen Juden, Frankfurt am Main 1990 [englische EA 1961].

Hilzinger, Sonja: Exilliteratur, Geschlechterforschung und die Entdeckung einer Autorin: Margarete Steffin, in: Corinna Schlicht (Hg.): Genderstudies in den Geisteswissenschaften, Duisburg 2010, S. 75-88.

Hirsch, Marianne: The Generation of Postmemory. Writing and Visual Culture After the Holocaust, New York 2012.

Hocheneder, Franz: H. G. Adler (1910-1988). Privatgelehrter und freier Schriftsteller, Wien, Köln, Weimar 2009.

Hoffmann, Jens: »Das kann man nicht erzählen«. ›Aktion 1005‹ – Wie die Nazis die Spuren ihrer Massenmorde in Osteuropa beseitigten, Hamburg 2008.

Hofmann, Michael: Antifaschismus und poetische Erinnerung der Shoah. Überlegungen zu Peter Weiss' *Ästhetik des Widerstands*, in: Rainer Koch, Martin Rector, Jochen Vogt (Hg): Peter Weiss Jahrbuch 3, Opladen 1994, S. 122-134.

Hohenberger, Eva: Die Wirklichkeit des Films, Hildesheim 1988.

Hühn, Melanie, Dörte Lerp, Knut Petzold, Miriam Stock: In neuen Dimensionen denken? Einführende Überlegungen zu Transkulturalität, Transnationalität, Transstaatlichkeit und Translokalität, in: dies. (Hg): Transkulturalität, Transnationalität, Transstaatlichkeit, Translokalität. Theoretische und empirische Begriffsbestimmungen, Münster 2010, S. 11-46.

Huyssen, Andreas: Diaspora and Nation. Migration Into Other Pasts, in: New German Critique, Bd. 88 (2003), S. 147-164.

Im Warschauer Getto. Das Tagebuch des Adam Czerniaków 1939-1942, aus dem Poln. v. Silke Lent, München 1986 [hebräische EA 1968].

Intendanz Schauspiel Frankfurt (Hg.): Der Fall Fassbinder. Dokumentation des Streits um ›Der Müll, die Stadt und der Tod‹ in Frankfurt, Frankfurt am Main 1987.

Jäger, Siegfried: Sprache – Wissen – Macht. Victor Klemperers Beitrag zur Analyse von Sprache und Ideologie des Faschismus, in: Muttersprache, Jg. 109 (1999), H. 1, S. 1-18.

Jenninger, Philipp: Rede vor dem Deutschen Bundestag am 10. November 1988, in: Deutscher Bundestag (Hg.): Verhandlungen des Deutschen Bundestages, 11. Wahlperiode, Stenographische Berichte, Bd. 146, Bonn 1988, S. 7270-7276.

Jockenhövel, Jesko, Michael Wedel (Hg.): »So etwas Ähnliches wie die Wahrheit«. Zugänge zu Thomas Harlan, München 2017.

Jureit, Ulrike, Christian Schneider: Gefühlte Opfer. Illusionen der Vergangenheitsbewältigung, Stuttgart 2010.
Kaplan, Chaim A.: Buch der Agonie. Das Warschauer Tagebuch des Chaim A. Kaplan, hg. v. Abraham I. Katsh, übers. v. Harry Maor, Frankfurt a. M. 1967 [englische EA 1965].
Karski, Jan: Story of a Secret State, Boston, Cambridge 1944.
Kassow, Samuel D.: Ringelblums Vermächtnis. Das geheime Archiv des Warschauer Ghettos, Reinbek 2010.
Kazetnik 135633 [Karol Cetynski]: Höllenfahrt, Gerlingen 1980.
Kertész, Imre: Der Holocaust als Kultur, in: ders.: Eine Gedankenlänge Stille, während das Erschießungskommando neu lädt, Reinbek 1999, S. 54-69.
Kertész, Imre: Die Unvergänglichkeit der Lager, in: ders.: Eine Gedankenlänge Stille, während das Erschießungskommando neu lädt, Reinbek 1999, S. 41-53.
Kertész, Imre: Ein langer, dunkler Schatten, in: ders.: Eine Gedankenlänge Stille, während das Erschießungskommando neu lädt, Reinbek 1999, S. 84-92.
Kertész, Imre: Fiasko, Berlin 1999.
Kertész, Imre: Galeerentagebuch, Berlin 1993.
Kertész, Imre: Kaddisch für ein nicht geborenes Kind, Berlin 1992.
Kertész, Imre: Liquidation, Frankfurt am Main 2003.
Kertész, Imre: Mensch ohne Schicksal, Berlin 1990. Neu übersetzt als: Roman eines Schicksallosen, Berlin 1996.
Kertész, Imre: Vorwort, in: ders.: Eine Gedankenlänge Stille, während das Erschießungskommando neu lädt, Reinbek 1999, S. 9-13.
Klee, Ernst: Das Personenlexikon zum Dritten Reich. Wer war was vor und nach 1945?, Frankfurt am Main 2003.
Klee, Ernst: Was sie taten – Was sie wurden. Ärzte, Juristen und andere Beteiligte am Kranken- oder Judenmord, Frankfurt am Main 1986.
Klein, Judith: Literatur und Genozid. Darstellungen der nationalsozialistischen Massenvernichtung in der französischen Literatur, Wien u. a. 1992.
Klein, Peter: Kulmhof/Chełmno, in: Wolfgang Benz, Barbara Distel (Hg.): Der Ort des Terrors. Geschichte der nationalsozialistischen Konzentrationslager, Bd. 8, Redaktion: Barbara Königseder, München 2008, S. 301-328.
Klemperer, Victor: LTI. Notizbuch eines Philologen [1947], 23. Aufl., Stuttgart 2009.
Klüger, Ruth: weiter leben. Eine Jugend, Göttingen 1992; veränderte englische Ausgabe: Still Alive, New York 2001.

Knoche, Susanne: Generationsübergreifende Erinnerung an den Holocaust: ›Jahrestage‹ von Uwe Johnson und ›Die Ästhetik des Widerstands‹ von Peter Weiss, in: Johnson-Jahrbuch 9, Göttingen 2002, S. 297-316.

Kogon, Eugen: Der SS-Staat. Das System der deutschen Konzentrationslager, München 1946.

Kohn, Pavel: Schlösser der Hoffnung. Die geretteten Kinder des Přemysl Pitter erinnern sich, München 2001.

König, Hans-Dieter: »Auschwitz als Amusement. Tiefenhermeneutische Rekonstruktion der umstrittensten Szenensequenz des Bonengel-Films ›Beruf Neonazi‹ und ihre sozialisationstheoretische Relevanz«, in: Zeitschrift für Politische Psychologie, Jg. 3 (1995), H. 1/2, S. 87-118.

Korczak, Janusz: Tagebuch aus dem Warschauer Ghetto 1942, Göttingen 1992.

Koschat, Michael: Das Polizeihaftlager in der Risiera die San Sabba und die deutsche Besatzungspolitik in Triest 1943-1945, in: Zeitgeschichte, Jg. 19 (1992), S. 157-171.

Kosinski, Jerzy N.: Der bemalte Vogel, Bern 1965.

Krall, Hanna: Dem Herrgott zuvorkommen, Berlin (Ost) 1979; in anderer Übersetzung als: Schneller als der liebe Gott, Frankfurt am Main 1980.

Krall, Hanna: Existenzbeweise, Frankfurt am Main 1995.

Kramer, Sven: Belated Exile in H. G. Adler's Novel *Die unsichtbare Wand*, in: Alexander Stephan (Hg.): Exile and Otherness. New Approaches to the Experience of the Nazi Refugees, Bern 2005, S. 227-248.

Kramer, Sven: Der verwaltete Mensch, in: Dan Diner (Hg): Enzyklopädie jüdischer Geschichte und Kultur, Bd. 6, Stuttgart, Weimar 2015, S. 277-282.

Kramer, Sven: Identifying with the Victims in the Land of the Perpetrators: Iris Hanika's *Das Eigentliche* and Kevin Vennemann's *Nahe Jedenew*, in: Erin McGlothlin, Jennifer M. Kapczynski (Hg.): Persistent Legacy. The Holocaust and German Studies, Rochester, NY 2016, S. 159-177.

Kramer, Sven: Shaping Survival through Writing. H. G. Adler's Correspondence with Bettina Gross, 1945-1947, in: Julia Creet, Sara R. Horowitz, Amira Bojadzija-Dan (Hg.): H. G. Adler. Life, Literature, Legacy, Evanston, IL 2016, S. 69-85.

Krämer, Thomas: Die Poetik des Gedenkens. Zu den autobiographischen Romanen H. G. Adlers, Würzburg 2012.

Kroh, Jens: Transnationale Erinnerung. Der Holocaust im Fokus geschichtspolitischer Initiativen, Frankfurt am Main, New York 2008.

Kucher, Primus-Heinz, Johannes F. Evelein, Helga Schreckenberger (Hg.): Erste Briefe/First letters aus dem Exil 1945-1950. (Un)mögliche Gespräche. Fallbeispiele des literarischen und künstlerischen Exils, München 2011.

Kunstreferat der Diözese Würzburg (Hg.): ... der mit dem Leben weiterwandert. Ausstellung Jehuda Bacon, Würzburg 2008.

Lämmert, Eberhard: Beherrschte Literatur. Vom Elend des Schreibens unter Diktaturen, in: Günther Rüther (Hg.): Literatur in der Diktatur. Schreiben im Nationalsozialismus und DDR-Sozialismus, Paderborn u. a. 1997, S. 15-37.

Lehnstaedt, Stephan: Der Kern des Holocaust. Bełżec, Sobibór, Treblinka und die Aktion Reinhardt, München 2017.

Lent, Silke: Vorbemerkung der Übersetzerin, in: Im Warschauer Getto. Das Tagebuch des Adam Czerniaków 1939-1942, München 1986, S. XXIV-XXV.

Levi, Primo: Das periodische System, München, Wien 1987.

Levi, Primo: Die dritte Seite, Basel 1992.

Levi, Primo: Die Untergegangenen und die Geretteten, München, Wien 1990.

Levi, Primo: Ist das ein Mensch?, [italienische EA 1958, deutsche EA 1961], Die Atempause [italienische EA 1963, deutsche EA 1964], München, Wien 1991.

Levi, Primo: Wann, wenn nicht jetzt?, München, Wien 1986 [italienische EA 1982].

Levy, Daniel, Natan Sznaider: Erinnerung im globalen Zeitalter: Der Holocaust, Aktualisierte Neuausgabe, Frankfurt am Main 2007.

Lichtenstein, Heiner: Die Fassbinder-Kontroverse oder Das Ende der Schonzeit, Königstein i. Ts. 1986.

Lindner, Burkhardt: Déjà-vu im Zeitriss. Die Erinnerungspolitik der *Ästhetik des Widerstands*, in: Arnd Beise, Jens Birkmeyer, Michael Hofmann (Hg.): Diese bebende, zähe, kühne Hoffnung, St. Ingbert 2008, S. 77-103.

Loewy, Hanno: Das gerettete Kind. Die »Universalisierung« der Anne Frank, in: Stephan Braese, Holger Gehle, Doron Kiesel, Hanno Loewy (Hg.): Deutsche Nachkriegsliteratur und der Holocaust, Frankfurt am Main 1998, S. 19-41.

Lorenz, Matthias N.: »Auschwitz drängt uns auf einen Fleck«. Judendarstellung und Auschwitzdiskurs bei Martin Walser, Stuttgart, Weimar 2005.

Lubetkin, Ziviah: Die letzten Tage des Warschauer Gettos, in: Neue Auslese, Jg. 1948, H. 1, S. 1-13; erweiterte Fassung 1949, hg. v. Alliierten Informationsdienst, Berlin, Potsdam: VVN-Verlag, illustriert, Nachwort von Friedrich Wolf.

Mann, Heinrich, Lion Feuchtwanger, Bertolt Brecht: Deutsche!, in: Werner Hecht (Hg.): Bertolt Brecht, Große kommentierte Berliner und Frankfurter Ausgabe, Bd. 23, Schriften 3, Berlin u. a. 1993, S. 423.

Mann, Thomas: Deutsche Hörer! Radiosendungen nach Deutschland 1940-1945, hg. v. der Europäischen Kulturgesellschaft Venedig, Darmstadt 1986. Vgl. auch Thomas Mann: Deutsche Hörer! 55 Radiosendungen nach Deutschland, 2. erweiterte Auflage, Stockholm 1945.

Mark, Bernard: Der Aufstand im Warschauer Ghetto. Entstehung und Verlauf, Berlin (Ost) 1957.

Mauelshagen, Claudia: Der Schatten des Vaters. Deutschsprachige Väterliteratur der siebziger und achtziger Jahre, Frankfurt am Main 1995.

Menzel, Julia: »To be human is to have a border, and to want to cross it through letters«: Letters and Letter Writers in H. G. Adler's Novel *The Wall*, in: Lynn L. Wolff (Hg.): A Modernist in Exile. The International Reception of H. G. Adler (1910-1988), Cambridge, MA 2019, S. 118-132.

Menzel, Julia: »Von jetzt an also ist keine Zeit.« Zeitordnungen und Zeitbrüche in H. G. Adlers wissenschaftlicher und literarischer Auseinandersetzung mit der Shoah, in: Jörg Osterloh, Katharina Rauschenberger (Hg.): Der Holocaust. Neue Studien zu Tathergängen, Reaktionen und Aufarbeitungen, Frankfurt am Main, New York 2017, S. 191-207.

Menzel, Julia: Gespenster, Masken und »spukhafte Wirbel« in H. G. Adlers Studie *Theresienstadt 1941-1945* und dem Roman *Eine Reise*, in: Florian Lehmann (Hg.): Ordnungen des Unheimlichen, Würzburg 2016, S. 183-200.

mm: Thomas Harlan las in Warschau, in: Die Welt vom 6.5.1958.

Morgenstern, Soma: Die Blutsäule. Zeichen und Wunder am Sereth, hg. und mit einem Nachwort von Ingolf Schulte, Lüneburg 1997 [englische EA 1955, deutsche EA 1964].

Musial, Bogdan: Einleitung, in: ders. (Hg.): »Aktion Reinhardt«. Der Völkermord an den Juden im Generalgouvernement 1941-1944, Osnabrück 2004, S. 7-12.

Nałkowska, Zofia: Medaillons, Berlin (Ost) 1956.

Nickisch, Reinhard M. G.: Brief, Stuttgart 1991.

Niederland, William G.: Folgen der Verfolgung: Das Überlebenden-Syndrom Seelenmord, Frankfurt am Main 1980.

Novick, Peter: Nach dem Holocaust. Der Umgang mit dem Massenmord, Rheda-Wiedenbrück, Gütersloh 2001.

O. Verf.: Gegen die Sünden der Väter. Veit (»Jud Süss«) Harlans Sohn schreibt ein projüdisches Stück, in: Aufbau (New York), Jg. 24 (1958), H. 48 vom 28.11., S. 22.

O. Verf.: Sind die Henker noch immer unter uns?, in: Die Zeit vom 23.1.1959, URL: http://www.zeit.de/1959/04/sind-die-henker-noch-immer-unter-uns/komplettansicht, Hervorhebungen im Original (Abruf: 21.7.2019).

Oesterle, Kurt: Dante und das Mega-Ich. Literarische Formen politischer und ästhetischer Subjektivität bei Peter Weiss, in: Martin Lüdke, Delf Schmidt (Hg.): Widerstand der Ästhetik?, Reinbek 1991, S. 45-72.

Ostow, Robin: Religion as Treasure. Exhibits of Rituals and Ritual Objects in Prague's Jewish Museum, in: Études Luxembourgeoises d'Histoire & de Science des Religions, Jg. 2 (2003), S. 152-168.

Peitsch, Helmut: Auschwitz in Reisebeschreibungen von Maxim Biller, Iris Hanika und Stephan Wackwitz, in: Torben Fischer, Philipp Hammermeister, Sven Kramer (Hg.): Der Nationalsozialismus und die Shoah in der deutschsprachigen Gegenwartsliteratur, Amsterdam, New York 2014, S. 73-93.

Petersen, Jörg: Zu Thomas Harlans *Heldenfriedhof*. Negative Narratologie und Perturbation des Leseakts: Strategien literarischer Weitergabe des Holocaust, in: Sprachkunst, Jg. 44 (2013), 2. Halbbd., S. 97-121.

Pohl, Dieter: Die Stellung des Distrikts Lublin in der »Endlösung der Judenfrage«, in: Bogdan Musial (Hg.): »Aktion Reinhardt«. Der Völkermord an den Juden im Generalgouvernement 1941-1944, Osnabrück 2004, S. 87-107.

Potthast, Jan Björn: Das jüdische Zentralmuseum der SS in Prag. Gegnerforschung und Völkermord im Nationalsozialismus, Frankfurt am Main, New York 2002.

Rabinovici, Doron: Andernorts, Berlin 2010.

Rabinovici, Doron: Ohnehin, Frankfurt am Main 2004.

Rector, Martin, Jochen Vogt (Hg.): Peter Weiss Jahrbuch 6, Opladen, Wiesbaden 1997.

Rector, Martin: Fünfundzwanzig Jahre *Die Ästhetik des Widerstands*. Prolegomena zu einem Forschungsbericht, in: Arnd Beise, Jens Birkmeyer, Michael Hofmann (Hg.): Diese bebende kühne zähe Hoffnung, St. Ingbert 2008, S. 13-47.

Rector, Martin: Wahrnehmung und Erinnerung in Peter Weiss' *Ästhetik des Widerstands* und Uwe Johnsons *Jahrestagen*, in: Michael Hofmann (Hg.): Johnson-Jahrbuch 12, Göttingen 2005, S. 91-100.

Reemtsma, Jan Philipp: Überleben als erzwungenes Einverständnis. Gedanken bei der Lektüre von Imre Kertész' *Roman eines Schicksallosen*, in: Wolfram Mauser, Carl Pietzcker (Hg.): Trauma, Würzburg 2000, S. 55-78.
Ringelblum, Emanuel: Ghetto Warschau. Tagebücher aus dem Chaos, Stuttgart 1967.
Röger, Maren: »Gnade der späten Geburt«, in: Torben Fischer, Matthias Lorenz (Hg.): Lexikon der »Vergangenheitsbewältigung«. Debatten- und Diskursgeschichte des Nationalsozialismus nach 1945, 3., überarb. u. erw. Aufl., Bielefeld 2015, S. 247-248.
Rosenfeld, Alvin H.: The Americanization of the Holocaust, in: ders. (Hg.): Thinking about the Holocaust, Bloomington 1977, S. 119-150.
Rote Armee Fraktion: Das Konzept Stadtguerilla, in: Gesellschaft für Nachrichtenerfassung und Nachrichtenverbreitung (Hg.): Ausgewählte Dokumente der Zeitgeschichte: BRD – RAF, 4. Aufl., Köln 1988, S. 5-13.
Roth, Markus, Andrea Löw: Das Warschauer Getto. Alltag und Widerstand im Angesicht der Vernichtung, München 2013.
Roth, Wilhelm: Der Dokumentarfilm seit 1960, München, Luzern 1982.
Rothberg, Michael: Multidirectional Memory. Remembering the Holocaust in the Age of Decolonization, Stanford, CA 2009.
Rupnow, Dirk: Täter – Gedächtnis – Opfer. Das »Jüdische Zentralmuseum« in Prag 1942-1945, Wien 2000.
Schiewe, Jürgen: Die Macht der Sprache. Eine Geschichte der Sprachkritik von der Antike bis zur Gegenwart, München 1998.
Schirrmacher, Frank: »Offener Brief an Martin Walser«, in: Frankfurter Allgemeine Zeitung, 29.5.2002, S. 49.
Schulte, Ingolf: Nachwort des Herausgebers, in: Soma Morgenstern: Die Blutsäule. Zeichen und Wunder am Sereth, hg. v. Ingolf Schulte, Lüneburg 1997, S. 175-193.
Schuster, Jörg: »Kunstleben«. Zur Kulturpoetik des Briefs um 1900. Korrespondenzen Hugo von Hofmannsthals und Rainer Maria Rilkes, Paderborn 2014.
Schwarz-Bart, André: Der Letzte der Gerechten, Frankfurt am Main 1960.
Segev, Tom: The Seventh Million. The Israelis and the Holocaust, New York 1993.
Semprún, Jorge, Elie Wiesel: Schweigen ist unmöglich, Frankfurt am Main 1997.
Semprún, Jorge: Die große Reise, Reinbek 1964.
Semprún, Jorge: Schreiben oder Leben, Frankfurt am Main 1995.
Semprún, Jorge: Was für ein schöner Sonntag!, Frankfurt am Main 1981.

Şenocak, Zafer: Gefährliche Verwandtschaft, München 1998.
Siehr, Karl-Heinz: Victor Klemperers Sprachkritik im Lichte integrativer Bemühungen von Sprach- und Literaturwissenschaft, in: Michael Hoffmann, Christine Keßler (Hg.): Berührungsbeziehungen zwischen Linguistik und Literaturwissenschaft, Frankfurt am Main 2003, S. 93-109.
Singer, Isaac Bashevis: Feinde, die Geschichte einer Liebe, München 1974.
Sobol, Yehoshua: Ghetto, Berlin (West) 1984.
Söllner, Alfons: Peter Weiss und die Deutschen. Die Entstehung einer politischen Ästhetik wider die Verdrängung, Opladen 1988.
Speirs, Ronald, John J. White (Hg.): H. G. Adler und Hermann Broch. Zwei Schriftsteller im Exil. Briefwechsel, Göttingen 2004.
Spiegelman, Art: Maus, Reinbek, Teil 1: 1989, Teil 2: 1992.
Stegmann, Julia: Denn die Geschichten der Opfer sind das Wichtigste. Rassismus-kritische Analysen zu rechter Gewalt im deutschen Spiel- und Dokumentarfilm 1992-2012, Göttingen 2019.
Stephan, Jean-Pierre: Thomas Harlan. Das Gesicht deines Feindes. Ein deutsches Leben, Berlin 2007.
Stern, Frank: Im Anfang war Auschwitz. Antisemitismus und Philosemitismus im deutschen Nachkrieg, Gerlingen 1991.
Sternberger, Dolf, Gerhard Storz, Wilhelm E. Süskind: Aus dem Wörterbuch des Unmenschen, Hamburg 1957.
Stimmel, Joanna K.: Wounded Body, Wounded History, Wounded Text: »Transgenerational Trauma« in Thomas Harlan's *Rosa*, in: Paul Michael Lützeler, Stephan K. Schindler (Hg.): Gegenwartsliteratur. Ein germanistisches Jahrbuch, Jg. 3 (2004), S. 97-122.
Strafgesetzbuch (StGB), in: Heinrich Schönfelder (Hg.): Deutsche Gesetze, München, EL 168, Mai 2017.
Strobel, Jochen: Vom Verkehr mit Dichtern und Gespenstern. Figuren der Autorschaft in der Briefkultur, in: ders. (Hg.): dass., Heidelberg 2006, S. 7-32.
Stroop, Jürgen: Es gibt keinen jüdischen Wohnbezirk in Warschau mehr! [Stroop Report 4/1943], Tagesmeldung vom 16.5.1943, in: National Archives, URL: https://research.archives.gov/id/6003996; Abruf: 21.7.2019.
Szczypiorski, Andrzej: Die schöne Frau Seidenman, Zürich 1988.
Tišma, Aleksandar: Kapo, München, Wien 1997.
Töteberg, Michael: »Rainer Werner Fassbinder«, in: Kritisches Lexikon zur deutschsprachigen Gegenwartsliteratur, hg. v. Heinz Ludwig Arnold, 73. Nlg., München 2003.

Tully, Carol (Hg.): Zeugen der Vergangenheit. H. G. Adler – Franz Baermann Steiner. Briefwechsel 1936-1952, München 2011.

Türcke, Christoph: Religionswende, Lüneburg 1995.

Van der Stroom, Gerrold: Die Tagebücher, »Het Achterhuis« und die Übersetzungen, in: Die Tagebücher der Anne Frank, hg. v. Niederländischen Staatlichen Institut für Kriegsdokumentation, Frankfurt am Main 1988, S. 67-89.

Vennemann, Kevin: Nahe Jedenew, Frankfurt am Main 2005.

Vogel-Klein, Ruth: »Keine Anklage?« Der Deportationsroman ›Eine Reise‹ (1951/1962) von H. G. Adler. Publikation und Rezeption, in: dies. (Hg.): Die ersten Stimmen. Deutschsprachige Texte zur Shoah 1945-1963, Würzburg 2010, S. 79-111.

Von der Lühe, Irmela: »Und der Mann war oft eine schwere, undankbare Last«. Frauen im Exil – Frauen in der Exilforschung, in: Exilforschung, Bd. 14, hg. v. Claus-Dieter Krohn, Erwin Rotermund, Lutz Winckler, Wulf Koepke, München 1996, S. 44-61.

Wallas, Armin A.: »Sie starben im Nirgendwo«. Ein Drama des jüdischen Widerstands: ›Ghetto Warschau‹ von Max Zweig, in: Sprachkunst, Jg. 21 (1990), S. 251-283.

Walser, Martin: Tod eines Kritikers [2002], München, Zürich 2003.

Wedekind, Michael: Nationalsozialistische Besatzungs- und Annexionspolitik in Norditalien 1943 bis 1945, München 2003.

Weiss, Peter: Die Ästhetik des Widerstands [1975, 1978, 1981], hg. v. Jürgen Schutte, Berlin 2016.

Weiss, Peter: Die Notizbücher. Kritische Gesamtausgabe, hg. v. Jürgen Schutte, CD-ROM, Berlin 2006. Vgl. inzwischen auch die 2., verb. und erw. Aufl., St. Ingbert 2012.

Weiss, Peter: Meine Ortschaft, in: ders.: Rapporte, Frankfurt am Main 1968, S. 113-124.

Weiss, Peter: Notizbücher 1971-1980, 2 Bde., Frankfurt am Main 1981.

Weliczker [Wells], Leon u. a.: Im Feuer vergangen. Tagebücher aus dem Ghetto. Mit einem Vorwort von Arnold Zweig, Berlin (Ost) 1958.

Weliczker Wells, Leon: Ein Sohn Hiobs, München, Wien 1979.

Welsch, Wolfgang: Transkulturelle Gesellschaften, in: Peter-Ulrich Merz-Benz, Gerhard Wagner (Hg.): Kultur in Zeiten der Globalisierung. Neue Aspekte einer soziologischen Kategorie, Frankfurt am Main 2005, S. 39-67.

Welzer, Harald, Sabine Moller, Karoline Tschuggnall: »Opa war kein Nazi«. Nationalsozialismus und Holocaust im Familiengedächtnis, Frankfurt am Main 2002.

Welzer, Harald: Das kommunikative Gedächtnis [2002], 2. Aufl., München 2008.

Wiesel, Elie: Die Nacht, 4. Aufl., Freiburg im Breisgau 1996.

Wiethölter, Waltraud: Von Schreib- und Schriftkörpern: Zur Materialität der Briefschreibeszene, in: Anne Bohnenkamp, Waltraud Wiethölter (Hg.): Der Brief. Ereignis & Objekt, Frankfurt am Main, Basel 2010, S. 92-133.

Willner, Jenny: Wortgewalt. Peter Weiss und die deutsche Sprache, Konstanz 2014.

Wilpert, Chris W.: Traurige Tropenflora. In Thomas Harlans Roman *Rosa* nimmt die Natur die Erinnerung an, die die Menschen kollektiv verweigern, in: Andrea Bartl, Nils Ebert (Hg.): Der andere Blick der Literatur, Würzburg 2014, S. 269-291.

Wojdowski, Bogdan: Brot für die Toten, Berlin (Ost) 1974.

Wolff, Lynn L.: ›Der Autor zwischen Literatur und Politik‹. H. G. Adler's ›Engagement‹ and W. G. Sebald's ›Restitution‹, in: Helen Finch, Lynn L. Wolff (Hg.): Witnessing, Memory, Poetics. H. G. Adler and W. G. Sebald, Rochester, NY 2014, S. 137-156.

Wolff, Lynn L.: »Die Grenzen des Sagbaren«. Toward a Political Philology in H. G. Adler's Reflections on Language, in: Julia Creet, Sara R. Horowitz, Amira Bojadzija-Dan (Hg.): H. G. Adler. Life, Literature, Legacy, Evanston, IL 2016, S. 273-301.

Wulf, Josef: Vom Leben, Kampf und Tod im Ghetto Warschau, Bonn 1958.

Yablonka, Hanna: The Formation of Holocaust Consciousness in Israel, in: Efraim Sicher (Hg.): Breaking Crystal. Writing and Memory after Auschwitz, Urbana, Chicago 1998, S. 119-136.

Zarebinska-Broniewska, Maria: Auschwitzer Erzählungen, Berlin (Ost) 1949.

Zweig, Max: Ghetto Warschau. Schauspiel in drei Akten, in: ders.: Dramen, Bd. 1, Wien u. a. 1961, S. 281-362.

Filme und Fernsehbeiträge

Beruf Neonazi, D 1993, Regie: Wilfried Bonengel.
Das Tagebuch der Anne Frank / The Diary of Anne Frank, USA 1959, Regie: George Stevens.
Der große König, D 1942, Regie: Veit Harlan.
Der Herrscher, D 1937, Regie: Veit Harlan.
Der Kanal, PL 1957, Regie: Andrzej Wajda.
Der Untergang, D, I, R, A, 2004, Regie: Oliver Hirschbiegel.
Harlan. Im Schatten von Jud Süß, D 2008, Regie: Felix Moeller.
Holocaust, USA 1978, Regie: Marvin Chomsky.
Jud Süß, D 1940, Regie: Veit Harlan.
Kolberg, D 1945, Regie: Veit Harlan.
Schindlers Liste / Schindler's List, USA 1993, Regie: Steven Spielberg.
Shoah, F 1985, Regie: Claude Lanzmann.
Spiegel TV Special, Vox, Sendung vom 19.2.1994.
Torre Bella, F, P, I, CH 1975, Regie: Thomas Harlan.
Unser Nazi, BRD, F 1984, Regie: Robert Kramer.
Wundkanal, BRD, F, USA 1983/84, Regie: Thomas Harlan.

Siglen

B	Thomas Harlan: Bluma.
E	Thomas Harlan: Ich selbst und kein Engel.
ER	H. G. Adler: Eine Reise.
H	Thomas Harlan: Heldenfriedhof.
HM	Thomas Harlan: Hitler war meine Mitgift.
R	Thomas Harlan: Rosa.
V	Thomas Harlan: Veit.
W	H. G. Adler: Die unsichtbare Wand.
[ohne]	Peter Weiss: Die Ästhetik des Widerstands.

Nachweise

Die Kapitel in diesem Band gehen auf die im Folgenden nachgewiesenen Aufsätze zurück. Sie wurden für die vorliegende Publikation – zum Teil erheblich – überarbeitet.

»Über diesem Abgrund wölben wir unsere Liebe.« Die Gegenwart der Toten und der Glücksanspruch der Überlebenden in H. G. Adlers Briefwechsel mit Bettina Gross 1945-1946, in: Jeremy Adler, Gesa Dane (Hg.): Literatur und Anthropologie. H. G. Adler, Elias Canetti und Franz Baermann Steiner in London, Göttingen: Wallstein, 2014, S. 138-157.

Die Politik der Erinnerung in H. G. Adlers Roman »Die unsichtbare Wand«, in: Sprache im technischen Zeitalter, H. 198, Juni 2011, S. 220-227. Dasselbe in: brücken. Germanistisches Jahrbuch Tschechien – Slowakei. Neue Folge 19/1-2 (2011), S. 283-290.

H. G. Adler: Eine Reise (1962), in: Markus Roth, Sascha Feuchert (Hg.): HolocaustZeugnisLiteratur. 20 Werke wieder gelesen, Göttingen: Wallstein, 2018, S. 107-117.

Thomas Harlans frühe Dramen über das Warschauer Ghetto. »Bluma« und »Ich selbst und kein Engel«, in: Jesko Jockenhövel, Michael Wedel (Hg.): »So etwas Ähnliches wie die Wahrheit«. Zugänge zu Thomas Harlan, München: text + kritik, 2017, S. 56-76.

Nationalsozialismus und Shoah in Thomas Harlans literarischem Spätwerk, in: Torben Fischer, Philipp Hammermeister, Sven Kramer (Hg.): Der Nationalsozialismus und die Shoah in der deutschsprachigen Gegenwartsliteratur, Amsterdam, New York: Rodopi, 2014, S. 313-334.

Zur Ko-Erinnerung in Peter Weiss' Roman »Die Ästhetik des Widerstands«, in: Daniela Henke, Tom Vanassche (Hg.): Ko-Erinnerung / Co-memoration. Grenzen, Herausforderungen und Perspektiven des neueren Shoah-Gedenkens / Limits, Challenges, and Possibilities in Contemporary Shoah Remembrance, De Gryter, im Erscheinen (2020).

Transnationale Erinnerung an die Shoah, in: Doerte Bischoff, Susanne Komfort-Hein (Hg.): Handbuch Literatur und Transnationalität, Berlin, Boston: de Gruyter, 2019, S. 171-186.

Zur transnationalen Dimension fremdsprachiger Holocaust-Literatur im bundesrepublikanischen Diskurs, in: Norbert Otto Eke, Hartmut Steinecke (Hg.): Shoah in der deutschsprachigen Literatur, Berlin: E. Schmidt, 2006, S. 154-168.

Tabuschwellen in literarischen Diskursen über den Nationalsozialismus und die Shoah, in: Claudia Benthien, Ortrud Gutjahr (Hg.): Tabu. Interkulturalität und Gender, München: Fink, 2008, S. 177-190.

Diktatur und Sprache. Konstellationen in den 1940er Jahren und darüber hinaus, in: Sarhan Dhouib (Hg.): Sprache und Diktatur. Formen des Sprechens, Modi des Schweigens, Weilerswist: Velbrück, 2018, S. 182-198.